Röber-Siekmeyer · Die Schriftsprache entdecken

Gut gemacht!

Michaela Wallisch Nov. 1999

Die Reihe »Werkstattbuch Grundschule«
wird herausgegeben von Dieter Haarmann

Christa Röber-Siekmeyer

Die Schriftsprache entdecken

Rechtschreiben im Offenen Unterricht

3. Auflage

Beltz Verlag · Weinheim und Basel

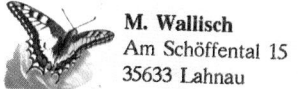

Christa Röber-Siekmeyer, Jg. 1946, Prof. Dr., langjährige Lehrerin, tätig in der Grundschullehrer/-innenausbildung an der PH Freiburg, Lehraufträge an der Universität Osnabrück und Lehrerfortbildungsveranstaltungen in verschiedenen Bundesländern.

Alle Rechte, insbesondere das Recht der Vervielfältigung und Verbreitung sowie der Übersetzung, vorbehalten. Kein Teil des Werkes darf in irgendeiner Form (durch Fotokopie, Mikrofilm oder ein anderes Verfahren) ohne schriftliche Genehmigung des Verlages reproduziert oder unter Verwendung elektronischer Systeme verarbeitet, vervielfältigt oder verbreitet werden.

Gesetzt nach den neuen Rechtschreibregeln

3., ergänzte und neu ausgestattete Auflage 1997

Lektorat: Peter E. Kalb

© 1993 Beltz Verlag · Weinheim und Basel
Satz und Reproduktionen: Satz- und Reprotechnik GmbH, Hemsbach
Herstellung: Erich Rathgeber, Weinheim
Druck und buchbinderische Verarbeitung: Druckhaus Beltz, Hemsbach
Graphiken: Hans Weber (S. 124, 129, 132, 135, 138, 154, 158, 160, 163, 188, 193, 195, 206), Käthe Schröder (S. 127).
Umschlaggestaltung: Federico Luci, Köln
Umschlagabbildung: Michael Seifert, Hannover
Printed in Germany

ISBN 3-407-62369-0

Für meine zwei A

Inhaltsverzeichnis

Vorwort zur 3. Auflage 11

Vorwort 17

1. Die Wege der Deutschdidaktik durch die vergangenen 20 Jahre und ihr Einfluss auf die Schule 25

1.1 Die Reduzierung der Rechtschreibschulung mit Beginn der Bildungsreform 25
1.2 Die »Erfindung« des Grundwortschatzes 28
1.3 Das Entstehen der Schriftspracherwerbsforschung 30
1.4 The missing link: die veränderte Sichtweise der Orthographie 35

2. Grundschuldidaktische und sprachwissenschaftliche Prinzipien für den Rechtschreibunterricht heute 37

2.1 Zur Heterogenität der Grundschulklassen in Bezug auf den Schriftspracherwerb 37

Die gewollte Heterogenität der Grundschulklassen –
Das Modell der Entwicklungsstufen beim Lesen- und
Schreibenlernen und seine Kritik

2.2 Lernpsychologische Konsequenzen 42

Schriftspracherwerb als Ergebnis schlussfolgernden Denkens –
Der politische Aspekt des Schriftspracherwerbs durch Kognition

2.3 Die Bedeutung der Handlungsorientierung beim Lernen 47

Chancen und Gefahren der Öffnung des Unterrichts –
Arbeiten in Projekten – Handlung, Operation, Automatisierung –
Konsequenzen für den Schriftspracherwerb

2.4 Die Systematisierung der orthographischen Regularitäten 54

Die herkömmliche Darstellung der schriftlichen Sprache als Abbild der mündlichen Sprache – Sprachwissenschaftliche Beweise für die grammatikalische Eigenständigkeit der Schriftsprache – Generelle didaktische Konsequenzen

2.5 Konsequenzen der orthographischen Systematisierung für den Grundschulunterricht. 62

Zusammenfassung der Prämissen – Tages- und Wochenplanarbeit – Projekte – Die Frage nach der »Integrierbarkeit« der Rechtschreibung in den übrigen Sprachunterricht – Der Regelbegriff – Didaktische Konsequenzen – Handlungen beim Rechtschreiblernen – Sprachwissenschaftliche Operationen – Spiele als Mittel zum Erkennen und Automatisieren orthographischer Regeln – Diktate/Beurteilungen

3. Strukturierender Schriftspracherwerb als didaktische Aufgabe eines Lehrgangs im Anfangsunterricht (1. und 2. Klasse)............. 80

3.1 Was heißt »Buchstaben kennen«? 80

3.2 Sprachwissenschaftliche Analyse des Verhältnisses zwischen Phonemen (Lauten) und Graphemen (Buchstaben) 82

Laute – Silben – Mündliche Sprache und schriftliche Sprache – Wörter

3.3 Didaktische Konsequenzen 89

Sprachwissenschaftliche Kritik an der Fibel-Didaktik – Die Notwendigkeit einer Revision

3.4 Für den Anfangsunterricht relevante Strukturen der deutschen Sprache 95

Grapheme – Der Silbenaufbau – Dehnung und Schärfung: a) Kritik an der Sprachbuch-Didaktik, b) Sprachwissenschaftliche Systematiken: 1. Die Silbentrennung, 2. Die Schärfungsregel, 3. Die Dehnung – Stamm-Schreibweise (morphologische Konstanz) – Folgerungen der Differenzierung von Kern und Peripherie in der Orthographie für den Unterricht

3.5 Schreibtechniken zum Herstellen von Texten 116

3.6 Lesen 121

Kritik an den herkömmlichen Wegen zur Synthese –
Ansätze der DDR-Didaktik – Die Methode J. Reichens

3.7 Die Bedeutung der ersten Inhalte 126

Der »Fibel-Dadaismus« – Meine Arbeit in den ersten Wochen
mit den Namen der Kinder

3.8 Gezielte Arbeiten zur Segmentierung der mündlichen Sprache 134

3.9 Arbeiten zur Strukturierung des Silbenaufbaus. 139

Das Herstellen eines Zungenbrecherbuches: Zur Entstehung des
Grundwortschatzes der Klasse – Das Herstellen eines Reime-
Buches – Sprachspiele um die Silbenkerne – Spiele zur schrift-
sprachlichen Automatisierung der Segmentschreibungen –
Kinderbücher zum Verändern und Nachmachen – Materialien aus
Lehrmittel-Verlagen

3.10 Erste didaktische Begegnung mit der grammatikalischen
Eigenständigkeit von Schriftsprache 159

Die Stammschreibweise – Übungen zur Differenzierung der
Vokalquantität kurz/lang als Grundlage von Schärfung und
Dehnung – Spiele zur Differenzierung kurz/lang – Hilfen zur
Isolierung von Wörtern innerhalb der Texte – Spiele zum
Erkennen der Wortgrenzen

**4. Fortsetzung der Aneignung orthographischer Strukturen
in Klasse 3 und 4**. 168

4.1 Groß- und Kleinschreibung im Rahmen der Syntax 168

Grammatik im Grundschulunterricht – Sprachwissenschaftliche
und -didaktische Überlegungen zur Groß- und Kleinschreibung:
a) Groß- und Kleinschreibung in den Richtlinien, b) Meine
Erfahrungen mit der herkömmlichen Didaktik zur Groß- und
Kleinschreibung, c) Die sprachwissenschaftliche Konstruktion von
U. Maas – Möglichkeiten der unterrichtlichen Umsetzung:

a) Gemeinsame Arbeit im Klassenverband zum Erkennen der Strukturen, b) Das erste Spiel: Operieren mit den »Abteilungen« und die Bestimmung der Kerne, c) Das zweite Spiel: Neue »Abteilungen« und modale Hilfsverben, d) Das dritte Spiel: Adverbien und zusammengesetzte Verben, e) Zusätzliche Aufgaben

4.2 Die Stammschreibweise (morphologische Konstanz) 192

Ihre sprachwissenschaftliche und -didaktische Einordnung – Das Herstellen eines Spiels: a) Seine einzelnen Teile, b) Die orthographiebezogenen Inhalte: Auslautverhärtung / »Silbentrennendes h« / Der ks-Laut / das *a* mit dem »*Dehnungs-r*« / Umlautbildung / Schärfung / Markierte und unmarkierte Dehnung / Die Schreibung des s-Lautes

4.3 Zusammen- und Getrenntschreibung 231

Sprachwissenschaftliche und -didaktische Überlegungen: a) Ihre Thematisierung in Richtlinien und Sprachbüchern, b) Sprachwissenschaftliche Systematisierung der einzelnen Erscheinungsformen, c) Getrennt- und Zusammenschreibung als Thema im Unterricht

4.4 Fremdwörterschreibung 238

4.5 Zeichensetzung 240

Zeichensetzung als Thema der Grundschul-Spracharbeit – Zeichensetzung als Merkmal einer ontogenetischen Entwicklung – Sprachwissenschaftliche Analyse – Didaktische Überlegungen und spielerische Operationen

Literaturverzeichnis 247

Vorwort zur 3. Auflage

Fünf Jahre sind vergangen, seitdem das Manuskript für dieses Buch beendet wurde. In diesem halben Jahrzehnt ist in Bezug auf den Rechtschreibunterricht einiges passiert:

– Der Begriff »Rechtschreiberziehung« wird in der Grundschulpädagogik nicht mehr nur mit langen Fingern angefasst, und exponierte Vertreter des »Offenen Unterrichts«, deren Konzept sehr stark auf der Annahme des selbstständigen Lernens der Kinder bei angemessener Lernumgebung basiert, fordern eine »klarere Strukturierung« der Angebote (Brügelmann 1996).
– Die Bedeutung der Silbe als zentrale Einheit in der Gliederung von Sprache, die hier im Zentrum der Darstellungen steht, wird kaum noch angezweifelt. Sie bestimmt nicht nur die Darstellung der neusten Auflage des Grammatik-Dudens (Eisenberg 1995), dem als »offiziös« gehandelten Regelwerk, sondern auch zahlreiche didaktische Darstellungen der jüngsten Zeit.
– Die sprachwissenschaftlichen Arbeiten zur Abhängigkeit der Eigenschaften eines Lautes von seiner »koartikulierten« Umgebung in der Silbe bzw. im Wort und ihre Darstellungen sind fortgeführt, die Kontroversen allerdings lange noch nicht abgeschlossen.
– Meine gezielten Forschungsarbeiten der vergangenen fünf Jahre mit Kindern vorwiegend am Schriftsprachanfang, aber auch auf späteren Klassenstufen bestätigen das hier vorgestellte Konzept, präzisieren es jedoch auch in einigen Punkten. (Auf sie werde ich in Kürze ausführlicher eingehen.)

Diese Aspekte der aktuellen Diskussion zum Schriftsprach-/Orthographieerwerb in der Grundschule können als Bestätigung des Konzeptes interpretiert werden, das in diesem Buch dargestellt wird. Sie würden gestatten, nach der 2. Auflage auch die 3. unverändert erscheinen zu lassen. Allerdings hat in der Zwischenzeit ein Ereignis stattgefunden, das Erweiterungen an einigen Stellen notwendig macht: die Verabschiedung der jüngsten Rechtschreibreform, die für viele Schüler in deutschsprachigen Schulen jetzt schon von Bedeutung ist.

Die Reform wurde und wird sehr kontrovers diskutiert, und zwar nicht erst – wie einige ihrer Autoren und Kultuspolitiker es darzustellen versuchen – seit ihrer Verabschiedung. So hat eine Gruppe von Sprachwissenschaftlern und -didaktikern u. a. 1991 vor voreiligen Beschlüssen gewarnt (Ossner 1991, Maas 1991, Friedrich 1991, s. S. 27–28 in diesem Buch). Die Veränderungen, die als Ergebnisse der Reform jetzt festgeschrieben sind, vor allem deren Begründungen seitens der Kommission geben den zahlreich geäußerten Bedenken viel Berechtigung: Die theoretische/historische Perspektive, von der aus einzelne Phänomene betrachtet werden müssen und können und die für die Systematisierung, damit auch für Formen einer möglichen Reform verantwortlich ist, ist weitaus weniger eindeutig, als die Reformer es zu suggerieren versuchen. Das heißt: Solange die Diskussion um eine (die) Systematik, die die Orthographie des Deutschen hat so werden lassen, wie sie ist, nicht mit einem größtmöglichen Konsens abgeschlossen ist, sind Entscheidungen über Reformen zu früh.

Diese Aussage ist aus didaktischer Sicht noch zu erweitern:

Die Kommission hat die Notwendigkeit der Veränderungen vor allem lernerorientiert begründet: Die Zunahme der Probleme beim Erwerb der Rechtschreibung machten die Reform überfällig. Dem Argument in dieser generellen Form ist nicht zu widersprechen. Offen bleibt jedoch die Frage, an welchen Stellen und vor welchem Hintergrund die Probleme der Aneigung auftreten und wie sie zu begründen sind: Können die Schwierigkeiten vieler Lerner nicht auch bzw. in besonderem Maße auf den derzeitigen Mangel an Systematik in der Darbietung der Orthographie zurückzuführen sein? Diese Frage lässt sich überzeugend erst dann beantworten, wenn Untersuchungen durchgeführt wurden, in denen Schüler, die die Schriftsprache – und damit die Orthographie – entsprechend einer sprachtheoretisch optimal abgesicherten Systematik erlernt haben, über einen längeren Zeitraum im Rahmen eines Forschungsvorhabens beobachtet wurden. Die so entstandenen Ergebnisse ermöglichten eine doppelte Antwort: Sie gäben Aufschluss über die Qualität der Theorie der orthographischen Zusammenhänge, auf die der Unterricht basiert. Denn die Kinder eignen sich sprachliche Phänomene dann am ehesten an, wenn sie mit ihrem bereits vorhandenen Sprachwissen, das sie mit dem Erwerb der mündlichen Sprache aufgebaut haben, übereinstimmen, wenn sie also das neue Wissen, das über Schrift, mit dem bisherigen, oft vorbewussten Wissen über die internen Strukturen der mündlichen Sprache abgleichen können. Ist aufgrund der Erfolge der Kinder anzunehmen, dass das der Fall ist, lässt das den Schluss zu, dass die Konstruktion der Systematik, nach der unterrichtet wurde, das trifft, was in der Sprache vorhanden ist, da es den Kindern bereits verfügbar ist. Mit anderen Worten: Die Annahme der unterrichtlichen Systematik durch die Kinder, die in ihrem Lernerfolg sichtbar werden wird, kann als ein Indiz für die Stringenz der orthographiebezogenen Theorie interpretiert werden.

Hiermit ist die zweite Antwort verbunden: Uneindeutigkeiten dieses Unterrichts ergäben sich durch die Bereiche, die nicht der Theorie zu subsumieren sind, die also die Kinder als »Ausnahmen« zu erlernen hätten. Bei ihnen könnte eine Reform, wenn sie denn stattfinden soll, unter der Fragestellung ansetzen, inwieweit hier die Schreibung zu verändern sei, um so das interne Regelsystem in seiner Wirksamkeit und seiner Anwendbarkeit in der Grundschule in Richtung 100 % auszuweiten.

Wie gesagt: Sowohl der anzustrebende sprachtheoretische Konsens über die Formulierung der orthographischen Regularitäten als auch Untersuchungen über deren didaktische Relevanz stehen noch aus. Alle Formulierungen, die derzeit in diese beiden Richtungen vorgenommen wurden, haben daher vorläufigen Charakter. Das gilt auch für die didaktische Relevanz der hier in diesem Buch dargestellten orthographiebezogenen Theorie. Sie ist bisher in der Weise empirisch abgesichert, wie meine eigenen Erfahrungen als Lehrerin und die von Kolleginnen und Studentinnen, die nach ihr gearbeitet haben, das aufzeigen können. Eine größere repräsentative Untersuchung steht noch aus. Die bisherigen Resultate weisen allerdings nachhaltig darauf hin, dass ein Unterricht, der der hier nachgezeichneten Systematik folgt, sehr erfolgreich sein kann.

Zurück zu dem Stand der derzeitigen Rechtschreibreform: Die Tatsache, dass sie auf Erlasswege für Schüler in einigen Bundesländern obligatorisch ist, erfordert ihre Berücksichtigung auch in diesem Buch. Das findet seinen Ausdruck an den Stellen, an denen sich das jeweils im Rahmen der hier entwickelten Systematik anbietet: als Zusätze zu dem Text der ersten zwei Auflagen im Bereich der Dehnungs- und Schärfungsschreibung und der Groß- und Kleinschreibung sowie als Aktualisierung der s-Schreibung. Dabei wird deutlich werden, dass die hier dargestellte Systematik – natürlich – den Hintergrund der Beurteilung der Einzelheiten der Reform bildet: Vor ihm kann lediglich die Veränderung der s-Schreibung (abgesehen von <dass> statt <das>) als ein Fortschritt im Sinne einer klareren Systematisierung anerkannt werden.

Wie auch immer die neuste Reform im Laufe der kommenden Jahre gesehen und behandelt werden mag – zu begrüßen ist, dass sie einerseits die Sprachwissenschaft und Germanistik auf die dringende Notwendigkeit der wissenschaftlichen Auseinandersetzung mit dem Komplex Orthographie hingewiesen und dass ihre Diskussion und Kritik andererseits den an der schulischen Ausbildung Beteiligten die Möglichkeit einer systematischen Darbietung der Rechtschreibung im Unterricht aufgezeigt hat. So relativ offen die Forderung nach einem Perspektivenwechsel in der Orthographiebetrachtung für diejenigen, die nach konkreten Anregungen für den schulischen Alltag suchen, auch noch bleiben muss, kann sie jedoch bereits pädagogisch bedeutsam werden: Fehler und Unzulänglichkeiten in Schülertexten können nicht mit der Eindeutigkeit, die häufig formuliert wird, als Indizien für Defizite der Kinder angesehen werden. Vielmehr müssen sie in großem Maße mit der Unangemessenheit des Unterrichts in Verbindung gebracht werden, dessen Konzipierung der Sache, der Sprache, nicht gerecht wird. Diese Einsicht macht deutlich: Solange kein Konzept erarbeitet wurde, das sowohl sachbezogen als auch pädagogisch/lernpsychologisch auf größten Konsens treffen kann, sind abqualifizierende Aussagen über Kinderleistungen nicht voll verantwortbar – und kann die Diskussion der Rechtschreibung und ihrer Didaktik nicht beendet werden.

Osnabrück, Mai 1997 *Christa Röber-Siekmeyer*

Aus: Rolf Winter (Stern-Humor), Finden Sie das etwa komisch?, Hamburg o. J., S. 79

Vorwort

Sehr häufig habe ich mich in den vergangenen Jahren in meinem Sprachunterricht wie dieser Fluglehrer gefühlt: »Das ist ein *e*, wie bei Elefant.« Und was denken sich die Kinder bei dem zweiten e im Wort? »Substantive schreibt man groß! Verben und Adjektive schreibt man klein!« Wie erkennt ein Grundschulkind Wörter eindeutig als Substantive, Verben oder Adjektive? Werden Verben und Adjektive nicht manchmal auch groß geschrieben? »›Bellt‹ wird mit zwei ›l‹ geschrieben, weil das ›e‹ kurz ist?« Warum wird dann nicht *Welt* auch mit zwei »l« geschrieben?

Situationen wie die hier angedeuteten hat es in meinem Unterricht sehr viele gegeben: Ich wusste, was orthographisch richtig und falsch war (wie man fliegen kann), konnte den Schülern jedoch keinen anderen Hinweis geben, als ihnen zu zeigen, *dass* ich es kann, sie mir daher zu glauben haben. Wie man an dem Cartoon sieht, hilft dieses Vorgehen nur dem Lehrer/der Lehrerin, er/sie kann sich immer sagen, dass er/sie sein/ihr Bestes gezeigt hat. Den Schülern hilft das allerdings weniger, sie suchen sich ihre Wege zum Ziel entweder selber oder erreichen es nicht. Die relativ große Zahl der an Rechtschreibung und am Rechtschreibunterricht Leidenden und, erschreckender noch, die vielen erwachsenen Analphabeten sind Beweise für diese Tatsache.

Das vorliegende Buch hat in starkem Maße subjektive Züge, es spiegelt meine eigene Lern- und Lehrgeschichte als Grundschullehrerin im Fach Deutsch wider: Während meines PH-Studiums Ende der 60er-Jahre gehörte zu meiner Pflichtlektüre, über die ich auch geprüft wurde, das Buch von Bernhard Bosch, Grundlagen des Erstleseunterrichts (Ratingen ^{3}1969). Die Situation in der Klasse als »Junglehrerin« (Lehrerin z. A.) mit 24 Wochenstunden vom ersten Tag an und mit 38 Kindern war jedoch wenig geeignet, Prinzipien von Bosch eigenständig umzusetzen und dabei noch, Schüler einzeln beobachtend, eigene didaktische Erfahrungen machen zu können. Ich nahm die Möglichkeit, mich in meiner pädagogischen Verantwortung durch Fibel, Lese- und Sprachbuch zu entlasten, dankbar an.

Meine so genannte Zweite Ausbildungsphase fiel zusammen mit dem emphatischen Beginn der Grundschulreform am Anfang der 70er-Jahre. Ich hörte während dieser Zeit vor allem curriculare Kritik an der bisherigen Grundschularbeit – der dieser Besinnung immanente reformpädagogische Ansatz mit allen seinen Facetten war der damaligen Schulwirklichkeit jedoch so fremd, dass es zu dem Zeitpunkt kaum gelang, Veränderungen anders als lediglich durch die Diskussion von *Inhalten* in die Schule hineinzubringen.

Mir wurden Realisierungsformen einer Pädagogik, die die *Kinder* in den Mittelpunkt der schulischen Arbeit stellen, erst deutlich, als ich 1976/77 ein Jahr in der Laborschule Bielefeld arbeitete. Dort lernte ich die Formen der Arbeit kennen, durch die meine Wahrnehmung einzelner Kinder möglich wird. Sie waren und sind eng verbunden mit projektbezogenen Arbeitsweisen, durch die es häufig in erfreulichem Maße gelingt, Kindern die Zusammenhänge einzelner Aufgaben und damit deren sachlogischen Sinn zu zeigen und so, unterstützt durch besondere methodische Möglichkeiten, ihre Motivation über längere Zeiträume zu binden.

In der Folgezeit hatte ich zahlreiche Gelegenheiten, Unterricht in dieser Form in anderen Schulen durchzuführen, allerdings zunächst nicht unter »normalen« Bedingungen: Viele Jahre habe ich ausschließlich Immigrantenkinder, die keine deutschen Sprachkenntnisse haben, unterrichtet, erst in so genannten Intensivkursen, zu denen es keinen zusätzlichen Unterricht mehr gab, dann im Förderunterricht. Die letzten vier Jahre als praktizierende Lehrerin (1986–1990) habe ich eine Regelklasse geleitet.

Die Arbeit der vergangenen zwölf Jahre hat mir und den allermeisten Kindern (hoffe ich zumindest) viel Spaß gemacht und zu guten Ergebnissen geführt, nicht nur in Bezug auf die erstellten Produkte (Bücher, Theateraufführungen, Ausstellungen usw.), sondern auch in Bezug auf die Leistungen der Kinder beim Texteerstellen und vor allem in Bezug auf ihre Lernbereitschaft.

Allerdings hatte ich immer wieder ein großes Unbehagen dem Bereich gegenüber, der bei mir ebenso wie bei allen anderen Kollegen und Kolleginnen einen wichtigen Teil bei der (leidigen) Beurteilung einnimmt: die orthographische und die grammatikalische Sicherheit. Zwar habe ich mich damit beruhigt, dass sich mit dem häufigen und intensiven Umgang der Kinder mit Schriftsprache beim Konzipieren, Drucken, Tippen der Bücher »Schriftbilder« einzelner Wörter festsetzen, zwar habe ich auch immer wieder zu einzelnen orthographischen Besonderheiten Sprachübungen vorgenommen. Dennoch hatte ich im 3. Schuljahr bei den allermeisten Kindern den Eindruck, dass für sie das Erinnern der beim Umgang mit Schrift erworbenen »Wortbilder« nicht zu orthographischer Sicherheit geführt hatte: Ihre Rechtschreibleistungen waren, von wenigen Ausnahmen abgesehen, nicht gut. Wie sehr meine eigene zu geringe Kompetenz in Bezug auf Rechtschreibdidaktik hier eine Rolle gespielt hat, wurde mir deutlich, als ich 1988 das Manuskript der Vorlesung »Grundzüge der deutschen Orthographie« von U. Maas las. Dank zahlreicher zusätzlicher Gespräche mit dem Autor gelang es mir, die mir ungewohnte Sichtweise von Schriftsprache als Regelsystem zu erarbeiten.

Meine relative Inkompetenz, gemessen an meiner didaktischen Aufgabe in der Schule, bestand in zweifacher Weise: Zum einen reichte mein in den verschiedensten Ausbildungssituationen erworbenes Wissen über Phonetik, Orthographie und Grammatik nicht aus, um die Kinder auf die richtigen Wege zu bringen, zum anderen – so stellt es U. Maas einleuchtend dar – ist die auf den linguistischen Prinzipien des Dudens basierende Schriftsprachdidaktik nur sehr bedingt geeignet, Lernern auf diesem Gebiet nachhaltig zu helfen.

Als meine Klasse im 3. Schuljahr war, habe ich begonnen, mit ihnen Rechtschreib- und Grammatikspiele nach dem veränderten Konzept herzustellen und zu spielen, nach denen sie Regelwissen entdecken, erwerben und anwenden konnten. Diese bezogen sich auf die Bereiche Groß- und Kleinschreibung sowie Dehnung und Schärfung. Der Eifer der Kinder bei den Spielen und die – zwar nicht statistisch quantifizierten, aber doch offensichtlichen – Verbesserungen der Leistungen in diesen Bereichen haben meine Erwartungen in vieler Hinsicht bestätigt.

Während des letzten Jahres habe ich bei Lehrerfortbildungsveranstaltungen, zu denen ich eingeladen war, über die verschiedenen Teilaspekte dieser Orthographietheorie und meine unterrichtliche Umsetzung berichtet. Die allermeisten Kollegen und Kolleginnen waren von dem didaktischen Wert der neuen Ansätze, die ich beschrieb, überzeugt und wollten sie in ihrem Unterricht umzusetzen versuchen. Einige haben jedoch ablehnend reagiert: Es sind zumeist diejenigen gewesen, deren Interesse auf Formen der »Öffnung« des Unterrichts ausgerichtet ist und die von der relativ starken Lenkung, die am Anfang des von mir vorgestellten Unterrichts unumgänglich ist, verwirrt wurden. Sie leugneten oft die Notwendigkeit gelenkter, lehrerzentrierter Phasen im Offenen Unterricht. Diese Erfahrungen aus der Fortbildung, meine eigenen positiven Erfahrungen im Unterricht sowie das verstärkte Interesse an Rechtschreibung in den Schulen generell sind die Ursachen für den hier vorliegenden Versuch, den veränderten sprachwissenschaftlichen Ansatz und die Möglichkeit seiner unterrichtlichen Umsetzung ausführlich darzustellen.

Dieses Buch wendet sich also an Kolleginnen, die – ähnlich wie ich – unzufrieden mit den derzeitigen Formen der Rechtschreibschulung und ihren Ergebnissen sind. Es beschreibt zunächst in seinem ersten Teil die Praxis des gegenwärtigen Deutschunterrichts in der Grundschule als Ergebnis der didaktischen Entwicklung in den vergangenen 20 Jahren und stellt diese in Relation zu neuen Ergebnissen der Schriftspracherwerbsforschung, dem didaktischen Arbeitsschwerpunkt seit einem Jahrzehnt. Ist das Resultat der Untersuchung auf diesem Gebiet, dass die Kinder sich die Schriftsprache kognitiv – also Strukturen suchend und sie experimentierend anwendend – aneignen, muss die Frage folgen: Welche Strukturen bestimmen die Schriftsprache?

Im Gegensatz zu *den* sprachwissenschaftlichen Interpretationen der deutschen Orthographie, die der unsystematischen, vereinzelnden Darstellung des Dudens verpflichtet sind, bemüht sich U. Maas um eine neue Interpretation der Rechtschreibregularien. Sein Ziel ist es, Zusammenhänge herauszustellen.

Dadurch erhält die Theorie einen hohen didaktischen Wert. Dieses System zu begründen und nachzuzeichnen sowie es mit lernpsychologischen Gewissheiten über Kinder im Grundschulalter theoretisch und praxisbezogen in Verbindung zu bringen – dieser Aufgabe dienen die weiteren Teile dieses Buches.

Mit dem Anspruch der Praktizierbarkeit ist eine bestimmte Sichtweise unserer Professionalität verbunden, die (noch?) nicht durchgängig anzutreffen ist: Im Vordergrund der Arbeit stehen die einzelnen Kinder in *dieser* Klasse; *ihre* unterschiedlich vorhandenen und sich äußernden Voraussetzungen gilt es zu beobachten und durch fachlich qualifizierte Lernangebote weiterzuführen. Schulbücher als anonymes Material von Autoren, die *diese* Kinder in *dieser* Klasse nicht kennen, können hier nur sekundären, medialen Wert haben. Mit diesen Festlegungen und Konsequenzen schließt die pädagogische Konzeption dieses Buches an Theorien an, die unter dem Begriff »Offener Unterricht« subsumiert werden können – obwohl der Eindruck entstehen mag, als würden die gelenkten Phasen des Unterrichts – als Folge der Darstellung in diesem Buch – überwiegen.

Die Voraussetzung dieser unterrichtlichen Spracharbeit für uns Lehrerinnen heißt eine intensive Vorbereitung und – das kann ich aus eigener Erfahrung sagen – die Bereitschaft zu einigen längeren Korrekturnachmittagen, da die spielerische schriftliche Sprachproduktion der Kinder, besonders im 3. und 4. Schuljahr, nicht durch die Länge und inhaltliche Monotonie von Sprachbuchübungen festgelegt und begrenzt wird.

Dieses Buch verfolgt also mehrere Ziele:

1. Es erklärt die gegenwärtig widersprüchliche Situation des Rechtschreibunterrichts in der Grundschule zwischen »wortbild-«orientiertem Pauken einerseits, dessen gleichzeitiger kommunikativ-orientierten Ablehnung andererseits durch die Geschichte der Sprachdidaktik in den vergangenen 20 Jahren.
2. Es erinnert an bekannte lernpsychologische Kenntnisse über kindliches Lernen, die in Bezug auf den Schriftspracherwerb vor allem durch den geänderten Forschungsansatz der vergangenen 10–15 Jahre erneut ihre Bestätigung gefunden haben, und zeigt deren generelle Konsequenzen für sprachliche Grundschularbeit auf.
3. Es beschreibt die (vergessene) Bedeutung, die sprachwissenschaftliches Wissen für die Didaktik der elementaren und fortgeschrittenen Aufgaben des Schriftspracherwerbs hat.
4. Es stellt die grundschulrelevanten Teile der sprachwissenschaftlichen Orthographieinterpretation von U. Maas sowohl in ihrer Systematik als auch in ihrem wissenschaftlichen Begründungszusammenhang dar, und es benutzt sie als Folie einer so notwendig scheinenden Kritik gegenwärtiger Lehrwerke zur Spracharbeit.

5. Es zeigt in der Hauptsache beispielhaft unterrichtliche Formen auf, die Prinzipien Offenen Unterrichts mit den inhaltlichen Vorgaben der Schriftsprache verbinden.

Nach meinen eigenen Erfahrungen und denen von Kolleginnen ist es gerade das vierte Ziel, das uns viel Umdenken und daher große Anstrengungen abverlangt. Es erfordert in Verbindung mit dem fünften nicht nur ein gedankliches Nachvollziehen, sondern darüber hinaus ein weiteres kreatives Vordenken für die Umsetzung in unterrichtlichen Bezügen. Denn die hier aufgezeigten Möglichkeiten sollen und können nur exemplarischen Charakter haben: Obwohl die vorgenommene Darstellung der Orthographie einen Anspruch auf inhaltliche Vollständigkeit hat (das heißt, dass alle Fragen der Rechtschreibarbeit in der Grundschule angesprochen sind), können die hier aufgezeigten projektbezogenen Umsetzungen nur als Beispiele gelten. Sie sollen vor allen Dingen anregen, eigene, auf die jeweilige Klasse bezogene Wege zu suchen. Die vorbereitende Arbeit der Lehrerinnen in Gruppen kann sich in diesem Zusammenhang (mal wieder) als sehr günstig erweisen.

Um beim Lesen denjenigen, die auf erklärende, erläuternde Details verzichten möchten, die Möglichkeit zum schnelleren Vorwärtskommen zu geben, sind diese kleiner gedruckt und so vorwiegend als Nebengedanken erkennbar. Grundsätzlich gilt, dass der dritte und vierte Teil eher als didaktisches Lexikon zu betrachten sind: Sie sollten dann intensiv studiert werden, wenn unmittelbares Interesse an dem jeweiligen orthographischen Thema besteht. Lediglich denjenigen, die anhand des Gesamtüberblicks die These der uneingeschränkten Systematisierbarkeit rechtschreiblicher Phänomene überprüfen wollen, ist das Lesen aller Teile im Zusammenhang zu empfehlen. Teil I und vor allem Teil II mögen diejenigen interessieren, die nach Begründungszusammenhängen für eine neue didaktische Standortbestimmung suchen. Sie können besonders dann von Bedeutung sein, wenn Erklärungen und Argumente für Rechenschaftsberichte vor Eltern und Kolleginnen für die neuen Wege gesucht werden.

Abschließend noch ein – humoristisch zu verstehendes – Wort zu der von mir gewählten Feminisierung unserer Berufsbezeichnung (nur, weil ich so häufig darauf angesprochen wurde): Sie hat rein quantitativen und stilistischen Hintergrund: Angesichts der Tatsache, dass über 90% der Lehrkräfte in Grundschulen Frauen sind, scheint mir die Bezeichnung »Lehrer« unangemessen, und die ständige Benennung der beiden Formen sowie den Gebrauch des großen I lehne ich wegen der stilistischen Umständlichkeit ab. (Die Männer mögen mir diese Lösung verzeihen, wie wir ihnen rückwirkend die Formulierungen vor den 80er-Jahren verzeihen. »Schüler« kann dann als Vermittlungsangebot betrachtet werden).

Wie bereits deutlich wurde und noch mehrfach deutlich werden wird, steht dieses Buch in enger Verbindung zu den sprachwissenschaftlichen Analysen von U. Maas. Ihm verdanke ich nicht nur die Anregung zu der neuen Auseinandersetzung mit dem Inhalt, sondern auch die Möglichkeit, in vielen Gesprächen mein Verständnis und meine didaktischen Umsetzungsvorschläge immer wieder fachlich überprüfen zu können. Weitere anregende Gespräche habe ich mit Marion Bergk geführt. Auch ihr herzlichen Dank! Für zahlreiche konstruktive Anmerkungen zu meinem Manuskript danke ich Helmut Arnau, Ingrid Clausmeyer, Sabine Hoffmann, Horst Schönfeld, Hermann Schwarz, Monika Siebs und Karin Winkler. Den beiden letztgenannten Kolleginnen sowie Maria Bitter danke ich zusätzlich für die informativen Einblicke in die Praxis als Beobachterin.

Alle diejenigen, die Lust haben, sich ebenfalls zu neuen Wegen im Sprachunterricht anregen zu lassen und bei der Durchführung eigene bestätigende oder abweichende Erfahrung machen, möchte ich bitten, mir diese mitzuteilen.

Osnabrück, 1992   *Christa Röber-Siekmeyer*

»Die schriftliche (literate) Fixierung repräsentiert grammatische Strukturen mit phonographischen Mitteln. Grafisch repräsentiert wird also nicht das Gesprochene, sondern eine Struktur, die in dem Gesprochenen (möglich) ist.«

Utz Maas, 1989

Roberto Blanco
Bläst
Blasen
auf Blaue
Blumen.
Auf Blaue
Blumen
Bläst
Roberto Blanco
Blasen.

Kathrin, 1. Schuljahr

1. Die Wege der Deutschdidaktik durch die vergangenen 20 Jahre und ihr Einfluss auf die Schule

1.1 Die Reduzierung der Rechtschreibschulung mit Beginn der Bildungsreform

Insbesondere Verhalten und Stile von Lehrerinnen sind bei Eltern immer ein beliebtes Thema gewesen. In den letzten Jahren, seitdem auch öffentlich über unterschiedliche Formen von Unterricht berichtet und diskutiert wird, haben zahlreiche Eltern, die Interesse und Zeit haben, diese Entwicklung zu verfolgen, neue Forderungen an den Unterricht gestellt: Er soll ihren Kindern nicht nur das übliche Wissen vermitteln, er soll auch ihrem erzieherischen Anspruch und Stil, der individuell Motivation, Fähigkeiten und Emotionalität der Kinder zu berücksichtigen versucht, entsprechen. Viele dieser Eltern klagen darüber, dass dieser Anspruch in der Schule noch an wenigen Stellen erfüllt, häufig kaum wahrgenommen wird.

Eltern von Grundschulkindern machen den Unterschied zwischen ihren Erwartungen und der schulischen Wirklichkeit oft – mit Recht – an den Inhalten und Methoden des Schriftspracherwerbs und des Rechtschreibunterrichts fest. Hierbei wird vor allem das schon frühe Diktatschreiben mit der Monotonie seiner Vorbereitung und dem unvermeidbaren psychischen Stress zumindest für die Unsicheren kritisiert:

Empirisch belegbare, zu generalisierende Aussagen über die gegenwärtig vorherrschende Praxis des Unterrichts in Grundschulen, also auch des Sprachunterrichts dort, lassen sich kaum machen. Sie können sich lediglich auf Einschätzungen aufgrund von sporadischen Hospitationen und Gesprächen mit Eltern, Hausaufgabenhelferinnen, Praktikantinnen und natürlich Kolleginnen z. B. bei Lehrerfortbildungsveranstaltungen beziehen. Die so gewonnenen Eindrücke weisen eine gewisse Einheitlichkeit auf: Abschreibeübungen, Diktate, Aufsätze nach alten, wenig abwechslungsreichen Mustern, Sprach- und Lesebuchtexte beherrschen noch immer weite Teile des Deutschunterrichts. Wiederholen und Erinnern sind die vorherrschend abverlangten Leistungen der Kinder. Beschränken sich meine Erfahrungen vorwiegend auf den norddeutschen Raum, finden sie für einige Teile Österreichs ihre Bestätigung in den Beobachtungen von M. Bergk: »... Auswahlantworten, Lückentexte, Verdrehsätze, Diktatsätze. Das Abschreiben ist, fürchte ich, noch immer die häufigste Form des Schreibens in der Grundschule« (Bergk

1990, S. 9, vgl. auch Bethlehem 1984, Dehn 1988, Scheerer-Neumann 1986, Spitta 1985).

Die Tatsache, dass die Kultusminister der meisten Bundesländer in den vergangenen zehn Jahren nur sehr vereinzelt – teilweise gar nicht – neue Lehrkräfte in Grundschulen eingestellt haben, lässt annehmen, dass die meisten der derzeit praktizierenden Kolleginnen bereits zwanzig Jahre und länger dort tätig sind.

Diese Phase war durch die Bildungsreform und ihre Folgen bestimmt. Die damaligen Veränderungen nahmen ihren Ausgang in der Kritik der derzeitigen Schule vor dem Hintergrund der politisch nicht eingelösten Ansprüche von und an Pädagogik in einer demokratischen Gesellschaft. Bis dahin war die Welt schulisch für einen längeren Zeitraum in Ordnung gewesen: Im Deutschunterricht z. B., um den es hier geht, war der Methodenstreit zum Anfangsunterricht über Analyse versus Synthese zugunsten einer Kombination beider Ansätze beendet worden, in ihrer Auswahl unbestrittene Lesebuchtexte mussten kindgemäße moralische Erziehung ermöglichen, Aufsätze sollten Erzählungen nach festen Schemata trotz der Fesseln die Sprachgestaltung der Kinder anregen. Rechtschreibung erwarben die Kinder zunächst durch seitenweises Abschreiben, ab der 3. Klasse durch die Anwendung einiger auswendig gelernter Regeln, Grammatik bezog sich auf das Erkennen der Wortarten und das Benennen der Satzglieder (vgl. Kleinschmidt 1976). Methodisch herrschte der Frontalunterricht vor, Sprachbuch und Lesebuch bestimmten Ablauf und Systematik.

Die Bildungsreform, die seit Ende der 60er-Jahre in mehrfachen, teilweise sich widersprechenden Ansätzen die Schule erreichte – nämlich als reformpädagogische Erneuerungsforderungen für eine Schule »vom Kind aus«, aber auch als vorwiegend inhaltlich bestimmte Curriculumrevision – führte auch im Fach Deutsch zu starken Veränderungen. Im Rahmen der gesellschaftskritischen Untersuchungen und Auseinandersetzungen wurde Sprache primär als Kriterium der Schichtenzugehörigkeit gesehen. Der Lehrplan des Deutschunterrichts erfuhr infolge der damaligen anmaßenden Überschätzung von Pädagogik und des schulischen Unterrichts als Mittel des gesellschaftlichen Chancenausgleichs eine starke Wende zum Kommunikativen als Medium für Kompensation: Texte wurden nicht als individueller Ausdruck gesehen, sondern sie wurden primär bis ausschließlich als Mitteilung an andere und von anderen interpretiert und sollten in dieser Funktion betrachtet und zu verfassen erlernt werden.

Diesem Aspekt waren die meisten übenden und gestaltenden Tätigkeiten im Deutschunterricht zugeordnet. Die Schulbücher, vor allem die Sprachbücher, erhielten völlig neue Inhalte und dementsprechend ein neues Design (vgl. Giese 1986, Brügelmann 1986). Natürlich konnten schon aus zeitlichen Gründen Rechtschreibung und Grammatik in dieser veränderten Konzipierung nicht mehr den Stellenwert behaupten wie bisher. Deren Betrachtungsweise wurde daher jetzt nahezu völlig dem neuen Konzept eingeordnet. Exemplarisch für die Didaktiker dieser Zeit beklagte B. Weisgerber, dessen »Zehn Thesen zum Rechtschreibunterricht in der Grundschule« (= die Arbeitsgruppenergebnisse des reforminitiierenden Grundschulkongresses 1969) (vgl. Weisgerber 1970) als Zusammenfassung der damaligen Kritik am Bestehenden gelten können, vor allem die starke Gewichtung der Rechtschreibanteile innerhalb des Deutschunterrichts. Deren »geradezu traumatische Überschätzung« (Messelken 1970) sei einerseits fragwürdig angesichts der relativen Erfolglosigkeit, die in diesen Jahren durch zahlreiche empirische Untersuchungen zu Fehlerhäufigkeit, Art der Fehler, geschlechtsspezifischen Zuordnungen usw. belegt wurden (vgl. z. B. Plickat 1970). Andererseits sei sie zeitlich einzuschränken eben wegen der neuen kommunikationsorientierten Aufgaben des Deutschunterrichts: »Primäre Aufgabe des Sprachunterrichts ist Vermittlung und Ausbau von Sprache. Demgegenüber erscheint das Erlernen der ›richtigen‹ Schreibung als ein sicher wichtiger, aber sekundärer Bereich« (Weisgerber 1970, S. 8).

Die Lösung des didaktischen Dilemmas »Rechtschreibung ja, aber anders und weniger« wurde entsprechend des damaligen Verständnisses von Bildung und Erziehung nicht nur fach- sondern auch gesellschaftsbezogen gesehen: Die allgemein hohe Einschätzung von Rechtschreibfähigkeiten sei abzubauen, eine Rechtschreibreform müsse die Schriftsprache von »nicht zu rechtfertigenden Schwierigkeiten« (Weisgerber) entlasten und noch weiter gehender: »Durch die Einsicht in die historische Bedingtheit unserer Orthographie soll der Rechtschreibunterricht den Schüler auch zu einer kritischen Einstellung gegenüber der heutigen Rechtschreibung befähigen« (Weisgerber 1970, S. 14).

Allein die Tatsache, dass ein großer Teil der Didaktiker ihre Veröffentlichungen in »gemäßigter Kleinschreibung« verfassten, um damit ihren Beitrag zur Beschleunigung der Reform durch Vorwegnahme zu leisten, zeigt, welche Bedeutung sie ihr beimaßen. Ausgehend von der Prämisse der vorherrschenden Didaktik der 70er-Jahre, »dass Rechtschreibung, wie wir alle wissen – unlernbar ist und auch nach einer (ersten) Reform sehr kompliziert bleiben wird« (Balhorn 1974, S. 330), sollten doch zunächst die Bereiche, die sich in empirischen Untersuchungen als am stärksten fehlerträchtig erwiesen hatten, reformiert werden: Getrennt- und Zusammenschreibung, Groß- und Kleinschreibung, Silbentrennung am Zeilenende, Vereinfachung der s-Schreibung, Vereinfachung der Zeichensetzung, Angleichung der gebräuchlichen Fremdwörter an die deutsche Schreibweise (vgl. Spitta 1979).

Die seit Mitte der 80er-Jahre wieder tagenden international besetzten Kommissionen erarbeiten Reformvorschläge (vgl. Zabel 1991, Ossner 1991, Maas 1991, Friedrich 1991), die jetzt differenziertere Wege als in den 70er-Jahren verfolgen, indem sie »in die gegenwärtige Regelung nur sehr behutsam« eingreifen wollen (aus den Vorschlägen der Kommission, zitiert nach Ossner 1991, S. 11). Sowohl die vehemente primär ablehnende Diskussion in der Presse nach den Veröffentlichungen der ersten Vorschläge 1986 als auch die neu entstandenen linguistischen Bemühungen parallel zur Arbeit der Rechtschreibkommissionen mit dem Ziel, »dass sich das Bewusstsein von Orthographie in einer Weise ändert, dass Reformen von oben überflüssig werden« (Osser 1991, S. 11), zeigen an, dass die Diskussion der Reform noch lange nicht beendet ist und sie vielleicht nur äußert periphere Veränderungen mit sich bringen wird: Durch eine veränderte Betrachtung des orthographischen Regelwerks können und müssen sich gleichzeitig ihre didaktischen und methodischen Konsequenzen verändern: »Nicht das Lernen hat sich einer falschen Orthographie angepasst, sondern sowohl das Lernen als auch die Orthographie entsprechen einander; falsch ist nur die Erklärung der Orthographie« (Friedrich 1991, S. 89). Es sollte diese »linguistische Modellierung im Grundsatz didaktisch hoffnungsfroh stimmen, da sie der Orthographie das Odium der Beliebigkeit und Chaotik nimmt, sodass sie nicht mehr länger als Synonym für den Paukunterricht stehen kann« (Ossner 1991, S. 12).

Zurück zu den 70er-Jahren: Als offensichtlich war, dass die erhoffte Reform keine schnelle Verbesserung der schulischen Praxis bringen konnte, wurde entsprechend dem Primat des mündlichen Sprachgebrauchs (»… jede eingesparte Rechtschreibstunde ermöglicht eine zusätzliche Sprachstunde«, Weisgerber 1970, S. 12) der Rechtschreibunterricht didaktisch neu konzipiert. Er sollte voll in den übrigen Deutschunterricht integriert werden.

Alle heute gebräuchlichen Sprachbücher, wie z. B. das verbreitete »Sprachbuch Deutsch« aus dem Westermann-Verlag, in denen inhaltlich als ansprechend angenommene Themen wie z. B. die Außenseiterproblematik (»Die mögen mich nicht«, S. 28–29), Aufhänger für orthographische Übungen (hier: zur Vorsilbe »vor«) sind, entsprechen diesem seltsam praktizierten didaktischen Ansatz.

1.2 Die »Erfindung« des Grundwortschatzes

Gleichzeitig entstand die Forderung nach neuen Hilfsmitteln für differenzierte Unterrichtsformen entsprechend »sachlogischen und lernpsychologischen Gesichtspunkten« (Weisgerber). Als wichtigste didaktische Erneuerung galt neben der Herstellung geeigneter Medien die Festlegung eines Grundwortschatzes. Seiner Entwicklung widmeten sich Didaktiker und Praktiker in den 70er-Jahren verstärkt, und sie führte zu der Konzipierung der bekannten Listen mit 700–1500 Wörtern.

Die Zusammenstellungen, die in den 80er-Jahren von fast allen Kultusministerien den Erlassen bzw. Richtlinien beigefügt wurden, beinhalten die Wörter, die als die am häufigsten gebrauchten erkannt waren und von denen angenommen wurde, dass sie daher am meisten von Grundschülern verwendet werden (vgl. Menzel 1982, Sennlaub 1987). Über die Möglichkeit der Einprägung der hier aufgenommenen »Wortbilder« hinaus soll der Grundwortschatz den Kindern Hilfen für die Rechtschreibung anderer Wörter geben: »Die Wahrscheinlichkeit für einen Übertragungseffekt (Transfer) ist bei einem intensiv geübten, weil begrenzten Wortschatz auf ungeübte Wörter größer« (Balhorn 1974, S. 331).

Abgesehen von dem puren »Wortlisten-Training« Balhorns (vpm-Verlag, Hamburg) versuchten aber die meisten Sprachbücher sowie zahlreiche Unterrichtsbeispiele in den didaktischen Zeitschriften den Grundwortschatz entsprechend dem neuen didaktischen Ansatz in thematisch gebundene Unterrichtseinheiten zu »integrieren«. Wie die Kolleginnen die oft als verbindlich empfundene Zusammenstellung unterrichtlich umsetzen, war und ist letztendlich ihnen überlassen, ist, lerntheoretisch betrachtet, auch sekundär: Alle methodischen Formen dienen dem Ziel des Erinnerns der »Wortbilder«, das heißt des simplen Auswendiglernens, und die übergeordnete Aufgabe jeder schulischen Arbeit, die Entwicklung kognitiver Strukturen, wird in diesem umfassenden, elementaren Bereich des Grundschulunterrichts nahezu völlig ausgeklammert.

Im Gegensatz zur Grammatik, bei der in den 70er-Jahren – mit wenig Erfolg – versucht wurde, die neuere linguistische Diskussion der unterschiedlichen Modelle geradlinig über Sprachbücher in den Unterricht zu tragen (vgl. Abels 1989), gab es also keinerlei sprachwissenschaftlich verantwortete Veränderungen in der Rechtschreibschulung. Die linguistische Basis blieb die Annahme einer eindeutigen Laut-Buchstaben-Korrespondenz (Phonem-Graphem-Korrespondenz), also der direkten Zuordnung von Laut und Buchstaben, die jedoch andererseits gleichzeitig aufgrund ihrer nicht geleugneten Einschränkungen als Ursache für einen Großteil der Schwierigkeiten in der Orthographie angesehen wurde (vgl. stellvertretend für viele andere Didaktiker und Linguisten Bethlehem 1984, Menzel 1990, Neuland 1990). Alle methodischen und didaktischen Neuschöpfungen dieser Zeit waren, bezogen auf die linguistische Komponente der Rechtschreibschulung, kosmetische Veränderungen: *Die Arbeit der Kinder hier blieb (und bleibt heute noch in aller Regel) nahezu ausschließlich Gedächtnisarbeit, Paukerei*. Für den Misserfolg der Kinder angesichts dieses als stimmig empfundenen linguistischen und didaktischen Konzeptes wurde eine Begründung gefunden, die die Ursache eindeutig als Defizite der Kinder sah – die jedoch durch die eingebaute Ent-Schuldigung dennoch als pädagogisch tragbar angesehen wurde: *Legasthenie*. Sie galt als womöglich erblich bedingt, jedenfalls als Krankheit zu betrachten (vgl. Valtin 1983).

1.3 Das Entstehen der Schriftspracherwerbsforschung

Gravierende Veränderungen erfuhr die Deutschdidaktik erst Ende der 70er-Jahre, als – teilweise infolge der unbefriedigenden Ergebnisse der Legasthenieforschung – die Frage neu aufgegriffen wurde, wie Kinder überhaupt die Schriftsprache erwerben, außerdem: wie Unterricht organisiert sein muss, um Kindern optimales Lernen auch auf diesem Gebiet zu ermöglichen. Reformansätze wurden infolge der Resultate dieser Spracherwerbsforschung jetzt nicht mehr ausschließlich als stoffliche Neuverpackung gesehen – die, so war offensichtlich, nicht zu den erhofften Erfolgen geführt hatte. Sie wurden vielmehr als Notwendigkeit einer pädagogischen Neugestaltung im Sinne der Grundschulreform wahrgenommen:

– Die einzelnen Kinder der Klasse in ihrem individuellen Leistungsvermögen, nicht Lehrpläne o. Ä. sollen die Basis unterrichtlicher Planung bilden.
– Jedes Kind hat also das Recht, individuell wahrgenommen zu werden.
– Die Leistung, die jedes Kind in diesem Unterricht entsprechend seiner Leistungsstufe erbringt, ist zunächst anzuerkennen.
– Unterricht und Förderung müssen von diesem individuellen Leistungsstand des Kindes, der durch Beobachtung zu ermitteln ist, ausgehen.
– Defizitzuschreibungen entbehren in diesem Sinn für einen langen Zeitraum der Grundlage, da »Fehler« lediglich das Leistungsvermögen auf einer vorläufigen Entwicklungsstufe zeigen.
– Beurteilungen haben dem Rechnung zu tragen.
– Die Motivation der Kinder ist durch ihr Interesse an den Inhalten und durch den Freiraum für sanktionsfreies Experimentieren und Operieren zu erhalten.
– Ein Hauptkriterium für guten Unterricht ist also seine Möglichkeit, individualisiertes Lernen zu initiieren.

Vor allen Dingen für den Anfangsunterricht hat der neue Ansatz, dessen inhaltliche und methodische Gestaltung unter dem Begriff »Offener Unterricht« zusammengefasst werden kann, weitreichende kritische Konsequenzen: Der üblicherweise durch einen Lehrgang, wie z. B. die Fibel, gestaltete Schriftspracherwerb wird nahezu ausnahmslos durch die Progression bestimmt, die dort vorgegeben wird. Zwar lässt das heute abwechslungsreich gestaltete Fibelbegleitmaterial zahlreiche unterschiedliche Übungen, teilweise verbunden mit operativen Aktivitäten der Kinder zu, die Leistungen der Kinder bleiben jedoch auf der rezeptiven Ebene (vgl. Warwel 1980, Spitta 1985, Bergk/Meiers 1985).

Diesem, den Erkenntnissen der Lernpsychologie zuwiderlaufenden Lehrmodell setzt die Gruppe der Deutschdidaktiker, die sich um einen erfahrungsoffenen Schreibanfang bemüht, Forderungen nach Anreizen zu spontanen

Verschriftungen von Anbeginn an entgegen: Indem Kinder ohne lehrgangsartig vermittelte »Kenntnis« einer vermeintlich festlegbaren Laut-Buchstaben-Korrespondenz angeleitet werden, eigene Verschriftungen vorzunehmen, sollen sie herausgefordert werden, experimentell Schreibungen auszuprobieren: »Schreiben heißt Verbessern von Entwürfen« (Graves, zitiert nach Brügelmann 1986, S. 14). *Der Schriftspracherwerb wird eine kognitive Leistung der Kinder im Sinne von Problemlösungsstrategien*, Lernweisen also, die alle Kinder in ihrem vorschulischen und außerschulischen Lernen vielfach erfolgreich angewendet haben, denn nur so findet Lernen statt.

Wegweisend für den »Paradigmenwechsel« in der Forschung waren die Arbeiten von H. Brügelmann (vgl. z. B. Brügelmann 1983). Zur Repräsentation sowohl des individualisierten als auch des gruppenbezogenen Vorgehens sollen hier spätere Untersuchungen von B. Kochan und M. Dehn referiert werden, um so die Arbeitsweisen und deren Ergebnisse exemplifizieren zu können. (Weitere Forschungen wurden vorgenommen von Balhorn, Bergk, Brügelmann, K.-B. Günther, Scheerer-Neumann, Spitta, u. a. Einen ausführlichen Überblick über die Forschungen der letzten Jahre gibt Schwander 1989).

Bei einer Untersuchung zur Anwendung der Stammschreibweise bei Viertkläßlern in Berliner Schulen fielen *B. Kochan* die Ergebnisse eines Jungen, Alex, auf, der zwar in ihrem Untersuchungsbereich und auch darüber hinaus (z. B. bei der dass-Schreibung) relativ gut abschnitt, der jedoch durchgängig den »ach-Laut« mit »r« verschriftete: »nar Hause«, »Nort« statt Nacht, »gemart« statt gemacht usw. Er galt als schlechter Rechtschreiber in der Klasse. Ein Jahr später (B. Kochan 1987) berichtet sie darüber, wie sie zu Alex Kontakt aufgenommen und mit ihm über seine Fehler gesprochen hat. Dabei stellte sich heraus, dass sie durchaus »*theoriegeleitet*« waren: Nachdem er in einem Text »Gutarten« geschrieben hatte, schrieb sie ihm »Gutachten« daneben. Ohne auf seinen Text zu schauen, zeigt er auf das »ch« und sagt im Gespräch mit ihr: ›Da schreibe ich ein ›r‹. Ich unterstreiche das ›ch‹ ... Darauf er: ›Ich brauche das nicht, ich nehme dafür das ›r‹. – Warum? – ›Mir reicht *einer* für die zwei, einer reicht, weil – nämlich der Unterschied ist soooo klein nur‹, und er spricht mehrmals das Wort ›acht‹ und ›Art‹ im Wechsel.«

B. Kochan fährt fort: »Da haben wir also den ersten Zipfel einer Theorie: Die Buchstaben verwendet man in Relation zu dem, was man beim Sprechen artikulierend fühlt bzw. was man hört. Auf der Lautebene sind Klassen zu bilden. Nicht alles, was man artikulierend und hörend unterscheiden kann, benötigt einen eigenen Buchstaben« (S. 138).

Über einen längeren Weg mit Minimalpaaren wie »*nicht*«/»*Licht*« und »*Garten*«/ »*Karten*«, an denen er die Sinn stiftende Bedeutung einzelner Buchstaben erkennen konnte, kam er mit ihrer Hilfe über »achten«/»Arten«, »wachte«/»warte«, »knochig«/ »knorrig« auch zu der Bedeutung der Differenzierung »r«/»ch«. Nach einigem Sträuben, die Unterscheidung auch für sich zu akzeptieren (bei einem Brief an ein Kuscheltier: »›Alle meine Kuscheltiere verstehen mich. Die wissen ja, warum ich nicht nach Vorschrift schreibe. Ich schreib nämlich nicht nach Vorschrift! Ich schreibe, was ich *denke*!‹«, ebd.), benutzte er sie in seinen Texten, und wenn er sie vergaß, konnte er es gleich nach dem kleinsten Hinweis korrigieren.

Die zweite, völlig anders angelegte Untersuchung, die M. Dehn in ihrem Buch »Zeit für die Schrift« dokumentiert hat, umfasste gezielte und ungezielte Beobachtungen von insgesamt 26 Klassen über einen Zeitraum von 10 Jahren: in gesamten Klassen und bei einzelnen Kindern, während des Regel- und während des Förderunterrichts, intensiv während eines Jahres und als Langzeituntersuchung über vier Jahre.

Ziel der Untersuchung war neben der generellen Frage der Schriftspracherwerbsforschung, also nach dem Wie des kindlichen Lernens beim Lese- und Schreibbeginn, die Beschreibung der unterschiedlichen Lernwege erfolgreicher und nicht erfolgreicher Rechtschreiber und ihrer möglichen Ursachen sowie die Darstellung konkreter Folgerungen der Forschungsergebnisse für die Praxis:

– Die bisher gängigen Methoden zum Lesen- und Schreibenlernen sind *nicht geeignet*, die Vorgehensweisen der Kinder angemessen zu stützen, denn »Lesenlernen ist mehr als die Kenntnis der Buchstaben und die Aneignung der Synthese... Lesenlernen heißt für das Kind Problemlösen« (S. 14), und »Schreibenlernen ist mehr als die Aneignung der Form der Buchstaben im Bewegungsvollzug. Es stellt eine sprachanalytische Tätigkeit des Kindes dar« (S. 15). »*Lernen ist in erster Linie eine Aktivität des Lernenden, weniger eine Folge von Lehrvorgängen*« (S. 16). »Fehler der Lese- und Schreibanfänger sollten nicht in erster Linie als Abweichungen von der Norm betrachtet und behandelt werden, sondern als *lernspezifische Notwendigkeit*« (S. 17, Hervorhebung R. S.).
– Gute und schwache Leser und Schreiber unterscheiden sich primär nicht durch die Methode, mit der sie an ihre Aufgaben herangehen, sondern in ihrem *Problemlöseverhalten*, in der Stringenz also, mit der sie ihr Ziel verfolgen, sowie in der Art, wie sie Hilfe annehmen (vgl. S. 33–34). Hierbei spielen Aspekte der Selbsteinschätzung ebenso wie soziale Erfahrungen in ihrer bisherigen Biographie eine große Rolle (vgl. auch Dehn 1990b).
– Bedingungen für erfolgreiches Lernen sind daher in starkem Maße abhängig von der *Offenheit der Lernsituationen*, also den Möglichkeiten für die Kinder, eigenständig sanktionsfrei experimentieren zu können. Das kann am ehesten dann gelingen, wenn die Atmosphäre in der Klasse gelöst ist, und dabei spielt die Art, in der die *Lehrerin* auf die Kinder eingeht, eine sehr große Rolle (vgl. ebd.).
– Auch bei der Bedeutungseinschränkung von Lehrgängen im Unterricht bleibt bestehen, dass schulisches Lernen angeleitetes Lernen ist. Inwieweit Kinder hier intensivere Begleitung zum Erkennen der Lösungswege brauchen, inwieweit sie für die »nachgehende Unterstützung« ausreicht, kann die Lehrerin für einzelne Kinder in Beziehung zu den Unterrichtsinhalten nur allein herausfinden. »Auf die *Passung von Lernprozess und Unterricht* kommt es an, die den Möglichkeiten des Kindes und den Gegebenheiten des Lerngegenstandes gleichermaßen gerecht wird« (ebd. S. 82).
– Die von ihr beobachteten geringen Möglichkeiten, anfängliche starke Verzögerungen zu einem späteren Zeitpunkt wirkungsvoll auszugleichen, lässt M. Dehn dafür eintreten, schon früh »Lernbeobachtungen« als »*Voraussetzung für frühe Lernhilfen*« in differenzierten Arbeitsphasen oder während des Förderunterrichts durchzuführen: »Ziel der systematischen LERNBEOBACHTUNG ist, Kinder mit lang anhaltenden Lernschwierigkeiten frühzeitiger und sicherer als bisher zu erkennen, damit sie so gut wie irgend möglich zur Auseinandersetzung mit Schrift anregen und sie bei der Aneignung unterstützen und auf diese Weise den fatalen Folgen einer unzureichenden Schriftaneignung für die schulische und persönliche Entwicklung der Kinder durch solche rechtzeitige Lernhilfe vorbeugen« (ebd., S. 211).

In diesen kurzen, exemplarisch zu verstehenden Darstellungen der Schriftspracherwerbsforschung wird die »kopernikanische Wende« auf diesem Gebiet, gleichzeitig ihre Folgerungen für die Praxis, deutlich. Sie sind so komplex, wie das Unterrichtsgeschehen selbst komplex ist: Sie betreffen die »Arrangements« (H. Buschbeck) für die Aneignung des Stoffes, den Blick der Lehrerin auf einzelne Kinder (s. B. Kochans Vorgehen und Ergebnisse) sowie die Wahrnehmung und Ausübung der Lehrerinnenrolle in der Klasse generell (s. die zahlreichen detaillierten Protokolle bei Dehn 1988, S. 88–104, 162–165, vgl. auch H. Günther 1990, Graves 1986, Bergk 1986b). Beispielhaft lässt sich das Zusammenwirken der einzelnen »Faktoren« im Unterricht in bezug auf die veränderten lernpsychologischen und pädagogischen Annahmen an der Einstellung *Fehlern* gegenüber veranschaulichen (s. Abb. S. 23), die nicht mehr als »Verfehlungen«, sondern als Ausdruck schriftsprachlichen Experimentierens, damit als Seismograph der Entwicklung auf diesem Gebiet interpretiert werden.

Seit über zehn Jahren gehen didaktische Forschungen diesen Fragen nun nach, und ihr Forschungsfeld sind nicht mehr allein die Sitzungszimmer der Universitäten, sondern die Schulen mit ihrem turbulenten Leben. Dadurch erhalten ihre Arbeiten eine neue Authentizität, die viele Praktikerinnen, die sie kennen gelernt haben, veranlasst hat, die Anregungen in ihrem Unterricht umzusetzen. Diese Gruppe von Didaktikern bildet jedoch noch immer die Minderheit. »Die Vertreter ›entdeckenden Lernens‹ und ähnlicher Prinzipien besetzen fast kampflos pädagogische und fachdidaktische Positionen, gewinnen seit Jahren ... zunehmend Resonanz in der Praxis – während Verlage unverdrossen neue Lernwerke auf den Markt werfen, die das herkömmliche Lehrgangsmuster selbst methodisch kaum variieren, geschweige denn seine Grundannahmen infrage stellen« (Brügelmann 1986, S. 19).

Diese Darstellung der fachdidaktischen »Verteilung« trifft m. E. auch auf die Anteile von Offenem Unterricht innerhalb der gesamten Unterrichtslandschaft zu: Sie sind vereinzelt anzutreffen, erfahren, soweit sie auch in ihrer Effektivität beim Lernen anzuerkennen sind, viel Beifall, werden sporadisch übernommen – der Löwenanteil des Grundschulunterrichts verläuft jedoch weiterhin relativ monoton und, die Kinder unterschätzend, in alten Bahnen nach Fibeln und Sprachbüchern. Hieran ändert auch die Modernisierung alter Konzepte durch aktuelle Begriffe wie »kommunikative Handlung«, »freies Schreiben«, »Tagesplan« und »Wochenplan« nichts (vgl. Menzel 1990. Dieses Buch, das eine »Brücke ... von der Praxis zur Theorie« schlagen will, sich aber als Werbematerial für die Fibel des Buchautors und -verlags entpuppt, ist ein besonders ärgerliches Beispiel für den didaktischen alten Wein in neuen Schläuchen).

Über die Gründe für das Fortführen der herkömmlichen Unterrichtsformen lässt sich allerdings nur spekulieren. Es ist lediglich festzuhalten – um damit

Fehler als Zeichen der geistigen Arbeit:

Übergeneralisierungen:

> 4. DAS IST MARCELO
> MAN SIET DAS ER GRADE
> EDWAS RUTER LEGT

Dieser Erstklässler hat schon früh erkannt (Januar), dass der t-Laut am Ende einer Silbe (oder eines Wortes) oft als *d* verschriftet wird (»EDWAS«).

> DAS SIEND KATHRIN UND MARCEL
> SIE VREUEN SICH
> FRAU BITER SIE VORTEILT BUS VAKATEN
> SIE IN DAS DI SULE KOMEN

Dieser Erstklässler (Januar) hat bei seinem Bemühen, die Regelhaftigkeit der Schriftsprache zu entdecken und anzuwenden, gerade entdeckt, dass der f-Laut silbeneinleitend teilweise als v verschriftet wird – und macht von dieser Feststellung reichlich Gebrauch (»VREUEN, VAKATEN«)

wieder an die einleitenden Gedanken der verbreitet anzutreffenden Unzufriedenheit mit den Praktiken des Sprachunterrichts, vor allem der Rechtschreibschulung anzuschließen –, dass die flankierenden didaktischen Forderungen der 70er Jahre (noch?) nicht eingelöst wurden:

– Die Appelle für eine Verringerung der Bedeutung von Rechtschreibung in der Schule haben nur kurzfristige Wirkung gehabt – angesichts der ungeminderten gesellschaftlichen Wertschätzung von orthographischen Fähigkeiten: zum Glück! Rechtschreibung spielt heute eine ebenso große Rolle innerhalb der Praxis des Sprachunterrichts wie eh und je (»Heimliches Hauptfach Rechtschreiben«, Sennlaub 1984).
– Die Hoffnung auf eine umfassende Rechtschreibreform in den angesprochenen Punkten ist (noch) nicht eingelöst. Dennoch gelten die ersehnten »Vereinfachungen« für viele noch immer als einzig denkbare Lösung der bestehenden Schwierigkeiten. In dieser Sichtweise drückt sich weiterhin die Charakterisierung der deutschen Orthographie als gegenwärtig eigentlich nicht lernbar aus. (Allerdings habe ich noch keine Begründung gelesen und gehört, wieso es einige doch wohl gelernt haben.)

1.4 The missing link: die veränderte Sichtweise der Orthographie

Wer Rechtschreibung (und ihre Didaktik) auf diese Weise als Lehramtsstudentin vermittelt bekommt bzw. bekommen hat, ist auch nur selten in der Lage und bereit, sie in Formen kognitiver Schulung anzubieten, nämlich als unterrichtliche Möglichkeit, durch schlussfolgerndes Denken Strukturen, Prinzipien und Regeln wahrzunehmen und sie als durch Transfer auf Unbekanntes übertragbar zu erkennen. *Offener Unterricht, der neben der Berücksichtigung emotionaler und sozialer Komponenten des Unterrichts auf die kognitive Eigenleistung jedes einzelnen Kindes abzielt, kann darum nicht umhin, sich mit Orthographie als Gegenstand des Faches neu auseinander zu setzen.* Denn Kinder können nur dann selbstständig richtige, sie befriedigende Ergebnisse erzielen, wenn das Material, mit dem sie umgehen, es zulässt.

Solange Orthographie ausschließlich phonographisch, also als Laut-Buchstaben-Zuordnung, daher als überwiegend nicht verlässlich regelhaft gesehen und dargestellt wird, scheint es ein pädagogisch und didaktisch unverantwortbarer Irrweg, Kinder damit in offene Situationen zu entlassen, es sei denn, Offenheit würde technokratisch als neue Methode rezeptiver Arbeit missinterpretiert.

Die Tatsache, dass eine große Anzahl von Kindern bisher eine gute Rechtschreibung erworben hat, zeigt, dass sie Regelmäßigkeiten erkannt haben, denn das Gedächtnis kann nur eine begrenzte Menge von »Wortbildern« speichern. Die Forschungen der letzten Jahre, die auf das Wie des Schriftspracherwerbs ausgerichtet waren, bestätigen diese eigenständigen Regelbildungen der Kinder. Werden sie nicht unterrichtlich in die richtigen Bahnen gelenkt, laufen sie Gefahr, zu falschen Schlüssen (wie bei Alex) zu führen und/oder bis zur Verweigerung hin zu entmutigen (s. Dehn 1988).

Da Unterricht, auch bzw. gerade Offener Unterricht, immer geplantes Handeln ist, das nach stofflich gegebenen, lernpsychologisch festgelegten und pädagogisch gewollten Prinzipien verlaufen muss, bleiben gegenwärtig *folgende Fragen für einen Offenen Rechtschreibunterricht unbeantwortet:*

– Lässt sich Orthographie in der Weise betrachten und darstellen, dass sie durch schlussfolgerndes Denken erfasst werden kann, und wenn ja: wie?
– Wie müssen die unterrichtlichen Arrangements inhaltlich gestaltet sein, um die Kinder auf die pädagogisch und inhaltlich angemessenen Wege zu führen?
– Wie kann hierbei Individualisierung ermöglicht werden?
– Wieweit ist Integration von Rechtschreibschulung in den übrigen Unterricht möglich und nötig, wieweit sind isolierte Betrachtungen schriftsprachlicher Gesetzmäßigkeiten nötig, geeignet und auf den verschiedenen Altersstufen verantwortbar?

Die folgenden Kapitel versuchen, auf diese Fragen praktizierbare Antworten zu geben. Bevor sie durch sachanalytische Darstellungen und Unterrichtsbeispiele konkretisiert werden, werde ich die in ihnen enthaltenen *generellen pädagogischen, lernpsychologischen und linguistischen Prinzipien* darstellen und begründen:

– den derzeitigen Stand der deutschdidaktischen Forschungen, ihre anzuerkennenden Positionen und deren Konsequenzen für Unterricht,
– ein unterrichtsrelevantes linguistisches Modell als sprachanalytische Grundlage für »forschenden« Schriftspracherwerb und für eine systematische Rechtschreibung.

Beides ist als *Angebot* für diejenigen gemeint, die aus Unzufriedenheit mit dem Bisherigen neue Wege suchen. Gleichzeitig kann es als *Argumentationshilfe* für sie immer dann dienen, wenn ihnen Rechtfertigungen abverlangt werden: von Eltern, Kolleginnen, Vorgesetzten, die neue Wege bekanntlich neugierig, aber auch misstrauisch verfolgen.

2. Grundschuldidaktische und sprachwissenschaftliche Prinzipien für den Rechtschreibunterricht heute

2.1 Zur Heterogenität der Grundschulklassen in Bezug auf den Schriftspracherwerb

Die gewollte Heterogenität der Grundschulklassen

Es ist in den vergangenen 20 Jahren so oft geschrieben und wiederholt worden, dass es geradezu überflüssig scheint, es noch einmal zu erwähnen – dennoch: Die Einrichtung der Grundschule im Jahre 1919 war der Kompromiss in dem Ringen um den schulorganisatorischen Anteil an der neu zu schaffenden demokratischen Gesellschaft – sie war der Ausgleich zwischen den konservativen Vertretern, die maximal eine dreijährige gemeinsame Unterrichtung aller Kinder, und den Sozialdemokraten, die die achtjährige Grundschule konstituiert sehen wollten. Wie auch immer die einzelnen gesellschaftlichen Kreise heute zu den unterschiedlichen Versuchen der Demokratisierung der Gesellschaft durch Schulsysteme stehen, festzuhalten ist, dass die Grundschule zumindest in ihrer vierjährigen Dauer nicht debattiert wird, die Diskussion eher um ihre Ausweitung auf sechs Jahre geht (vgl. Heyer/Valtin 1991).

Die unmittelbare Konsequenz dieses Schulgesetzes ist jedem, der Grundschule kennt, bekannt: **Keine andere Schulstufe weist eine ähnliche Heterogenität auf wie Grundschulklassen**, in denen, abgesehen von den Kindern, die sofort in Sonderschulen eingeschult werden, alle später differenziert Unterrichteten nebeneinander sitzen. Die einzige Einschränkung in Bezug auf das unsortierte Zusammentreffen »aller Kinder des Volkes« (Weimarer Verfassung) stellt in größeren Gemeinden die Festlegung von Schuleinzugsgebieten dar: Da diese sozial relativ homogen sind, ergeben sich so durchaus gravierende Unterschiede zwischen den einzelnen Schulen. (Die Wohnungsnot der letzten Jahre, die zwangsläufig zu sozialen Vermischungen geführt hat, scheint diese Abgrenzungen jedoch aufzuweichen.)

Die Unterschiede zwischen Grundschulkindern, die in ihrer vorpubertären Lebendigkeit, Direktheit und Konkretheit, Prägbarkeit, Begeisterungsfähigkeit und Neugierde die Einflüsse der Primärsozialisation unmittelbarer wiedergeben als Kinder je in einem späteren Alter, kann jede Grundschullehrerin beispielreich beschreiben. Vor allem die Reduktion der Klassengröße in den vergangenen Jahren hat dazu geführt, dass Kinder einzeln stärker wahrgenommen werden. Dennoch bleibt oft die Beobachtung individueller Lernleistung in der Komplexität der unterrichtlichen Praxis sehr vage – die häufig schon im 1. Schuljahr üblichen Tests, die für einen Teil der Kinder psychische Stresssituationen darstellen und in denen Fehler ausschließlich markiert, nicht als Ausdruck kindlicher Lernwege interpretiert werden, leisten angemessene Kontrolle so gut wie nie.

Das, was bis vor rund einem Jahrzehnt als Leistungsheterogenität der Klassen auch von der Didaktik mehr oder weniger diffus wahrgenommen wurde, vermag die neue sprachdidaktische Forschung für den Bereich des Schriftspracherwerbs und seine Entwicklung jetzt genauer zu beschreiben. Vor allem als Folge der teilweise fragwürdigen Legasthenieforschungen haben Didaktiker und Didaktikerinnen versucht herauszufinden, wie hier *individuelle Progression* stattfindet, ob Modelle feststellbar sind und welche Konsequenzen für die Praxis folgen (vgl. den Überblick bei K.-B. Günther 1987, 1990, Dehn 1990b). Teilweise durch Beobachtung der Kinder in der eigenen Umgebung, in der Regel durch angelegte Versuchsreihen über einen längeren Zeitraum in Kindergärten und Schulklassen haben sie von Kindern durch Aufforderungen wie »Schreib mal …!« und »Lies mal …!« Material erhalten, dessen Interpretation beachtliche Ergebnisse auch für die unterrichtliche Arbeit brachte. Trotz der berechtigten Bedenken und Kritik, die M. Dehn (1990b) mit den als »Entwicklungsstufen« dargestellten Ergebnissen verbindet (und die ich im Weiteren referieren werde), scheinen mir die Modelle für die Praxis bedeutsam zu sein, weil sie die von Praktikern vorwiegend diffus wahrgenommene Vielfalt der Lernvoraussetzungen klarer fassen und damit nachhaltig die Notwendigkeit offener Unterrichtsformen belegen.

In welchem Maße sich Kinder am Schulanfang in Bezug auf ihre Lesefähigkeiten unterscheiden, hat P. Rathenau 1980 untersucht (vgl. Brügelmann 1983): In einem hessischen Bezirk waren knapp 20% der Schulanfänger Leser, das heißt, konnten ein Verfahren der Synthese anwenden, 40% waren Leseanfänger mit Kenntnis einiger Wörter in ihrer Umgebung und begannen zu synthetisieren, während 40% der Kinder noch keine Vorstellungen in dieser Hinsicht hatten. J. M. Mason umfasst den zeitlichen Unterschied in Bezug auf schriftsprachliche Fertigkeiten bei Schulanfängern mit drei Lebensjahren (vgl. ebd.).

*Das Modell der Entwicklungsstufen
beim Lesen- und Schreibenlernen und seine Kritik*

Konkret stellen die Untersuchungen ähnliche Differenzierungen heraus. Da die Ergebnisse der verschiedenen Untersuchungen nicht gravierend voneinander abweichen, soll hier stellvertretend das Modell von G. Scheerer-Neumann ausführlicher dargestellt werden (vgl. Scheerer-Neumann 1987, 1989a):

In Bezug auf das Schreiben hat sie als Ergebnis ihrer Forschungen festgehalten, dass alle Kinder von den ersten Kritzelbriefen bis zur orthographisch gesteuerten Schreibung vergleichbare Stufen zurücklegen, die sich als »Marksteine« auf dem Weg idealisiert folgendermaßen beschreiben lassen:

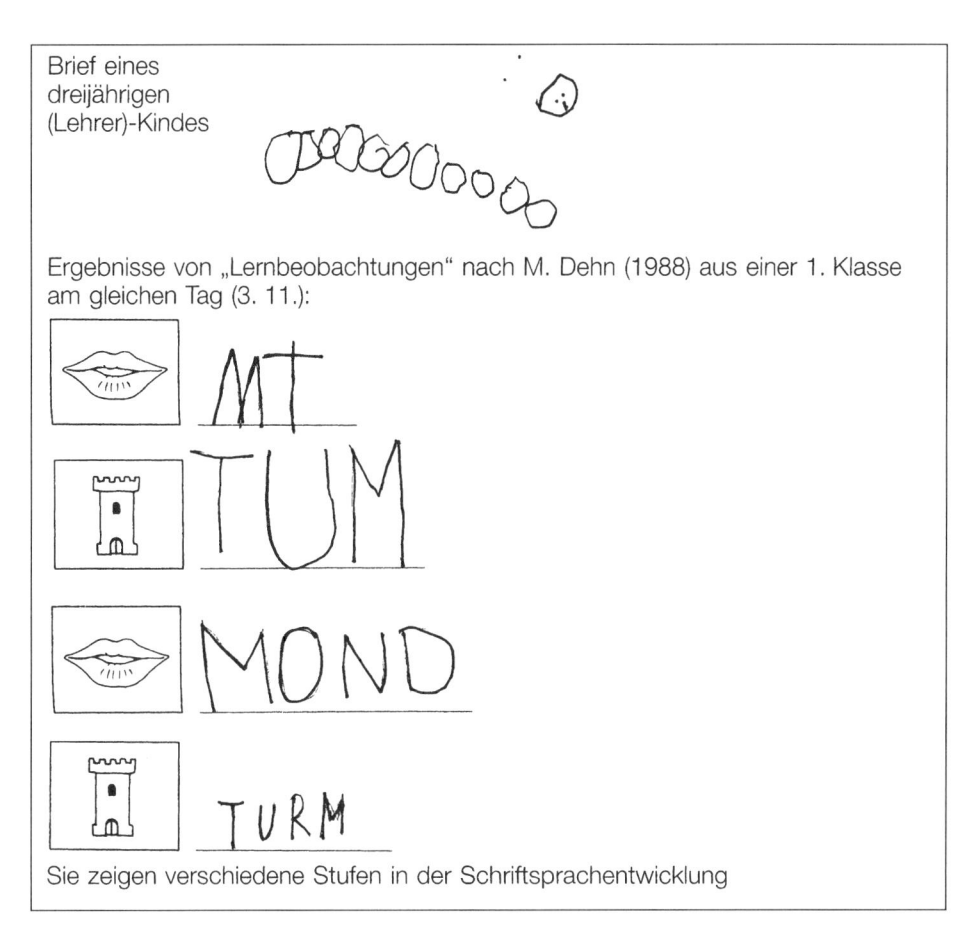

> **Brief eines dreijährigen (Lehrer)-Kindes**
>
> Ergebnisse von „Lernbeobachtungen" nach M. Dehn (1988) aus einer 1. Klasse am gleichen Tag (3. 11.):
>
> 👄 MT
>
> 🏰 TUM
>
> 👄 MOND
>
> 🏰 TURM
>
> Sie zeigen verschiedene Stufen in der Schriftsprachentwicklung

1. »Pseudowörter« (das heißt z. B. von Eltern vorgegebene Wörter wie die eigenen Namen, die abgemalt werden), Kritzelbriefe: Schreiben als Bilderzeichen.
2. Erste Versuche, »neue« Wörter oder Texte in Schriftsprache wiederzugeben, die allerdings sehr rudimentär bleiben (TG für *Tiger*, HS für *Haus*): Erkennen eines Zusammenhangs zwischen Lauten als Elemente eines Wortes und Buchstaben.
3. Relativ erfolgreiche Fortführung der schriftsprachlichen Wiedergabe der mündlichen Sprache (WOKE für *Wolke*, HUT für *Hund* bis hin zur gelungenen Wiedergabe aller segmentierten Laute (LESN für *lesen*, FATA für *Vater*): Erweiterung der Erkenntnis von Zusammenhängen zwischen Wort, Laut und Buchstaben.
4. Korrekturen der Verschriftung des Gehörten durch erstes Regelwissen (*le*sen, *Gab*el, *Sp*ort): Erweiterung des bisherigen phonetischen Vorgehens.
5. Anwendung orthographischer Strukturen durch den Gebrauch grammatischer Kenntnisse (Auslautverhärtung: *Hun*d, *Gra*b; Bestimmung der

Schreibung flektierter Formen durch die Stammschreibung: er *schwimmt*, sie *singt* usw.): Erreichen der Voraussetzungen für eine orthographisch korrekte Schreibung.

In Bezug auf das Lesen ergibt sich folgende, ebenfalls stufenartig beschriebene Progression:

1. Erstes Erkennen von Wörtern anhand von Symbolen und Emblemen (der besondere Schriftzug von COCA-COLA oder das Blümchen bei FANTA): »Lesen« als Benennen von Bildern.
2. Erkennen von Wörtern ohne Emblem anhand einiger markanter Buchstaben (P bei POST, X bei TAXI) in bestimmten Zusammenhängen: Erkennen der Eindeutigkeit eines schriftsprachlichen Elementes in seiner Zuordnung zu Gesprochenem.
3. Hinzunahme weiterer Buchstaben zur Unterscheidung von Wörtern mit gleichen »symbolischen« Buchstaben (TELEFON/TOILETTE) in bestimmten Zusammenhängen: erste Erkenntnisse über einen Zusammenhang von Laut und Buchstaben.
4. Meistens unter dem Einfluss der Schule erste Versuche des Synthetisierens durch ein intensives »Jonglieren« mit einer möglichen Buchstaben-Laut-Beziehung unter Einbezug der Nachbarlaute und im Zusammenhang des Kontextes mit anderen Wörtern und Bildern (»Gibt das, was ich gelesen habe, einen Sinn?«).
5. Fortschreiten der Lesefähigkeit: schnelleres »Übersetzen« von Buchstaben in Laute, bereits mit Berücksichtigung von Regelmäßigkeiten (sch, ch, Endungen wie -er, -el, -es usw.) und mit der Erfassung von Silben.
6. Automatisiertes »Übersetzen« von einzelnen Buchstaben bzw. Buchstabenkombinationen in Laute, stärkere bis ausschließliche Beachtung des Inhalts und Anpassung des Erlesenen an grammatikalische und inhaltliche Erwartungen.

Diese Entwicklungsstufen sind trotz der Tatsache, dass sie generalisierbar anzutreffen sind, *theoretische Konstruktionen:* Während der Phasen, in denen die jeweiligen Merkmale zu überwiegen scheinen, kann es Rückschritte ebenso wie abrupte Fortschritte geben. Sie sind nicht im geringsten einzeln mit einem bestimmten Lebensalter zu verbinden: Die Stufe, die das eine Kind mit vier Jahren beherrscht, hat ein anderes mit sieben noch nicht erreicht, während ein Kind sich auf einer Stufe nur wenige Wochen oder gar Tage aufhält, dauert sie bei einem anderen viele Monate.

Die Bedenken hinsichtlich des pädagogischen Sinns dieser Untersuchungen verbindet M. Dehn (Dehn 1990b) mit der Kritik an der Statik der theoretischen Prämissen der Modelle: Sie implizieren die Annahme, es gäbe »den richtigen oder besten Zugang zur Schrift«. Dieser Theorie widersprechen die

Ergebnisse der neueren Schriftspracherwerbsforschung jedoch eindeutig: Entgegen der mit dem Stufenmodell verbundenen Annahme einer progressiv verlaufenden kognitiven Entwicklung weisen Untersuchungen von P. May und P. Huttis mit verzögerten Lernern, auf die M. Dehn zurückgreift, auf die Bedeutung allgemeiner psychischer Konstitutionen wie Selbstvertrauen und dem damit verbundenen Mut zum Experimentieren und zur Kreativität und dem Interesse an den jeweiligen Unterrichtsgegenständen hin. Die Gefahr, die M. Dehn – m. E. berechtigt – mit der Formulierung von Entwicklungsmodellen verbindet, betrifft eine neue Reduzierung von Lernangeboten und -wegen, die gerade die genannten fundamentalen psychischen Konstitutionen von Lernen ausklammern. »Wenn die Befunde zum Lese- und Schreiblernprozess eindrucksvoll die Eigenständigkeit der kindlichen Aneignung belegen, so sollten wir daraus folgern, den Kindern einen zwar quantitativ, nicht aber qualitativ begrenzten Spielraum für ihre Orientierung bereitzustellen« (S. 314).

Der Gewinn der Forschungen zu den Entwicklungsmodellen liegt jedoch neben der exakteren Beschreibung der Heterogenität von Lernvoraussetzungen bei Schuleintritt in der Hervorhebung der Bedeutung dessen, was Kinder an Erfahrung mit Schriftsprache in ihrer vorschulischen Phase machen konnten. Sie lassen sich anhand folgender Fragen konkretisieren:

– Kennen die Kinder Vorlesesituationen, in denen sie die Stabilität schriftsprachlicher Äußerungen (»Das steht da nicht, das hast du gestern ganz anders vorgelesen«), vielleicht sogar erste Gliederungsformen (einzelne Zeilen in Gedichten und Reimen, Sätze und Wörter in Bilderbüchern) kennen gelernt haben?
– Hat das Kind Anerkennung und Lob bei seinen ersten vorschulischen schriftsprachlichen Versuchen erfahren, oder sind sie kaum oder gar nicht zur Kenntnis genommen worden?
– Weicht zudem die Sprache der Familie evtl. durch starke dialektische Färbungen oder gar durch eine andere Muttersprache sehr von der zu verschriftenden Sprache ab?

Natürlich wird die emotionale und kognitive Entwicklung mit Schulbeginn sehr von den unterrichtlichen Angeboten und ihren atmosphärischen Begleitungen beeinflusst. Sie können je nach Auswirkung in vielfältiger Weise psychologische, insbesondere motivationale Abläufe be- oder sogar verhindern, wie angemessene, anregende Angebote in einer passenden Form Lernen unterstützen und beschleunigen können. Die erstaunlichen Parallelen zwischen den Merkmalen der fehlerhaften Schreibweise jüngerer Kinder und denen älterer, als rechtschreibschwach eingestufter Schüler lässt vermuten, dass deren Entwicklung langsamer, durch Frustrationen innerhalb und außerhalb der Schule zusätzlich verzögert, verlief.

Dass gerade der Faktor *Zeit* eine große Rolle beim schulischen Lernen spielt (s. M. Dehns Buchtitel »Zeit für die Schrift«), lassen die vielen bedauernden Gespräche in Lehrerzimmern über die »schreckliche Hetze« im Klassenraum erkennen und wird endlich administriell anerkannt durch die neuen Angebote, vermehrt Ganz- oder Halbtagsschulen einzurichten. In einem historischen Überblick über den quantitativen Anteil der Erlernphase für Lesen und Schreiben an der gesamten Schulzeit macht H. Giese deutlich, dass diese erkennbar wichtige Epoche immer stärker reduziert wurde zugunsten des Blicks nach »oben«, in die weiterführenden Schulen. Die Folgen dieser Entwicklung gerade für langsame Lerner bringt er in Verbindung damit, dass es noch immer eine große Anzahl von erwachsenen Analphabeten gibt (vgl. Giese 1986 und 1987). D. Graves schlägt vor, Kindern – um mehr zu erreichen, als sie lediglich daran »zu erinnern, dass sie nicht schreiben können« – mindestens viermal die Woche 45–50 Minuten ausschließlich für »freies Schreiben« zur Verfügung zu stellen, die lehrgangsbezogenen Anteile gar nicht mitgerechnet (Graves 1986, vgl. auch Lohmann 1986).

Der Wert aller empirischen Arbeiten zur Progression in der Entwicklung beim Schriftspracherwerb für die Praxis liegt also in der wissenschaftlichen Bestätigung oder Korrektur der Erfahrungen »im Vollzug« der Grundschulpraxis. *Die neueren Untersuchungen untermauern prägnant die Notwendigkeit der Anforderungsdifferenzierung* und der *zusätzlichen Angebote vom ersten Tag an.* Nur so kann es in pädagogisch und lernpsychologisch verantwortbarer Weise gelingen, die Kinder individuell angemessen in ihrem Wissen und Können fortschreiten zu lassen.

Denn – auch das haben die genauen Beobachtungen zum Schriftspracherwerb in Grundschulklassen ergeben – nahezu *alle* Kinder *wollen* lernen.

2.2 Lernpsychologische Konsequenzen

Schriftspracherwerb als Ergebnis schlussfolgernden Denkens

Wenn *Lernen* in Anlehnung an Piaget verstanden werden kann als *prozesshafter Ablauf vom Aufbau einer Frage (oder eines Problems), ihrer Durcharbeitung und Übung bis zur Automatisierung und Anwendung der Lösung als Kenntnis und Wissen* (vgl. Aebli 1989, S. 15–26), dann haben Kinder vor Schulbeginn bereits, abgesehen von der Entwicklung der Motorik und ihren kommunikativen Fähigkeiten, zahlreiche kognitive Strategien erlernt. Das geschah in aller Regel spielend und ungesteuert.

Die erwähnten Untersuchungen der Lese- und Schreibanfänge zeigen die großen kognitiven Leistungen beim Schriftspracherwerb, zu denen Kinder teilweise schon im vorschulischen Alter in der Lage sind, wenn die soziale Umgebung in dieser Weise ausgerichtet ist. Jede der durch ein vorherrschendes Merkmal festgehaltenen Phasen stellt das Ergebnis, die Anwendung einer langen kognitiven Erarbeitung dar, was seinerseits wieder Basis für die nächsten Handlungen und Operationen – als Grundlage weiterer Erkenntnisse und Wissensstrukturen – ist: In dem Moment, in dem ein Kind entdeckt hat, dass ein Wort nicht allein an dem »Bild« an seinem Anfang, dem Anfangsbuchstaben, erkannt werden kann, sondern dass das nächste »Bild«, der nächste Buchstabe, vielleicht auch andere »Bilder« und auch die Wortlänge hinzugenommen werden können und müssen, um die Bedeutung zu erschließen (»Toilette« – »Taxi«), hat es elementare Kenntnisse der Buchstabenschrift erworben; es hat erkannt, dass irgendeine fixierte Beziehung zwischen Laut und »Bild« bestehen muss und dass lautliche Quantität und Komplexität sich in der Wortlänge wieder finden. Mit dieser Grundeinsicht können und werden viele Kinder, wenn sie Gelegenheit haben und wenn sich ihnen nicht störende oder verhindernde (Unterrichts-)Faktoren in den Weg stellen, über einzelne Stufen, so wie z. B. G. Scheerer-Neumann sie heuristisch modellhaft umschrieben hat, in einer individuell nicht festlegbaren und vorhersagbaren Zeit eigenständig zum Lesen und Schreiben kommen. Schulen, wie z. B. die Glocksee-Schule in Hannover, die auf Lehrgänge und feste Zeitvorgaben verzichten, können hierfür zahlreiche Beispiele nennen.

Diese Beobachtungen bestätigen entwicklungspsychologische Ergebnisse, die ihrerseits wieder die Lernpsychologie bestimmt haben (vgl. S. 196ff.). Nach ihren Untersuchungen verläuft Lernen optimal, wenn am Anfang von Lernprozessen ein selbst gestecktes Ziel steht, das zu erreichen sich als Problem darstellt (»Die Großen können lesen und schreiben. Ich will das auch. Wie machen sie das?«). Ihm folgt richtige Forscherarbeit, in der geistige Handlungen, Operationen, durchgeführt werden: Beobachtungen, Hypothesenbildungen, Experimente, Bestätigung oder Verwerfung der Hypothesen bis hin zu vermeintlichen oder wirklichen Sicherheiten (s. Alex' Theorien).

Das, was für den Erwerb der Schriftsprache beobachtbar ist, kann auch für ihre Festigung bis hin zur Anwendung orthographischen Wissens nachgewiesen werden: Die Kinder beginnen relativ früh, angeleitet oder nicht, Regelhaftes der Schriftsprache zu suchen. Diesen Schluss lassen z. B. Fehleranalysen in selbstständig verfassten Texten von Erstklässlern und »Verlesungen« zu. Schreibungen wie »Schranck« und »Lammpe« bei Wortdiktaten bereits in der 36. Schulwoche (Ende Klasse 1) zeigen, dass diese Kinder schon früh die schriftsprachliche Möglichkeit der Schärfung (das heißt die Verdoppelung eines Konsonantenzeichens, die nicht hörbar ist) bemerkt haben, sie jedoch noch nicht regelgerecht anwenden können. Vergleichbares gilt für die Schreibung »Sofer« statt *Sofa* (in Norddeutschland): Auch hier hat das Kind die Regel »Was am Ende ähnlich wie ›a‹ klingt, wird ›er‹ geschrieben« aufgrund eigener Erkenntnisse oder spezifischer unterrichtlicher – allerdings offensichtlich noch fehlleitender – Übungen erworben und wendet sie übergeneralisierend an (vgl. Günther 1987).

Beispiele für Schreibungen, die die – schlussfolgernden – Experimente von Kindern auf dem Weg zur Orthographie zeigen:

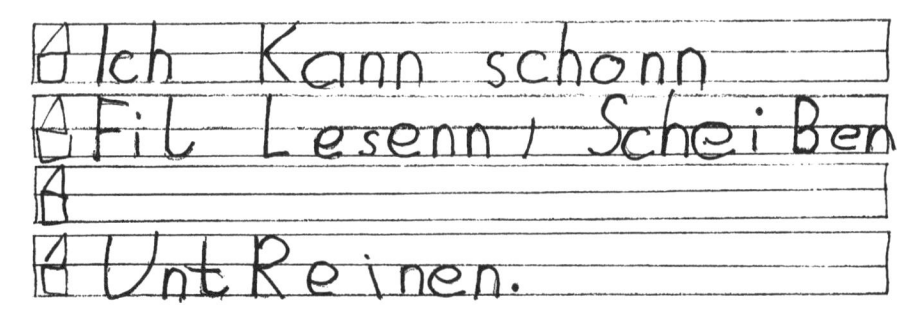

> Ich Kann schonn
> Fil Lesenn / Schei Ben
>
> Unt Reinen.

Experimente mit dem Namen Fabian in einem einzigen »freien« Text eines Zweitklässlers:

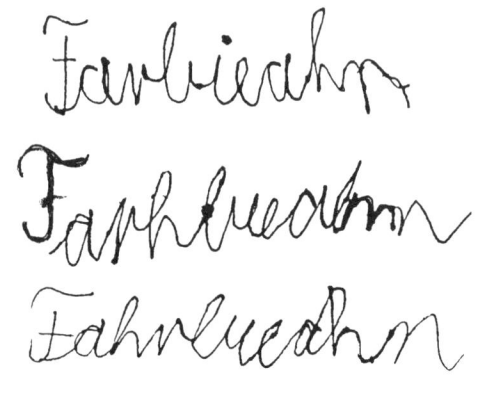

> Farbiedn
> Farhbedn
> Fahrbedn

Beispiele dieser Art finden sich bei jedem Didaktiker, dessen Arbeitsmaterial lehrgangsunabhängig geschriebene Wörter sind, die durch die Aufforderung »Schreib mal ...« entstanden. Alle Lehrerinnen, die Kinder nicht nach dem Prinzip »Nur keine Fehler!« ausschließlich abschreiben lassen, sondern sie, so früh es geht, zu eigenen »spontanen« schriftsprachlichen Produkten auffordern, können sehr viele weitere Beispiele liefern: »Smusen« (sm wie st bei *Stock*) »hatt«, »arber«, »Hußten« ... *Sie alle sind Beweise für Denkprozesse, die bei den Kindern stattgefunden haben: Beobachtungen, Hypothesenbildungen aufgrund von Schlussfolgerungen, Anwendungen.*

Der selbstständige Zugang von Kindern zur Schriftsprache und ihrer orthographischen Beherrschung ist also kognitiv bestimmt – kann es jedenfalls sein. Immer dann jedoch, wenn wir Kindern ausschließlich abverlangen, sich im Rahmen der so genannten Grundwortschatzarbeit »Wortbilder« einzuprägen, sie zu erinnern und sie, ohne kognitive Arbeit geleistet zu haben, wiederzugeben, bringen wir sie um die Möglichkeit des geistigen Arbeitens und des Lernens im Sinne der Lernpsychologie. Dem Rechtschreibenlernen ausschließlich

Ein Beispiel für das experimentierende Anwenden gefundener Regelmäßigkeiten: »Übergeneralisierungen« bei »Mattematik« (richtige Anwendung der Schärfungsregel), bei »Hofendlich« (»hofend« wie bei Hand oder lachend), bei »Bisst« (stimmloses s als ss verschriftet wie bei Bissen).

> Liebe Frau Imeyer. Ich habe viel Mattematik und geschrieben.
> schade Das wir nicht in den zoo gegangen sind.
>
> Hofendlich Bisst Du noch die Alte
> DASS Wah ein Scherz Ha.Ha.Ha.?

als Diktatüben und Diktatschreiben – so fantasievoll, spielerisch und vordergründig motivierend die Übungsformen auch sein mögen – fehlen gezielte Hilfen zur kognitiven Durchdringung der Rechtschreibprobleme; hier bleibt der Erwerb vorwiegend auf der lerntheoretisch primitiven Stufe des Glaubens, Gehorchens, Übernehmens, Rezipierens und Auswendiglernens.

Der politische Aspekt des Schriftspracherwerbs durch Kognition

Abgesehen davon, dass Gedächtnisleistungen nur sehr begrenzt effektiv sein können (wie viele Telefonnummern haben Sie im Kopf?), widerspricht diese Form der Lernerwartungen den Zielen der demokratischen Erziehung, die Selbstbestimmung, Eigenverantwortung, Einsicht, Verständnis und größtmöglichen Wissenserwerb an die Stelle des Primats von Gehorsam und Nachvollzug setzt.

In welch engem Zusammenhang Schriftspracherwerb sowie seine Didaktik zu historischen gesellschaftlichen Demokratisierungsprozessen standen und stehen, zeigt die Geschichte der Schrift und ihrer Vermittlung seit ihrem Beginn (vgl. Maas 1989, S. 8–51, 61–77; Frank 1973): Weit über 2 000 Jahre hat es gedauert, bis aus der Bilderschrift Ägyptens, Mesopotamiens und Chinas in Griechenland um 800 vor der Zeitrechnung eine Buchstabenschrift entwickelt wurde. Während das Erlernen der zahlreichen Bildzeichen nur wenigen Spezialisten möglich war, wurden durch diese Entwicklung die Anforderungen an das Erlernen der Schrift stark reduziert. Ziel der Veränderung waren in Griechenland – ebenso wie rund 2 300 Jahre später zu Beginn der Neuzeit mit dem Aufkommen des Bürgertums in den Städten im hiesigen Sprachraum – Demotisierungsbemühungen: die Bemühungen also, größere Gruppen der Bevölkerung an den bis dahin für die Mehrheit geheimen, daher Macht repräsentierenden und ermöglichenden Faktor Schrift teilhaben zu lassen, weniger des Schreibens, mehr des Lesens willen.

Die Entwicklung der Schriftsysteme einschließlich der ständigen Bemühungen der vergangenen 500 Jahre, Reformen für Vereinheitlichung im deutschen

Sprachraum durchzuführen, hatten auch politische Hintergründe im Sinne einer Demotisierung, das heißt einer Veränderung der Schrift, die sie lernbarer machen sollte. Gegenwärtige Überlegungen zur Verbesserung der Didaktik der Schriftsprachvermittlung, wie sie hier diskutiert und ausgeführt werden, stehen in unmittelbarer Tradition dieser 5000-jährigen Entwicklung, denn ihr Ziel ist so lange nicht erreicht, wie Schüler aufgrund schriftsprachlicher Probleme schulisch scheitern, es folglich erwachsene Analphabeten gibt.

Auf das *Anwachsen des Analphabetismus* in der so genannten westlichen Welt und in Deutschland insbesondere bzw. auf die neue Aufmerksamkeit für dieses Phänomen weist H. Giese in seinen Arbeiten hin: »Seit 150 Jahren gilt bei uns derjenige als alphabetisiert, der in der Schule beim Diktatschreiben und beim lauten Vorlesen nicht auffällt oder ein Verhalten entwickelt, um zu solchen spezifischen schulischen Tätigkeiten nicht herangezogen zu werden ... Auf diesem Hintergrund hatte man sich an den ›schönen Schein einer alphabetisierten Nation‹ gewöhnt« (Giese 1987, S. 263, vgl. auch Giese 1986). Dass trotz des unkenhaft beschriebenen Anwachsens der audiovisuellen Kommunikation in unserer Gesellschaft ein Leben ohne schriftsprachliche Fähigkeiten nur sehr eingeschränkt möglich ist, braucht nicht weiter erläutert zu werden. Die Ursachen für diese erstaunlich anmutende Entwicklung – nach Schätzungen sollen ein bis drei Millionen deutschsprachige Erwachsene Analphabeten sein – sieht H. Giese in enger Verbindung mit den Veränderungen des sprachlichen Anfangsunterrichts, wie sie hier beschrieben wurden: Überbetonung der mündlichen kommunikativen Anteile, Verhinderung von forschendem und entdeckendem Lernen durch ausschließlich belehrende Anteile (Giese: »Als ich in einer ersten Klasse [Ende erstes Schuljahr] hospitierte, fragte ich einen Schüler: ›Wie heißt das Wort?‹ Zur Antwort bekam ich: ›Zoo – aber lesen können wir das noch nicht, denn das ›Z‹ war noch nicht dran.‹«) sowie eine generell falsche Beziehungsdarstellung zwischen mündlicher und schriftlicher Sprache (s. Kapitel 3 in diesem Buch).

Die Tatsache, dass die Gruppe der Analphabeten nahezu ausnahmslos der unteren sozialen Schicht angehört, dass sie auch aufgrund dieses kulturellen Defizits aussichtslos in Bezug auf die notwendige eigenständige Organisation besserer Lebenschancen ist, zeigt, dass die politische Richtung der Arbeit die gleiche wie in historischen Zeiten geblieben ist: *Bemühung um eine gute Vermittlung von Schriftsprachgebrauch und Rechtschreibung ist auch (sozial-)politische Arbeit*: Sie bemüht sich verstärkt um diejenigen sozialen Gruppen, denen es bisher nicht gelungen ist, den für sie negativen Teufelskreis zwischen sozialer Herkunft, Schulerfolg und Lebenschancen zu durchbrechen. Daher wird ein wesentlicher Maßstab für die Qualität der Didaktik die Gruppe der Kinder sein, deren kulturelle Voraussetzungen für schulischen Erfolg am geringsten sind. Gelingt es, auch ihnen den Sinn von Lesen und Schreiben zu vermitteln, ihre Motivation aufzubauen bzw. aufrechtzuerhalten und ihnen hier Erfolge zu ermöglichen, ist damit eine wichtige Grundlage für ihre engagierte Arbeit in der Schule gelegt. Hierin ist die wesentliche Bewährung von Didaktik und Unterricht zu sehen.

Vor diesem Hintergrund erfährt die dargestellte grundschulpädagogische Forderung nach der Individualisierung der Lernprozesse, das heißt nach der Berücksichtigung der jeweiligen Lerngeschichte des einzelnen Kindes als Fundament für optimales schulisches Lernen, das heute primär lernpsychologisch begründet wird, eine zusätzliche politische Unterstützung: Sie stellt die – gegenwärtig denkbar – letzte Konsequenz eines bereits sehr lange andauernden Bemühens um die Teilhabe aller an kulturellen Artikulationsformen dar, die bisher vorwiegend den privilegierteren Gruppen vorbehalten waren.

2.3 Die Bedeutung der Handlungsorientierung beim Lernen

Chancen und Gefahren der Öffnung des Unterrichts

In den Pendelbewegungen zwischen Erziehen bzw. Unterrichten und Wachsenlassen, in denen sich auch didaktische und schulische Entwicklung zu vollziehen scheint, kann gegenwärtig der Eindruck entstehen, als gingen die Bestrebungen nach der Curriculumsrevision der 70er-Jahre und ihrer Überfrachtung der Schule mit Inhalten in den 80er-Jahren wieder stärker in Richtung Wachsenlassen. Sicherlich wird gegenwärtig noch immer der überwiegende Teil des Unterrichts ausschließlich inhaltsbezogen, oft frontal im Gleichschritt von den Vorgaben der Schulbücher bestimmt, dennoch lässt das Anwachsen der Verlage, die »Freiarbeitsmaterialien« anbieten, sowie die große Nachfrage nach Lehrerfortbildungsveranstaltungen zum Thema »Offener Unterricht« vermuten, dass die Zahl der Lehrerinnen, die über andere Arbeitsformen nachdenken, um Kindern mehr Raum zu geben, größer wird.

Die Lernbehinderungen des vorwiegend inhaltsbezogenen »geschlossenen« Unterrichts sind bekannt und in den Forderungen nach einer Öffnung des Unterrichts ausführlich kritisiert worden (vgl. Ramseger 1987, Benner 1989): Auf der inhaltlichen Ebene liegen sie in der Darbietung des durch Lehrpläne festgelegten Stoffes in Form von Begriffen, als fertige Ergebnisse, deren Entstehung Kindern unbekannt bleiben muss, da sie nicht induktiv erarbeitet werden und Deduktion häufig nicht vorgenommen wird oder zu abstrakt ist, deren Einordnung sie also ausschließlich rezeptiv nachvollziehen können. Methodisch geben sie, auch wenn die Bücher noch so bunt und die Übungsformen noch so abwechslungsreich gestaltet sind, keine andere Wahl, als Vorgezeichnetes nachzuvollziehen, teilweise ohne einen anderen Sinn darin erkennen zu können, als den Anforderungen der Lehrerin nachzukommen: Wenn im 1. Schuljahr bebildertes Begleitmaterial zu Fibeln von Kindern verlangt anzukreuzen, ob das »i« im Wort lang oder kurz ist (Melanie: »Warum ist in dem ›Knie‹ ein kurzes oder langes ›i‹?«), wenn im 4. Schuljahr aus Texten mit Verben in Präsens, Perfekt und Imperfekt, mit denen die Kinder inhaltlich auch dann nichts verbinden, wenn Pippi Langstrumpf in ihnen vorkommt, die Verben in verschiedenen Zeit-Rubriken einzuordnen sind – hier geraten sogar Kinder, die auf diesem Gebiet im mündlichen Sprachgebrauch absolut sicher sind, in Verlegenheit usw.

Aber auch die – vermeintliche – Öffnung des Unterrichts birgt Gefahren – immer dann nämlich, wenn sie entweder Verzicht auf Leistungsanforderungen an die Kinder (und häufig auch an die Lehrerin) impliziert oder als rein technokratische Umstellung der Unterrichtsmethoden (z. B. vom geleiteten Arbeiten mit Büchern zum »freien« Ausfüllen von Arbeitsblättern im Wochenplan) umgesetzt wird. Solche Veränderungen beruhen auf folgenreichen Missverständnissen, die vor allem *die* Kinder auszutragen haben, die besonders qualifizierte Anleitungen durch Unterricht erwarten und brauchen.

Im Bereich des Schriftspracherwerbs haben Forderungen nach einer Öffnung des Unterrichts dazu geführt, den Unterricht mit »Schreibanlässen« zu gestalten, die den Kindern Gelegenheit geben, schon früh eigene Gedanken schriftlich festhalten zu wollen und zu können. Ihre so genannten Spontanschreibungen spiegeln dann ihren individuellen Fortschritt beim Schriftspracherwerb wider und enthalten dementsprechend viele Abweichungen von der orthographischen Regelschreibweise. Die Anerkennung der so sichtbaren Leistung, die von einigen Didaktikern und Lehrerinnen als »ein ganzheitlicher Ausdruck eines Kindes in Schriftform« (»Ein Kind hat sich sichtbar freigeschrieben, es hat frei geschrieben«, Wallrabenstein 1991, S. 153) interpretiert wird, geht bei Vertretern dieser Gruppe so weit, dass sie Korrekturen entsprechend der Regelschreibweise als »Störung« empfinden: »Das Kind befindet sich also auf einem *Lernweg* zur Normschreibung – es würde empfindlich in seiner Entwicklung der Ausdrucksfähigkeit gestört, wenn wir in diesem Stadium des Lernens die ›äußere‹ Rechtschreibform höher einschätzen würden als den ›inneren‹ Ausdruck« (Wallrabenstein, S. 153–154, vgl. auch Blumenstock/Renner 1990, S. 21: »Jede auch nur unterschwellig geäußerte Kritik könnte die Kinder in ihrem Schreibdrang verunsichern ...«).

Abgesehen davon, dass ich nie erlebt habe, dass Kinder meine Angebote, ihre Texte in der »Erwachsenenschrift« abzuschreiben, zurückgewiesen haben (was von anderen Lehrerinnen bestätigt wird, vgl. auch Spitta 1985, S. 51), dass sie mir dabei konzentriert zusahen und sich auch meine Begründungen für die Schreibweisen der einzelnen Wörter und stilistische Anregungen in den meisten Fällen geduldig anhörten, beruht diese Annahme der »empfindlichen Störung« und »Verunsicherung« auf einer Auslegung von Unterricht, die durch eine vermeintliche Kindgemäßheit den Auftrag der geplanten Förderung überdeckt, ihre Notwendigkeit und ihre Chancen übersieht. Diese Betrachtungsweisen bewundern die Vorstufen im Rahmen einer subjektiv ebenso wie pädagogisch und politisch gewollten Entwicklung als Ausdruck von »Identität«, be- und verklären sie als bewahrenswert. Sie laufen Gefahr, Chancen der Progression, die Schule beobachtend, planend anzunehmen und zu vermitteln hat, zu vergeben.

Das gilt für viele Teilbereiche pädagogischer Schwerpunktsetzung: Hier für die Annahme einer »Kindgemäßheit«, die in Anlehnung an Missverständnisse der Reformpädagogik gleichgesetzt wird mit einem Zufrüh für kognitive, intellektuelle Arbeit, dann für die unkritische Verherrlichung der »anderen Kultur« nicht deutscher Kinder im Rahmen eines interkulturellen Konzepts, für die Umschulung behinderter Kinder in den »Schutzraum« der Sonderschulen, für die theoriefeindliche Reduzierung auf das Handwerkliche und Manuelle im Rahmen der Volksschulbildung, heute: Hauptschulbildung. Alle diese »pädagogischen« Interpretationen und Einstellungen verwechseln das Anerkennen vorhandener biographisch bedingter Phänomene mit dem Auftrag und der Möglichkeit von Schule zu versuchen, die gesetzten individuellen und sozialen Begrenzungen zu durchbrechen. *Das meint demokratische Erziehung: Sie will und muss sich von der Annahme der »traditionellen Eingebundenheit in herkunftsbedingte Vorbestimmtheiten« (Benner 1989, S. 51) lösen, sie muss davon ausgehen, dass angemessene schulische Angebote dazu da und in der Lage sind, den Kindern zu helfen, sozialisationsbedingte Hemmungen und Verzögerungen aufzuarbeiten.*

Diesem Ziel dient vor allem die intellektuelle Schulung. Dass sie jeweils an die kulturellen, alters- und entwicklungsgemäßen Lernformen anschließen muss, dass sie in dem Bereich der Berücksichtigung der individuellen Lernausgangslage »kindgemäß«, »interkulturell«, handlungsorientiert sein muss, ist, wie ich später begründen und darstellen werde, selbstverständlich. Das Ziel bleibt jedoch die Unterstützung der *kognitiven* Aneignung der zu erlernenden Inhalte in geeigneten Formen, die Kindern ermöglichen kann, schulisch konkurrenzfähig zu sein, höherwertige Abschlüsse zu erlangen und bei der sozialen Verteilung nicht von vornherein auf der Verliererliste zu stehen.

Unterricht hat dementsprechend geplantes Handeln mit dem Ziel zu sein, Kindern in der ihnen individuell angemessenen Weise zu neuen Kenntnissen, Fähigkeiten und Fertigkeiten zu verhelfen. Nichts anderes kann gerade Offener Unterricht wollen: Indem er im Gegensatz zu den in bestimmten bildungstheoretischen Traditionen stehenden, generellen Bildungsplänen und einzelnen Fachdidaktiken die Komplexität des Unterrichts von den einzelnen Kindern der Klasse her zu gestalten versucht, kann es ihm gelingen, aktuelle Inhalte (Klafkis »Schlüsselsituationen«) mit Differenzierung ermöglichenden Methoden zu einer lernpsychologisch begründeten Planungsabfolge zu verbinden.

Arbeiten in Projekten

Die meisten Anregungen, die als geglückte Beispiele für eine Öffnung des Unterrichts in der pädagogischen Literatur nachzulesen sind, betreffen die institutionelle und thematische Öffnung des Unterrichts (vgl. Benner/Ramseger 1981, die die Öffnung von Unterricht unter den Aspekten thematisch, methodisch und institutionell betrachten). Diese Begriffe umfassen alle die Unterrichtsanteile, in denen die Bahnen der herkömmlichen inhaltlichen Arbeit im Klassenraum mit Schulbüchern usw. verlassen wurden.

Formen dieser Öffnung stellen in erster Linie *Projekte* dar, in denen Schüler und Schülerinnen, gleich welcher Altersstufe, anhand von selbst gewählten gemeinsamen oder individuellen Themen Inhalte ausführlich und komplex erarbeitet haben, sie in ihren Voraussetzungen und ihrer fachlichen Einordnung bzw. ihren gesellschaftlichen Zusammenhängen erkannten und durch deren Präsentation ihrerseits Wirkung ausgeübt haben. Jede Lehrerin, die in dieser Weise gearbeitet hat, weiß, welch hohe Motivation von solchen Arbeitsformen auf nahezu alle Schüler ausgeht. Dieses allein ist es wert, Projekte, wann immer es möglich ist, planerisch an die erste Stelle der unterrichtlichen Arbeit zu stellen. Gerade junge Schüler, deren Lernprozesse vorwiegend handlungsorientiert sind, brauchen Möglichkeiten, schulische Arbeit mit dem Herstellen von Produkten, das heißt mit dem Überschreiten der traditionell unterrichtlichen methodischen, inhaltlichen und institutionellen Begrenzungen, zu verbinden.

Während Projekte in erster Linie nach ihrem inhaltlichen Produkt betrachtet werden, bringt der Prozess ihrer Erarbeitung zahlreiche Möglichkeiten auch zur methodischen Öffnung mit sich, das heißt zur Abkehr von vorwiegend frontalen Vermittlungsphasen, die durch lehrerbestimmte »Stillarbeit« im Gleichschritt unterbrochen werden. Diese Formen ergeben sich durch einzelne Teilaufgaben, die mit der Gesamtproduktion verbunden sind und Kindern Gelegenheiten bieten, ihren Fähigkeiten und Vorlieben entsprechend Beiträge zum Ganzen zu leisten. Immer dann, wenn das Produkt das Arbeitsergebnis einer Gruppe oder der gesamten Klasse darstellt, hat seine Erarbeitung über den individuellen motivationalen Wert hinaus Bedeutung für das soziale Lernen in der Klasse: Dadurch, dass Leistungen hier nicht einzeln, in Konkurrenz zu den anderen der Lerngruppe beurteilt werden, sondern einen Beitrag in der als Gesamtes zu betrachtenden Arbeit darstellen, werden ihr ein großer Teil der üblichen situationsbezogenen, oft stressbedingten Hemmfaktoren genommen. Viele Schüler und Schülerinnen bringen hier aus diesen Gründen oft unerwartet anspruchsvolle Ergebnisse.

Handlung – Operation – Automatisierung

Folgt man der Gliederung der »didaktischen Grundformen«, die H. Aebli im Anschluss an die Psychologie Piagets und die Pädagogik Herbarts entwickelt hat und deren Basis in der Erkenntnis besteht, *»dass es kein Wissen gibt, das man dem Schüler einfach geben könnte ... Wir müssen ... in seinem Denken und Verhalten Prozesse des Problemlösens anzubahnen versuchen ...«* (Aebli

1989, S. 28) – dann ist das Projektlernen in seiner Handlungsorientierung primär der basisschaffenden inhaltserschließenden Grundform, dem Aufbau eines Handlungsablaufs, zuzuordnen. Innerhalb der Hierarchisierung der didaktischen Grundformen Handlung – Operation – Begriff stellt sie sowohl soziogenetisch (in der Geschichte der Menschheit) als auch ontogenetisch (in der Lerngeschichte jedes Menschen) die ursprünglichste Form dar. Sie ermöglicht, Probleme, die in der (kindlichen) Welt sind, durch Beobachtung und eigene Steuerung zu beeinflussen oder zu lösen. Alle Schritte des Prozesses dorthin werden sinnvoll und einsichtig durch das Produkt. Gleichzeitig weisen die Lösungswege auf umfassendere Bezüge und Ordnungen hin. *Ständige Reflexionen der abgeschlossenen Schritte und hypothetisches Planen der folgenden* helfen, konkrete Handlungen durch »Verinnerlichung« (Aebli) zu abstrahieren und in intellektuelles Wissen zu überführen. Damit werden sie die *Basis für theoretisches Wissen*, wie dieses wiederum seinerseits neue Handlungsstrategien beeinflusst (vgl. ebd., S. 181–202).

Die der Handlung folgende inhaltserschließende didaktische Grundform ist der Aufbau von *Operationen*, die Aebli als »abstrakte Abkömmlinge« der Handlungsschemata darstellt (vgl. ebd., S. 202–244). Anhand mathematischer Gliederungen, deren Begreifen konkrete und geistig/abstrakte Handlung vorausgehen muss – Multiplikation als verkürzte Addition, Division als verkürzte Subtraktion – wird die Abstraktion in der Operation deutlich. »Eine Operation ist eine effektive, vorgestellte (innere) oder in ein Zeichensystem übersetzte Handlung, bei deren Ausführung der Handelnde seine Aufmerksamkeit ausschließlich auf die entstehende Struktur richtet« (ebd., S. 209). Operationen werden durch einen doppelten Lernvorgang aufgebaut, indem zunächst die verlangte Verknüpfung durchgeführt wird (Addition gleicher Summanden), dann die Struktur der Verknüpfung betrachtet und als Regel erkannt wird (Zahl der Summanden mal Summand).

Nicht die Operation als Ganzes ist neu, sondern nur ihre interne Anordnung. Sie zu erkennen und immer neu anzuwenden, ist die geistige Arbeit. Sie kann nur vollzogen werden, wenn die auf sie basierenden Teiloperationen beherrscht und automatisiert werden. Sie selbst wiederum bildet nach ihrer Automatisierung die Grundlage für neue Operationen. Diese *Automatisierung das heißt das Beherrschen der Operation, ohne über die Entstehung nachdenken zu müssen* – ist das nächste Ziel der unterrichtlichen Arbeit, sie macht frei für neue Denkprozesse, ihr dient die *Übung*. Automatisierung *ohne* Wissen über die Entstehung der Operation, *ohne* die Möglichkeit, sie durch Reflexion ständig wieder in ihre Teilbereiche zerlegen zu können, ist stupides Einschleifen, monotones Begreifen der Operation *ohne* die Entlastung der Automatisierung ließe sie nicht zum Ausgangspunkt neuer Denk-, Lern- und Wissenskomplexe werden. Der Unterricht muss entsprechend dieser doppelten Behandlung von Operationen zweierlei berücksichtigen: Zuerst muss das Problem so dargeboten werden, dass es den Kindern zur Frage wird, die sie forschend, handelnd, reflektierend allein oder begleitet aufgrund ihres bisherigen Wissens lösen können. Dann folgt nach einer mehrfachen Überprüfung der Operation in verschiedenen Zusammenhängen, in denen sie immer wieder in ihre Teile zerlegt wird, die Übung in unterschiedlichen methodischen Formen, die eine rasche, sichere Anwendung der Operation garantieren soll.

In dieser lernpsychologisch gesetzmäßigen Stufung zum Aufbau kognitiven Wissens, die in keiner Weise etwas über die Dauer des individuellen Verweilens auf einer der Stufen, daher auch nur grob etwas über die Alterszuordnung sagt, findet sich die pädagogische Annahme wieder, *dass eine denkstrukturelle und inhaltliche Erweiterung erst dann stattfindet, wenn die vorweggehende Ebene denkstrukturell und inhaltlich gesichert ist.* Gleichgültig, ob die Ebenen, »Kern« und »Peripherie« (Maas 1989, S. 38–51), »Zone der nächsten Entwicklung« (Dehn 1988, S. 97), konkret bezogen auf den Schriftspracherwerb: »inneres Lexikon« (Balhorn 1986, S. 119), »das innere orthographische Lexikon« (Scheerer-Neumann 1986, S. 176) oder »motorischer und visueller Speicher« (Giese 1986, S. 194) genannt werden – immer wird die Ebene des gesicherten individuellen Wissens als Basis für neue Aneignungen, wie H. Aebli es infolge der piagetschen Arbeiten darstellt, vorausgesetzt: ein weiteres Argument für offene Lernformen, in denen individuelles Sichern und Fortschreiten ermöglicht werden und nicht der Einheitsschritt gefordert ist.

Die letzte inhaltserschließende didaktische Grundform ist der Aufbau von Begriffen. Sie sind Instrumente, die helfen, Sequenzen der Welt zu sehen, zu analysieren und zu verstehen (vgl. Aebli, S. 245–273). Auch sie müssen anhand ausgewählter Probleme und Beispiele aufgebaut werden, und ihre Anwendung setzt den geistigen Besitz der Elemente und ihrer Verknüpfungen, die in dem Begriff enthalten sind, voraus. Sie stellen daher eine relativ hohe, die letzte Stufe der Abstraktion dar, die bereits bei jüngeren Kindern angebahnt werden, die jedoch erst im späteren Unterricht überwiegen kann.

Die didaktischen Grundformen zur Darbietung und Erarbeitung von unterrichtlichen Inhalten, die bei jüngeren Kindern überwiegen, sind Handlungs- und Operationsaufbau. Sie vermögen, entwicklungsgemäß durch geeignete Medien gestaltet und in ansprechenden Übungsformen automatisiert, die notwendigen kognitiven Lernprozesse anzuregen, die Kinder schon früh befähigen, sich motiviert, eigenständig, selbstverantwortlich neue Strukturen in immer komplexeren Formen zu erarbeiten.

Konsequenzen für den Schriftspracherwerb

In weiten Bereichen ist die zu wählende didaktische Form, in der Unterrichtsinhalte angeboten werden können und müssen, bedingt durch die Struktur der Inhalte selbst. So ist es sicher kein Zufall, dass Aebli in der Festlegung seiner

Beispiele, die er zur Veranschaulichung der einzelnen didaktischen Grundformen ausgewählt hat, den Bereich der Operationen ausschließlich mit Mathematik belegt. Lesen und Schreiben stellen bei ihm eigene didaktische Grundformen dar, die er in seiner Gesamtgliederung dem medialen Bereich zuordnet. Zwar erwähnt er am Rande auch den Aneignungsbereich, verbindet Sprache in ihrem schulischen Zusammenhang jedoch primär mit kommunikativen Aufgaben.

Dass diese Zuordnung von Inhalten und didaktischen Grundformen nicht zufällig ist, sondern verbreiteten Denkformen und Zugehensweisen entspricht, haben Deutsch- und Mathematikdidaktiker in gemeinsamen Untersuchungen zu dieser Fragestellung als Ergebnis herausgestellt: »Die Fächer Deutsch und Mathematik liegen der allgemeinen Ansicht nach so weit auseinander, dass selbst ein Primarlehrer, der beide Fächer unterrichtet, oft nicht auf den Gedanken kommt, Lektionsverläufe, geistige Anforderungen und Schülerverhalten in den beiden Fächern miteinander zu vergleichen« (Gallin u.a. 1985, S. 19). Problemlösende Verfahren, bei denen eine Frage den Ausgang hypothetischer Überlegungen bildet, werden ausschließlich der Mathematik zugeordnet, während im Fach Deutsch vorwiegend Verstehensprozesse angeregt werden sollen. Für den zu »erlernenden« Teil wird in aller Regel im Bereich Sprache Auswendiglernen, Drill, praktiziert, oft losgelöst von dem Aufbau der Operationen und Regeln. Auch unter dieser Prämisse betrachtet, können die Ergebnisse der Schriftspracherwerbsforschung und deren praxisbezogene Konsequenzen, die »das Kind als aktiven Konstrukteur seiner Erfahrung in die Umwelt als Anreger dieser Erfahrung« (Brügelmann 1983, S. 211) beschreiben, als für die letzten 50 Jahre revolutionär bezeichnet werden.

– Wenn es jedoch zutrifft, wie Aebli aus lernpsychologischer Sicht in der Folge Piagets formuliert hat, dass »es kein Wissen gibt, das man dem Schüler einfach geben kann«, dass er »es in jedem Fall selber aufbauen muss« (Aebli, S. 28), dass die didaktische Aufgabe für die Lehrerin darin besteht, den Schülern hierbei durch qualifizierte Arrangements behilflich zu sein,
– wenn aus pädagogischer Sicht ein anderes Lernen Kindern unangemessen ist und den Zielen heutiger Erziehung widerspricht,
– wenn, wie vielfach nachgewiesen wurde, Kinder im Bereich des Schriftspracherwerbs und der -festigung ihrerseits immer auf der Suche nach regelhaften Lösungen von Problemen, die sich ihnen stellen, sind,

dann entstehen die Fragen: *Kann Schriftsprache in der Weise didaktisch strukturiert werden, dass Kinder sie in Form von Handlungen und Operationen selbstständig erwerben und automatisieren können? Wie muss sie sprachwissenschaftlich, -didaktisch und -methodisch betrachtet und zubereitet werden, um sie Kindern in einer lernpsychologisch und pädagogisch optimalen Form erschließbar/erforschbar zu machen?*

»Schreibanlass« Feriengeschichten:
Bis in die 3. Klasse hinein (danach wollten die Kinder nicht mehr) gab es in der Klasse eine Ecke für »Feriengeschichten«: Da nie alle Kinder im Stuhlkreis über ihre Ferienerlebnisse berichten konnten, malten und schrieben sie ihre Ferienerlebnisse auf, und die Bilder blieben so lange dort hängen, bis nach den nächsten Ferien neue fertig waren.

Das ist der Osterhase.
Er hat mir Eier gebracht.
Die Sonne scheint.

2.4 Die Systematisierung der orthographischen Regularitäten

Die herkömmliche Darstellung der Schriftsprache als Abbild der mündlichen Sprache

Schriftsprachdidaktik geht in ihrem überwiegenden Anteil bis heute davon aus, dass die deutsche Rechtschreibung in Einzelfällen zu betrachten und primär von Unregelmäßigkeiten bestimmt ist. Zwar gibt es ein größeres Repertoire an Regeln, die aus den Gegebenheiten der Orthographie heraus interpretiert werden und die dann die Grundlage der zahlreichen, unsystematisierten Sprachbuchübungen bilden:

- hinter einem kurzen Vokal folgen zwei Konsonanten,
- lange Vokale werden durch Verdoppelung oder durch ein *h* bzw. *e* oder *eh* bei i markiert,
- Substantive sowie substantivierte Verben und Adjektive werden großgeschrieben
- usw.

Da sie jedoch häufig nur auf einen Teil der Rechtschreibfälle zutreffen, wird entweder wie in den meisten Sprachbüchern auf ein Explizitmachen der Regel verzichtet, oder ihre Formulierungen sind widersprüchlich oder so vage gehalten, dass ihr didaktischer Wert angezweifelt werden muss:

»Eigenschaftswörter werden kleingeschrieben« (S. 50). »Auch Eigenschaftswörter *können* namenwörtlich (als Namenwörter) verwendet werden. *Oft* steht dann ein Geschlechtswort vor dem Eigenschaftswort. Es darf aber kein Namenwort folgen. Namen wörtlich gebrauchter Eigenschaftswörter schreibt man groß.« (S. 88) »*Nicht immer* steht nach langem Selbstlaut und nach langem Umlaut ß, *oft* schreiben wir nur einfaches s. *Manchmal* hört man, ob s oder ß geschrieben wird, wenn man die Wörter verlängert, z. B. Preis – Preise« (S. 110).
(Aus: H. Gärtner, D. Marenbach, In 33 Tagen durch das Land Fehlerlos. Rechtschreibung für die 4. Klasse zum Übertritt in weiterführende Schulen, München ⁶1990. Hervorhebungen R.-S.)

Mit solchen »Hilfen« werden die Kinder in den Schulen, oft noch wie bei diesem Lehrwerk (»Lernhilfe« genannt) nachmittags durch ihre Eltern konfrontiert. Dass viel zu viele Kinder relativ früh aufgeben, nach verlässlichen Halterungen zu suchen, häufig dann im Zusammenhang mit anderen schulischen oder außerschulischen Enttäuschungen die Ursache ihres Misserfolgs bei sich selbst suchen und in einen psychischen Kreislauf geraten, der eventuell mit dem Stempel »Legasthenie«, vielleicht sogar mit Sonderschulüberweisung endet, scheint da nicht verwunderlich – ebenso wenig wie die Tatsache, dass auf der anderen Seite viele Lehrerinnen (und Schulbuchautoren) dazu übergegangen sind, die Kinder die Schreibweise des »Grundwortschatzes« wie Vokabeln einer Fremdsprache auswendig lernen zu lassen und damit auf die Möglichkeiten der Buchstabenschrift zu verzichten. Der Aufbau kognitiver Strukturen kann in einem Sachbereich, der als unstrukturiert und unregelmäßig *angenommen* wird, gar nicht erst anzustreben versucht werden. Nach dieser Prämisse wirkt es daher konsequent, auf eine baldige Rechtschreibreform zu hoffen, voraussetzend, dass damit viele Probleme beseitigt werden können.

Grundlage dieser Sichtweise der Rechtschreibung sind die Regularitäten, wie sie 1901 in der 2. Orthographischen Konferenz fixiert wurden und seitdem im Duden als Gesetzmäßigkeiten nachzuschlagen sind. Durch ihn wird eine Interpretation der Orthographie festgeschrieben, die in ihrer didaktischen Frage kaum andere Schlüsse zulässt als die, die durch die Sprachlehre der vergangenen Jahrzehnte bekannt wurden (s. Kap. III und IV).

Sprachwissenschaftliche Beweise für die grammatikalische Eigenständigkeit der Schriftsprache

Daher ist der Versuch, die Regeln der Rechtschreibung aus einer anderen Perspektive zu betrachten, wie ihn U. Maas vorgenommen hat, immer auch mit der Auseinandersetzung mit den Interpretationen des Dudens verbunden: »Ich möchte behaupten, dass ein Rechtschreibunterricht, der auf einem Regelwerk wie dem des Dudens aufbaut, nicht zum Lernen der Rechtschreibung führen kann, sondern bei Schülern wie Lehrern nur Konfusion hervorrufen kann (dem widerspricht nicht, dass die Schüler vielleicht *trotz* eines solchen Unterrichts die Rechtschreibung lernen; aber viele lernen sie eben auf diese Weise nicht)« (S. 124, dieses und die folgenden Zitate dieses Kapitels aus Maas 1989).

Sein Interesse ist es, *die Sichtweise der Orthographie von der Darstellung verwirrender Einzelbereiche, die Unregelmäßigkeiten thematisieren, umzukehren in die Wahrnehmung der Regelmäßigkeiten*. Dieses Interesse ist vorwiegend didaktisch ausgerichtet, die Argumentation ist sprachwissenschaftlich: »Es ist offensichtlich möglich, die Rechtschreibregeln als System zu behandeln, dessen Struktur auf der Grundlage einer sprachwissenschaftlichen Analyse dargestellt werden kann ... Der Preis für das einfache Regelsystem ist aber die relativ technische Analyse. Der Duden präsentiert demgegenüber ein schwer durchschaubares Gestrüpp von kasuistischen Regeln und Ausnahmen mit einer enormen Gedächtnisbelastung, benötigt dafür aber auch keinerlei sprachwissenschaftlich spezifische Analysen« (S. 122).

Die angesprochene sprachwissenschaftliche Analyse als Hintergrund des darzustellenden orthographischen Systems hat drei verschiedene Bausteine: die Geschichte der Schrift (a), Sprachvergleiche (b) sowie die grammatische Struktur und die Phonetik des Deutschen (Laut und Buchstabe) (c). (Ich werde an dieser Stelle auf die drei Elemente insoweit eingehen, wie sie zur Erklärung und Begründung des umfassenden orthographischen Systems notwendig sind. Details werden in den entsprechenden späteren Abschnitten ausgeführt.)

a) Die Geschichte der Schrift

Die Geschichte der Schrift ist bereits in der Darstellung ihrer politischen Dimension angesprochen worden, da sie von ihren Anfängen vor 5000 Jahren bis heute von Anstrengungen der »Demotisierung«, das heißt der Ermöglichung der Teilhabe an Schriftkultur für immer größere Bevölkerungsgruppen, bestimmt ist. Alle Formen der Schriftveränderung dienten diesem Ziel, sie hatten sich nicht naturwüchsig ereignet, sondern waren kulturelle zielgerichtete Schöpfungen. Auch wenn es immer wieder Gegenbewegungen als Reaktionen derjenigen gab, die um die Reduzierung ihrer intellektuellen Machtpositionen fürchteten, lässt sich doch *eine* Stoßrichtung der in großen zeitlichen Abschnitten vollzogenen Reformen feststellen: *Es ging, generalisierend gesagt, um grafische Hilfen für Leser, Texte, Wörter in sich gliedern und so Inhalte besser erschließen zu können.*

Der Didaktisierung ist sowohl die Erfindung der Buchstabenschrift im klassischen Griechenland als Ablösung der bis dahin gebräuchlichen Bilder –, dann Silbenschrift unterzuordnen wie auch die Gliederungsmaßnahmen an Texten zunächst durch Spatien (Wortzwischenräume) sowie durch Satzzeichen und die Großschreibung, letztlich auch durch die orthographischen Festlegungen für die Schreibungen von Vokallängen innerhalb eines Wortes. *Diese Linie trotz einiger historischer Gegenbewegungen anerkennend, lässt annehmen, dass der Orthographie eine historisch gewachsene, daher nachvollziehbare, daher lehr- und lernbare Ordnung zugrunde liegt.*

b) Sprachvergleiche

Der Vergleich mit anderen Sprachen oder Sprachtypen, vor allem der Vergleich der unterschiedlichen Sprachentwicklungen, gibt Hinweise auf die Eigenheiten der *deutschen* Sprache. In diesen gewachsenen Spezifika liegt ein Teil der orthographischen Fixierungen begründet, und sie lassen besondere Probleme gerade für die Lerner der deutschen Rechtschreibung erkennen, die vor allem unter diesem vergleichenden Aspekt gut zu benennen und zu systematisieren sind. Sie betreffen z. B. Fragen der Wortgrenzen, also des Getrennt- und Zusammenschreibens, und Formen der Koartikulation von Lauten, die für die deutsche Sprache möglich oder nicht möglich sind.

c) Laut und Buchstabe

Die Relation zwischen den germanischen Sprachen und der lateinischen, deren Schriftsystem sie übernommen haben, gibt Aufschluss über die Beziehung zwischen der Phonologie und dem Buchstabensystem. Gerade diese Fragestel-

Inwieweit unsere Lesegewohnheiten/fähigkeiten durch unser (unbewusstes) Wissen über Strukturen, das heißt über Möglichkeiten der Buchstaben/Laut-Kombinationen in der deutschen Sprache und über den Silbenschnitt bestimmt ist, zeigen diese »Tests«:

Folgende drei Wörter (Quelle unbekannt) sind annähernd gleich lang. Wenn Sie jedes fünf Sekunden ansehen, werden Sie das erste sofort, das zweite teilweise, das dritte gar nicht erlesen können.

Strassenbahnhaltestelle

Brompheniraminmeleat

Llanfairpwllgwyngllgo

Leseschwierigkeiten aufgrund des plötzlich unerwarteten Silbenschnitts ergeben sich auch bei folgenden Wortketten:

Abendstern   Münsterländer
Morgenstern   Enterbter
Fixstern   Hinsterbender
Zwergelstern

Auch im Folgenden gibt es Leseschwierigkeiten aufgrund des ungewohnten Silbenschnitts innerhalb der sch:

Großer Augenblick für kleine Delegation
Werkschormitglieder zu Besuch im Kanzlerbungalow

lung ist von großer Bedeutung für die didaktische Perspektive, denn sie betrifft *das besonders für den Schriftspracherwerb elementare Verhältnis zwischen Lauten, also den Segmenten der mündlichen Sprache, und den Gesetzmäßigkeiten der Buchstabenfolge in der schriftlichen Sprache.* Sprechen ist Artikulation von Geräuschen der Ess- und Atemorgane, die durch soziale Kontrolle (»Ich kann dich nicht verstehen«, »Das hast du richtig gesagt«) in bestimmter Weise geformt, kanalisiert wird. Es ist kulturell bedingt, also abhängig von den jeweiligen sozialen Zusammenhängen der Lerner. Die Unterschiede der Sprachen, auch die unterschiedlichen lautlichen Färbungen und Dialekte in einer Sprache machen das deutlich. Schrift hingegen ist fixiert, unabhängig von regionalen Unterschieden, muss es auch sein, um unmissverständlich in den einzelnen Dialektregionen gelesen werden zu können. Diesem Ziel dienten die orthographischen Konferenzen des 19. Jahrhunderts.

Die modernen technischen Möglichkeiten, die der phonetischen Forschung heute zur Verfügung stehen, bestätigen, was Didaktikern bereits vor 400 Jahren bewusst war: dass nämlich die Unterschiede zwischen der lautlichen Arti-

Schriftsprachliche Strukturen lassen sich als typisch für eine Sprache identifizieren.
Die folgende Liste mit realen und künstlichen Wörtern bitte ich Kolleginnen bei Lehrerfortbildungsveranstaltungen auszufüllen. Die Gespräche, die sich dabei in kleinen Gruppen und anschließend bei der gemeinsamen Auswertung ergeben, zeigen: Jede hat eine Vorstellung davon, was »typisch« für die deutsche, evtl. auvh für eine andere Sprache ist: Es sind die Strukturen, die für die jeweilige Sprache üblich/möglich sind oder nicht und die schriftsprachlich Wissenden bekannt sind.

Kann das ein deutsches Wort sein?

	Ja, weil geschrieben wie …	nein, weil folgende Struktur unbekannt ist	welche Sprache vermutlich?
allowable			
köyümüzün			
tableau			
getrundte			
maintained			
bülug			
dursel			
tranquista			
hour			
okumuluzun			
dölenmer			
bool			
cool			
mersim			
kaynagi			
vacances			
sertieschen			
verdrant			
jeszcze			

kulation und der Schriftsprache bei weitem jedoch nicht nur dialektbedingt sind – sie beruhen elementar auf der *Schwierigkeit, aus dem Strom der koartikulierten Laute eines Textes eine Gliederung in Sätze, Wörter, Silben, Einzellaute vorzunehmen.* Um zunächst beispielhaft bei dem kleinsten Segment, den Lauten, zu bleiben, lässt sich beschreiben, dass jede schriftliche Darstellung von Gesprochenem, sei es in Lautschrift oder als Buchstabenkette, nur »Grenzwerte« oder »Idealpositionen« einzelner Punkte der Gesamtartikulation herausheben. Zwischen diesen »Idealpositionen« liegen 90% der Artikulation. Das ist die Summe der Übergänge zwischen *den* Lauten, die mit Buchstaben repräsentiert werden.

Die didaktischen Konsequenzen solcher phonetischen Ergebnisse sollen an dieser Stelle noch nicht weiter ausgeführt werden. Bedeutsam ist im Zusammenhang dieses Kapitels zunächst die sprachwissenschaftliche Feststellung, dass es keine eindeutig fixierbare Korrespondenz zwischen Laut und Buchstaben, generell nicht zwischen mündlicher und schriftlicher Sprache gibt. Schriftliche Sprache ist nicht stringent aus der mündlichen Artikulation ableitbar. Vielmehr besteht ein »Fundierungsverhältnis« (Maas) zwischen beiden, das sich am besten negativ umschreiben lässt:

Schriftsprachlich ist nicht möglich, was der mündlichen (hochsprachlichen) Lautung widerspricht. So z. B. wäre für *Nase* die Schreibung »Nasse« nicht möglich, da die Verdoppelung des *s* den »Befehl« an den Leser bedeutet, das *a* »kurz« auszusprechen. Ebenso wenig wäre die Schreibung »Puhpe« für *Puppe* möglich.

Die Strukturen der schriftlichen Sprache repräsentieren mündliche Sprache also in festgelegten Formen, die durch die grammatikalischen Regeln bestimmt sind: als Sätze, als Wörter, als Buchstabenfolge in Wörtern mit ihren orthographischen Bestimmungen (wie z. B. die der Stammschreibweise). *Die mündliche Sprache bietet hier nur einen »Rahmen«, während die Elemente des Bildes in ihm durch kognitiv zu erlernende Strukturen zusammengesetzt werden müssen.* Und da Strukturen generell systematisierbar sind, trägt die Betrachtungsweise der Beziehungen zwischen Lauten und ihrer grafischen Repräsentation ebenfalls mit dazu bei, Orthographie in ihrem Kern in durchschaubare, lern- und lehrbare Zusammenhänge zu stellen.

Dem Erkennen der angesprochenen grammatikalischen Strukturen, die sich ergeben, wenn sie auf die Gliederung von Texten bezogen sind, dient die syntaktische Analyse. Trotz aller konkurrierenden Ansätze auf diesem Gebiet wird auch hier sichtbar, dass Systematik möglich ist, dass also auch unter diesem Blickwinkel kognitiv erfassbare Zusammenhänge erkannt und beschrieben werden können.

Generelle didaktische Konsequenzen

In dieser Darstellung der sprachwissenschaftlichen Argumentation, die zugleich das linguistische Gerüst der didaktischen Überlegungen bildet, wird der Hauptstrang der Gegenpositionen zu der Duden-Interpretation von Schriftsprache deutlich: *Schriftliche Sprache darf nicht als Abbildung mündlicher Sprache interpretiert werden.* Wenn der Duden – und in seiner Folge die herrschende Sprachlehre – Mündlichkeit zur Basis von Schriftlichkeit macht, erscheint die Orthographie zwangsläufig als eine Aneinanderreihung von Abweichungen. Wer z. B. davon ausgeht, dass der isolierte Laut *i* durch den Buchstaben *i* darzustellen sei, für den müssen die Schreibungen *ie, ih* und *ieh* als (bedauerliche) Abweichungen erscheinen, die zu »pauken«, aber nicht als grammatikalisch begründet zu sehen und darzustellen sind, und wer Worte aus dem Artikulationsfluss heraushören will, kann nur schwer eindeutige Regeln beispielsweise für das Getrennt- und Zusammenschreiben angeben.

Abgesehen von den hier grob skizzierten linguistischen Begründungszusammenhängen gelingt es U. Maas in allen Teilgebieten der Orthographie, Betrachtungs- und Darstellungssysteme aufzubauen, in die die jeweiligen Problembereiche integriert werden können: in der Zeichensetzung, in der Getrennt- und Zusammenschreibung, der Groß- und Kleinschreibung, in der Strukturierung des Silbenaufbaus mit Hilfe der Segmentierungen als »Idealpositionen« der Artikulation, die durch Buchstaben repräsentiert werden, bei Dehnung und Schärfung bis hin zur »schwierigen« s-Schreibung, in der Fremdwörterschreibung.

Da die Schriftsprachentwicklung jedoch nicht linear verlief, sondern an verschiedenen Stellen der historischen Entwicklung Kompromisse zwischen konkurrierenden Systemen zulassen musste, lässt sich nicht leugnen, dass es Bereiche der Orthographie gibt, die sich einem systematisierenden Zugriff entziehen. Diese lassen sich im Gegensatz zu dem einzuordnenden Kernbereich als Peripherie bezeichnen. Übernimmt man die Perspektive der kognitiven Aneignungsmöglichkeiten des Kernbereichs, so darf diese gedächtnismäßig zu erwerbende Peripherie als relativ klein angesehen werden.

Daher kann sie von Kindern nach der regelgeleiteten Festigung des quantitativ großen Kernbereichs durchaus in Form von Gedächtnisarbeit erworben werden – analog der psychologischen Annahme der kindlichen Entwicklung, nach der Kinder ständig bestrebt sind, einen (Wissens-)Kern, der durch Aneignung und Automatisierung ihr »Eigentum« geworden ist, in periphere Bereiche auszuweiten.

Diese Perspektive der Orthographie bestimmt neben ihren didaktischen Auswirkungen natürlich auch die Diskussion der Rechtschreibreform. Sie sieht diese als nicht zwingend an, wie das Sprachdidaktiker infolge der Diffusion der Duden-Regularitäten tun. Ziel von möglichen Reformen darf es in dem hier aufgezeigten Sinne nicht sein, »Vereinfachungen« durchzusetzen, die den lese-orientierten Funktionen der orthographischen Strukturen widersprechen. Wenn sie überhaupt anzustreben sind, müssten sie Vereinheitlichungen gemäß einer konsequenten Anwendung bewährter, lernbarer Regeln des Kernbereichs vornehmen (z. B.: blühen – die »Blühte« statt *Blüte* wie *mahlen* – die *Mühle*, »kniehen« statt *knien* wie *fliehen* und *gehen*). Anstelle der Forderungen nach neuen gesetzmäßigen Festlegungen durch eine Reform plädiert U. Maas in Bezug auf einige periphere Bereiche für eine Freigabe der Schreibung von Einzelfällen – eine Maßnahme, die sich generell angesichts der ständig stattfindenden Sprachentwicklung anbietet. Hierzu gehören Bereiche der Getrennt- und Zusammenschreibung, der Bindestrich-Schreibung, der deklinierten Formen im Genitiv und Dativ (vgl. auch Maas 1991).

Die Fragen des reformierenden Umgangs mit den peripheren Bereichen der Rechtschreibung haben sicherlich Bedeutung für die orthographische Arbeit in der Schule. Im Vordergrund didaktischer Überlegungen muss jedoch die Arbeit mit dem systematisierbaren Kern der Orthographie stehen. *Die neue didaktische Perspektive infolge dieser anderen sprachwissenschaftlichen Darstellung lässt Möglichkeiten schulischer Arbeit zu, die bisher vom pädagogischen Standpunkt her als wünschenswert, aber als sprachdidaktisch nicht realisierbar angesehen wurden: den selbst bestimmten, auf Schlussfolgerungen aufbauenden Zugang zur Schriftsprache und ihren Bestimmungen.*

2.5 Konsequenzen der orthographischen Systematisierung für den Grundschulunterricht

Zusammenfassung der Prämissen

Bevor die didaktischen Konsequenzen sowie mögliche methodische Umsetzungen dargestellt werden, soll die bisherige Argumentation für eine Schriftsprachentdeckung im Unterricht *resümierend zusammengefasst* werden:

1. Da die hohe Bedeutung von Rechtschreibung schulisch und außerschulisch nicht reduziert werden konnte und auch nicht werden wird, bleibt es eine der vorrangigen Aufgaben der Schule, vor allem der Grundschule, allen Kindern orthographische Grundkenntnisse zu vermitteln. Auf »vereinfachende« Reformen der Orthographie zu hoffen, hat sich als trügerisch erwiesen und wird es auch weiterhin sein.
2. Der Schriftspracherwerb stellt eine neue Stufe in der (sprachlichen) Entwicklung der Kinder dar. Die empirischen Untersuchungen der letzten Jahre zu diesem pädagogischen Aufgabenbereich haben ergeben, dass Kinder, gleichgültig wie die unterrichtliche Unterstützung angelegt ist, Regeln suchend und für sich findend, also schlussfolgernd, kognitiv arbeitend, vorge-

hen. Dem muss der Unterricht unterstützend nachgehen, indem er sowohl individualisierend die unterschiedlichen Lerngeschichten der Primärsozialisation – vor allem in Bezug auf Schriftkultur – als auch generalisierend die Lernformen dieser Altersstufe berücksichtigt.

3. Die vorrangige Lernform im Grundschulalter ist handelndes Lernen. Durch konkrete Handlungen müssen die Kinder mit Hilfe unterrichtlicher Arrangements Strukturen und die dazugehörigen Operationen erkennen können, die Transfer und damit selbstständigen Umgang mit neuen Gegenständen ermöglichen. In der unterrichtlichen Reflexion der Handlungen und Operationen entwickeln die Kinder Begriffe (die in ihrer sprachlichen Fassung zunächst ausschließlich der Kommunikation in der Klasse dienen, erst am Ende der Grundschulzeit in die übliche Begrifflichkeit der Sprachlehre »übersetzt« werden müssen).

4. Die Darstellung der schriftsprachlichen Strukturen, so wie sie U. Maas vorgenommen hat, beweist, dass Schriftsprach- und Orthographieerwerb systematisiert und ähnlich der Mathematik durch Operationen zu erlernen sind. Schriftspracherwerb ist daher nicht nur mit Hilfe kognitiver Lernformen möglich, er trägt, so didaktisch geplant, zum Aufbau kognitiver Fähigkeiten bei Kindern bei (= das eigentliche Ziel des [schulischen] Lernens).

Die Frage, die sich an diese Überlegungen anschließt, betrifft nun die didaktische Zubereitung des Rechtschreibsystems in seinen zusammenhängenden Details und deren methodische Umsetzung, die den Kindern die Wege des richtigen Regelentdeckens und -anwendens weisen muss. Da die Konkretisierungen in den folgenden Kapiteln ausführlich dargestellt werden, sollen an dieser Stelle allgemeine Prinzipien der Grundschularbeit im Zusammenhang mit dem Schriftspracherwerb genannt werden.

Viele Kinder brauchen, um schulisch gut arbeiten zu können, Sicherheiten. Sie erhalten sie, wenn sie das, was von ihnen erwartet wird, inhaltlich durchschauen, einordnen und wenn sie zeitliche Abläufe überblicken können. Dem *inhaltlichen* Aspekt dient Lernen in projekthaften oder anderen Bezügen, deren Ziele die Kinder kennen und annehmen, sowie die generelle Offenlegung der didaktischen Absichten; dem *zeitlichen* Aspekt die Erstellung von Tages- und Wochenplänen mit den Kindern.

Tages- und Wochenplanarbeit

Die zeitlichen Planungen, die mit den Kindern zu Beginn der Unterrichtsphasen, *am Anfang des Schultages* im Morgenkreis und/oder am Anfang der Woche erarbeitet und festgelegt werden, geben ihnen die Möglichkeit, einschätzen zu können, welche Aktivitäten und Anforderungen auf sie zukommen.

Die *Planungsgespräche*, die zugleich auch immer Reflexionen der Arbeit sind, helfen, den Kindern die Lehr-Lern-Prozesse durchsichtiger zu machen und sie an deren Gestaltungen weitestgehend zu beteiligen. Diese Offenlegung der Organisation erhält gerade darum pädagogische Bedeutung und Notwendigkeit, weil der Unterricht nicht mehr durch häufigen Fachlehrer- und Unterrichtswechsel in zwar überschaubare, letztendlich aber uneffektive »Häppchen« zergliedert ist. Ein Ziel der Stundenplanung wird heute wieder darin gesehen, möglichst große zeitliche Anteile in die Hand einer einzigen Lehrerin, in aller Regel: der Klassenlehrerin, zu legen. Hierdurch werden die pädagogisch angemessenen rhythmisierten Wechsel zwischen gebundener, gemeinsamer, frontaler Arbeit einerseits, differenzierter, individualisierter Arbeit andererseits möglich, die eben ohne die Bereitstellung größerer Zeiträume nicht durchzuführen wären.

So hat mir bei den sechzehn Stunden, die ich in meiner Klasse unterrichtete, täglich der Zeitraum zwischen den beiden großen Pausen von 10^{00} bis 11^{30} Uhr für Arbeiten nach dem Tagesplan zur Verfügung gestanden. Diese Phase des Tages war im Bereich Sprache bestimmt durch die jeweiligen Vorhaben, die gerade anstanden: die Arbeit an einem gemeinsamen Buch der Klasse, zu dem jedes Kind mit gleichen, aber zeitlich versetzt durchgeführten Tätigkeiten beitrug (Schreiben, Tippen oder Setzen für das Drucken, zeichnerisches Gestalten); das Spielen der selbst hergestellten Rechtschreibspiele; vor allem im Anfangsunterricht die Auswahl zwischen zwei- bis drei Aufgabenbereichen wie Schreiblehrgang, Schreiben im eigenen Wörterbuch und das Verfassen eigener Bücher z. B. mit Hilfe von Fotos usw. Es gab zwar kopierte Arbeitsblätter wie Kreuzworträtsel usw. für die Kinder, die meinten, unbedingt meine Hilfe für die Fortsetzung ihrer Arbeit zu brauchen, und dann warten mussten, bis sie »dran« waren, doch generell lag mir sehr viel daran, dass die schriftlichen Tätigkeiten der Kinder in Zusammenhängen standen, die sie selber durchschauten und die allein durch die Faktoren *Anfang*, *Weg* und *Ziel* für die Kinder mehr Sinn schafften als die ihnen in aller Regel willkürlich und zusammenhanglos scheinenden kopierten Übungen. Die Strukturierung dieser Phase war vorher am Unterrichtsbeginn um 8^{00} Uhr, meistens um 8^{45} Uhr, (dann stand die 1. Stunde für Fachunterricht wie Religion und Sport zur Verfügung) im Stuhlkreis mit den Kindern als Gruppe, teilweise auch einzeln besprochen und an der Tafel festgehalten worden, sodass jedes Kind wusste, welche Arbeiten es in welcher Reihenfolge an diesem Tag zu leisten hatte. Ein großer Teil der starken Motivation, mit der die Kinder nahezu durchgängig arbeiteten, war sicher mit dieser relativ viel Selbstbestimmung ermöglichenden zeitlichen Überschaubarkeit verbunden. Nach Wochenplänen habe ich nicht gearbeitet.

Projekte

Diese mit den Kindern zu planende Arbeitsorganisation, die relativ schnell zur selbstständigen, eigenverantwortlichen Handhabung bestimmter Bereiche des Unterrichts durch die Kinder führt und dabei der Lehrerin ermöglicht, sich über längere Zeiträume intensiv mit einzelnen Kindern zu beschäftigen, eignet sich sehr zur Durchführung von Projekten, in denen jedes einzelne Kind eine Teilaufgabe übernimmt und sie entsprechend seinen eigenen Vorlieben und seinem individuellen Tempo durchführt.

Durch Projekte, die sich von anderem Unterricht dadurch abheben, dass an ihrem Ende ein – wie auch immer gestaltetes – Objekt zu einem bestimmten inhaltlichen Schwerpunkt steht, erfahren die Kinder, wohin die Einzelschritte ihres Tuns führen: zur Herstellung von Büchern, Plakaten, Ausstellungen, zur Vorbereitung eines Theaterstückes oder Vortrages usw. Sie erleben den Wert ihrer Arbeit, der ja nur für wenige dieses Alters in dem Erwerb von Fertigkeiten, für die meisten primär im Erstellen be-greifbarer Ergebnisse besteht, an denen sie gestalterisch wirksam sind – durch die sie am Ende auch viel Aufmerksamkeit und Anerkennung bekommen können. Welch große Arbeitsintensität bei fast allen Kindern Aufgaben, deren Ziel es ist, etwas herzustellen, hervorrufen, weiß jede, die in dieser Weise mit Kindern gearbeitet hat. »Schreibanlässe«, die zur »Vergegenständlichung« von Schülertexten führen, gibt es zahllos – Lehrerinnen (und Kinder) müssen sich »nur« angewöhnen, sie in ihre planerische Wahrnehmung aufzunehmen. (Zahlreiche – »Augen öffnende« – Beispiele enthalten viele Hefte der Zeitschriften Grundschule und Grundschulzeitschrift, vgl. auch Dräger 1989, Spitta 1985 und 1988, Wünnenberg 1989. Eine umfassende Bibliographie enthält Milhoffer 1991.)

Die Frage nach der »Integrierbarkeit« der Rechtschreibschulung in den übrigen Sprachunterricht

Die Diskussion darüber, ob alle Anteile oder welche Anteile des Unterrichts in Projekte zu integrieren sind, ist so alt wie die Forderung nach der Gestaltung des Unterrichts durch Projekte selbst. Sie betrifft in diesem fachlichen Zusammenhang tendenziell die *Frage, ob Rechtschreibung vollständig in den üblichen Sprachunterricht zu integrieren ist oder ob er eigener, besinnender Anteile bedarf.* Meine Erfahrungen in diesem Zusammenhang gehen in die Richtung, dass das »Schreibenlernen durch Schreiben«, so wie es in inhaltsbestimmten Projekten in oft hoch motivierter Form geschieht, für eine Gruppe von Kindern in der Klasse ausreicht, um sich die Regeln der Rechtschreibung »im Vollzug« richtig anzueignen. Für einen anderen Teil ist es jedoch notwendig, dass ihnen gezielte Arrangements geboten werden, die ihnen direkt Wege zum Erkennen der immanenten Regeln weisen.

Aber auch *diese Arbeit, die vom Wissen der Lehrerin um orthographische Regeln und ihre Anwendungsgebiete geleitet ist, kann und sollte, wann immer es sich anbietet, um die motivierende, Zusammenhänge bildende Kraft von Projektprodukten zu nutzen, ebenfalls zu Büchern, Spielen, Ausstellungen usw. zusammengefasst werden*:

z. B. die Erstellung eines Zungenbrecher-Buches und eines Reim-Buches, in die von der 1. oder 2. Klasse an jedem D-Tag (dienstags und donnerstags) ein »Zungenbrecher« oder ein Reim (das heißt ein Satz mit Wörtern, die die gleiche Konsonantenhäufung am Anfang oder am Ende haben) geschrieben werden, um so den Kindern zu helfen, die einer bestimmten Schreibung zugrunde iegende Artikulation wieder zu erkennen und selbstständig erneut in die korrekte Schreibung umzusetzen (s. Kap. III).

Da trotz des Forschungsschwerpunktes bei kindlichen Aneignungsprozessen der Schriftsprache noch immer sehr wenig über die Abläufe im Gehirn der Lerner ausgesagt werden kann, können didaktische Forderungen in einigen Bereichen nur als hypothetisch gelten. Hieraus folgt, dass – wie bereits vielfach begründet – den einzelnen Kindern in der Klasse mit ihren beobachtbar unterschiedlichen Aneignungsweisen Unterricht am ehesten gerecht werden kann, indem er ihnen eine *möglichst breite methodische Vielfalt* anbietet. Es ist als sicher anzunehmen (und – wie gesagt – die Beobachtungen in meiner Klasse bestätigen das), dass es einer Gruppe von Schülern besonders nützt, die Strukturen der Schriftsprache auch an beispielhaften Einzelsätzen bzw. -wörtern erkennen, üben, automatisieren zu können, ohne sie in größere inhaltliche Zusammenhänge integriert zu finden.

Hierbei muss jedoch – um das noch einmal zu betonen – gewährleistet sein, dass den Kindern nicht Übungen in Sprachbuch-Manier abverlangt werden: Dort werden sie als Übung *einer* orthographischen Auffälligkeit angeboten, die ausschließlich bei *den* Wörtern, die für die Übung ausgewählt wurden, zuzutreffen scheint: Eine übergeordnete Regularität wird assoziativ zu erkennen gegeben. Dabei bleibt die Basis der Auswahl die Laut-Buchstaben-Korrespondenz. Das grammatikalische Moment fällt weg. Für die immanenten orthographischen Regeln, die Kinder, sich so allein gelassen, selbstständig suchen (müssen), eignen sich viele dieser Übungen kaum, weil sie entweder keine Antworten geben oder in falsche Richtungen weisen:

»Auf Stamm   »Auf Kammer

reimen sich K _____   reimen sich H _____

und der Sch _____   und K _____

(Plickat/Hartung, RS-Programm für Sonderschulen und Fördergruppen, Grundkurs Schärfung, Weinheim und Basel [Beltz], 1981, S. 9).

Das, was die Kinder auf ihrer Suche nach Regelhaftem hier lernen, ist die immanente – falsche – Aussage »Was sich reimt, wird gleich geschrieben« (s. aber Wand – gerannt – galant), und die eigentlich interessante Frage, *weshalb* die Reimwörter mit doppeltem Konsonantenzeichen geschrieben werden (weshalb z. B. Lampe und Hamster keine zwei m haben), bleibt unbeantwortet.

Fälle dieser Art, die in ähnlicher oder in gleicher Weise in nahezu allen Sprachbüchern anzutreffen sind, lassen sich dann nicht vermeiden, wenn die Orthographie eines Wortes aus der Komplexität des Regelsystems herausgelöst und an ihm ein Begründungszusammenhang als aus der mündlichen Sprache ableitbar dargestellt wird. Den Kindern wird darüber hinaus ein Resultat, ein Begriff, hier: die Schärfung, angeboten, ohne dass ihnen die Möglichkeit gegeben wird, ihn selbstständig handelnd abzuleiten und in den verschiedenen Regelbezügen zu erkennen (vgl. Kap. IV).

Generell scheint es kaum möglich zu sein, Schulbücher so zu gestalten, dass sie Fragen von Kindern zu initiieren vermögen oder zu den Zeitpunkten, wenn sie entstehen, angemessen aufgreifen. Schulbücher geben vorwiegend Antworten – Antworten auf Fragen, die die Kinder anders, in aller Regel zu einem anderen Zeitpunkt und in anderen Zusammenhängen, als das Schulbuch es vorsieht, stellen. In Anbetracht der Bedeutung, die gerade *Fragen* lernpsychologisch als Basis erfolgreicher Lernprozesse haben, kann Schulbuch-Unterricht nur sehr bedingt, bei weitem nicht bei allen Lernern die pädagogisch und didaktisch erwünschten Ergebnisse bringen.

Der Regelbegriff

An dieser Stelle ist es klärend, den *Regelbegriff* sowie seine Konsequenzen für den Unterricht genauer zu erläutern: Bezogen auf das orthographische System, so wie es hier in der Interpretation von U. Maas dargestellt wird, handelt es sich um *linguistische Regeln*, die für Unterricht »sachanalytische« Bedeutung haben – sie müssen den Lehrerinnen als Wissen über den Unterrichtsgegenstand bekannt und während ihrer Arbeit mit den Kindern bewusst sein, um mit ihnen adäquat und situationsbezogen lehrend umgehen zu können.

Eine zweite Dimension des Regelbegriffs betrifft die *Gesetzmäßigkeiten*, die Kinder suchen und (wie Alex) für sich – orthographisch korrekt oder nicht – finden, wenn sie entweder vor Schulbeginn oder danach, losgelöst von der Progression des unterrichtlichen Angebots, eigene Wege der Verschriftung ausprobieren (*Mutter – Vater = »Sofer«*). H. Balhorn bezeichnet diese selbstständige Regelbildung der Kinder als den »prozess des auffindens von ordnung« (u. a. Balhorn 1989b, S. 59). Auf diesen elementaren Teil selbstständiger kindlicher Arbeit beim Schriftspracherwerb hinzuweisen ist, wie hier schon mehrfach dargestellt, der große Verdienst der Spracherwerbsforschung.

Eine dritte Dimension des Regelbegriffs betrifft die zentrale *didaktische Absicht* der Vermittlung der ersten beiden Dimensionen: des inhaltlich Gegebenen, also den sprachlichen Regularitäten einerseits, mit der Bereitschaft der Kinder, nach Ordnungen zu suchen, andererseits.

Dieses Zusammentreffen bestätigt wieder die bereits angesprochene Kongruenz zwischen soziogenetischer und ontogenetischer Entwicklung: die orthographische Systematik repräsentiert die Klärung schriftsprachlicher Probleme, bezogen auf die Didaktisierbarkeit, über einen großen historischen Zeitraum erstreckt, dessen Stufen Kinder aufgrund der vollzogenen Klärung der Sache relativ schnell durchlaufen.

Für die Beschreibung soll dieser Regelbegriff noch einmal abgegrenzt werden zu den Formen, die er *nicht* umfasst: Er ist weder der linguistische »sachanalytische«, der Kindern als fertiges Konstrukt übergestülpt wird und der zu dem verwirrenden, abschreibenden Rechtschreiblernen vergangener (?) Jahrzehnte geführt hat (»Substantive werden groß geschrieben«). Noch dient er der Pflege kindlicher Schreibformen, die zwar kognitive Leistungen anzeigen (»Sofer« statt *Sofa*), orthographisch jedoch noch nicht korrekt sind. *Der didaktisch fundierte Regelbegriff betrifft vielmehr das unterrichtliche Bemühen, Kinder durch inhaltliche und methodische Arrangements, die von der sprachlichen Analyse bestimmt sind, in altersgemäß spezifischer Weise die orthographischen Phänomene entdecken zu lassen.* »Entdecken« passiert also in solchen unterrichtlichen Zusammenhängen nicht naturwüchsig wie beim vorschulischen Lernen, es ist durch eine sprachliche Auswahl angelegt: durch Wörter/Sätze, die das jeweilige sprachliche Phänomen enthalten und dadurch das Entdecken erleichtern, zu ihm motivieren können.

Wann der Prozess des Entdeckens durch das Hervorheben der bestimmten Phänomene und Strukturen einsetzt, ob dafür Klassen- oder besser Gruppengespräche geeignet sind, kann die Lehrerin in ihrer Klasse nur allein entscheiden. Aber auch diese Antizipation bleibt hypothetisch, sie kann ganz sicher nicht festlegen, dass alle Kinder das Problem zu diesem Zeitpunkt geistig bewältigt haben.

Das Ziel ist die Vergegenständlichung der Sprache, damit die Beschreibung und Reflexion von Beobachtbarem. Dieses auch verbal, vor allem aber altersgemäß handelnd anzustreben, verhindert falsche, unterstützt richtige »ordnungssuche« (Balhorn). Die *Begrifflichkeit*, die in diesen Situationen für die Beschreibung gewählt wird, muss die der Kinder sein: die Wörter, die sie wählen, werden das klassenübliche Vokabular (z. B. »Wer-Abteilung« statt »Subjekt«), die abstrakten Fachbegriffe erhalten sie als neue Vokabeln gegen Ende der Grundschulzeit.

Entsprechend diesen Vorgaben wird es methodische Unterschiede in der Konfrontation der Kinder mit den Bestimmungen der Orthographie geben. Während für die meisten jüngeren Kinder gilt, dass sie über die Regularitäten primär »operativ, im Vollzug des Schreibens, *verfügen*, und gerade *nicht*, dass ihnen die Zugriffsweise *analytisch* (bewusst) zugänglich wäre« (Dehn 1988, S. 56), nimmt mit fortschreitendem Alter das Erkennen und Formulieren von regelhaften Bedingungen und ihrer Folgen in der Rechtschreibung zu. Sie sind kognitive Grundlage zum einen für die schreibende Konstruktion der Wörter, die sie nicht mehr erinnern, und zum anderen für die Schreibung »neuer« Wörter: »Bei Kindern lässt sich aus Fehlern häufig die *Anwendung von Regeln anstelle der Abrufung wortspezifischer* (›erinnernder‹ R.-S.) *Informationen* nachweisen ... Interessant ist, dass das regelgeleitete Schreiben oft noch Vorrang hat, selbst wenn die wortspezifische Eintragung schon vorliegt« (Scheerer-Neumann 1986, S. 180–181). Regelwissen dient der Selbstkontrolle, der im Unterricht viel mehr Raum als üblich zugewiesen werden muss – als sachbezogene, nicht mehr primär auf der Autorität der Lehrerin aufbauenden Basis bei Korrekturen (Karin Winkler, Lehrerin eines 3. Schuljahres: »Trainier die Klingel in deinem Kopf, die angehen muss, wenn schwierige Wörter kommen! Finde deine Fehler selbst, dann sind es keine Fehler mehr!«).

Didaktische Konsequenzen

Bezogen auf das Kennenlernen orthographischer Strukturen und ihr automatisiertes Anwenden ist daher die Berücksichtigung folgender Prinzipien im Unterricht zu empfehlen:

1. *Die Lehrerinnen müssen »sachanalytisch« die orthographischen Bedingungen der Schriftsprache beherrschen.* Um erkennen zu können, an welchen Punkten es sich in *dieser* Klasse anbietet, Fragen aufzugreifen, müssen sie also auch wissen, wie die situativen Fragen der Kinder zu Fragen der systematischen Rechtschreibung werden können, wie ihnen Wege zur Beantwortung gewiesen werden können, wie die Antworten dann angemessen durch Handlungen zu Operationen, die übertragbar sind, werden können.
2. *Den Kindern muss die pragmatische Bedeutung der Rechtschreibung bewusst sein.* Ihnen muss deutlich sein, dass orthographisch unkorrekte Schreibungen das Lesen stark erschweren.

Eine bei Kindern beliebte Methode in diesem Zusammenhang ist für den Schreib- und Leseanfang in der 1. Klasse eine »Korrespondenz« mit einem Wesen zu betreiben, dem die Regeln der deutschen Orthographie völlig fremd sind: In einer Hamburger Grundschulklasse, über deren Arbeit H. Schwarz berichtet (unveröffentlichtes Manuskript), war diese Briefpartnerin eine kleine Maus, in der Klasse, über die G. Spitta schreibt, (1985) war es ein Gespenst, in der Wartburg-Grundschule in Münster-Gievenbeck war es eine Riesin, deren Fußtritte auf dem Schulhof und deren Fingerabdrücke am Fenster zu sehen waren. Die Briefe dieser Wesen an die Klassen waren so schlecht geschrieben und so fehlerhaft, dass die Kinder ihre Aussagen nur erraten, teilweise nur mit Hilfe der Lehrerinnen entziffern konnten. Hier konnte den Kindern deutlich werden: Rechtschreibung hilft dem Leser. Die gemeinsame Analyse der Fehler gab erste Hinweise auf orthographische Regularitäten.

3. *Ein Rechtschreibproblem muss den Kindern zur Frage werden*, sie müssen Interesse daran haben, es wie ein Rätsel zu lösen.

Unterrichtliche Situationen, in denen Fragen nach orthographischen Regeln aufkommen (»Warum habe ich das falsch gemacht?«), können natürlich nur didaktisch genutzt werden, wenn eine Antwort gegeben werden kann, die die Kinder bei ihrer Suche befriedigt: Ihr muss sprachwissenschaftlich und didaktisch die Einsicht zugrunde liegen, dass sich das Problem durch Schlussfolgerungen innerhalb eines Regelsystems lösen lässt. »Vorläufige« Antworten auf Fragen, deren orthographische Angemessenheit für die meisten Kinder der Altersstufe noch verfrüht erscheint (z. B. in Bezug auf die Großschreibung: »Was man anfassen, fühlen usw. kann …«), müssen dementsprechend als nur eingeschränkt geltend gekennzeichnet sein, und ihre folglich unkorrekt bleibende Anwendung darf auf keinen Fall sanktioniert werden.

4. *Methodisch sind hier mehrere Wege zu isolierten orthographischen Betrachtungen denkbar:* Während im 1. Schuljahr Fehler in Briefen von den erwähnten rechtschreiblosen Wesen angeguckt und die Korrekturen gefunden werden können, ist es in den folgenden Schuljahren möglich, Fehler aus freien Texten von Kindern nach den einzelnen Regelverstößen zu sammeln und sie bei einem passenden Zeitpunkt zum Thema eines Rechtschreibkurses zu machen: »Ich habe festgestellt, dass fast alle von euch die gleichen Fehler machen. Ich will euch helfen, hier die richtige Regel zu finden.«

Namensnennungen im Zusammenhang mit Fehlern sind dann nicht verletzend, wenn *alle* Kinder der Klasse irgendwann erwähnt werden und wenn die Lehrerin immer wieder deutlich macht – und natürlich selber der Meinung ist – dass Fehler normale Erscheinungen in Lernprozessen sind. Die Namen sind insofern nicht überflüssig, weil sie Authentizität schaffen: Diese Fehler sind von *uns*, *wir* müssen ihre Korrekturen lernen.

Nach meinen Erfahrungen haben sich die Kinder von solchen Rechtschreibkursen bis auf ganz wenige Ausnahmen immer ansprechen lassen, denn es lag den allermeisten etwas daran, fehlerfrei schreiben zu lernen. Das »Knacken der Nuss« schien ihnen Freude zu bereiten, bei einigen war es wohl das Wissen um die Spiele, die so einer Einleitung folgten und die ihnen allen immer Spaß machten. Ein wichtiger Aspekt, inhaltlich betrachtet: der entscheidende Aspekt, der sich in nicht geringem Maße auf die Motivation der Kinder ausgewirkt haben wird, war die Zusammenhänge schaffende Anlage beim »Nüsse knacken« (s. Kap. II) und den folgenden Übungen in Form von Spielen (s. Kap. III und IV): Sie waren auf den regelhaften Kern der Rechtschreibung ausgerichtet, sie gaben den Kindern die Möglichkeit, die Richtigkeit ihrer Lösung an den unterschiedlichsten, von ihnen eingebrachten Fällen zu erproben. So erhielten sie den Eindruck, dass Rechtschreibung durchaus lernbar ist. Das wurde dadurch immer wieder bestätigt, dass ihnen nicht kasuistisch zahlreiche, ihnen unendlich viel scheinende orthographische Einzelfälle angeboten wurden, sondern dass das »Nüsseknacken« eben auf die umfassende Systematik der Einzelfälle ausgerichtet war: Die Kinder und Lehrerinnen verwirrende Darstellung von Einzelfällen, die Sprachbücher infolge der Duden-Kasuistik anbieten, wurde reduziert auf wenige umfassende Regeln.

5. Nachdem die Kinder selbstständig oder durch helfende Arrangements der Lehrerin, die im Detail exemplarisch in den folgenden Kapiteln (Kap. III und

IV) dargestellt werden, das Regelhafte an der jeweiligen orthographischen Schreibung erkannt haben, gilt es, es in unterschiedlichen Zusammenhängen anzuwenden und so *bis zur Automatisierung – spielend – zu üben, das heißt, die Strukturen, die »behandelt« werden, so weit zu verinnerlichen, dass die Kinder eine »Vorstellung von der [geistigen] Tätigkeit besitzen«* (Aebli).

Handlungen beim Rechtschreiblernen

Da Handlungen die vorrangige Lerntätigkeit der Kinder dieses Alters sind, ist die Frage, wie Schriftspracherwerb, insbesondere Orthographieerwerb, in Handlungen umzusetzen ist, durch Handeln unterstützt werden kann.

Unter »Sprachhandlung« werden in der didaktischen Literatur der vergangenen Jahre ausschließlich Tätigkeiten unter dem kommunikativen Aspekt gesehen: Texterstellung für bestimmte Adressaten mit bestimmten Absichten. Der orthographische Aspekt wurde aufgrund der bereits beschriebenen Interpretation von Rechtschreibung als zu integrieren gesehen. Wenn es jetzt um Handlungen zum Erwerb und zur Festigung von Rechtschreibregeln geht, sollen – über die kommunikative Verarbeitung hinaus – konkrete, vorwiegend *manuelle, aber auch andere körperliche Tätigkeiten im Mittelpunkt stehen, die es den Kindern ermöglichen, die Strukturen der Schriftsprache zu entdecken und mit ihnen operierend umzugehen.*

Handlungen werden hier also konkret verstanden als »zielgerichtete, *in ihrem inneren Aufbau verstandene Vollzüge*, die ein fassbares Ergebnis erzeugen« (Aebli, S. 182):

- das Beobachten der Sprechorgane beim Artikulieren mit Hilfe von Spiegel, Kerze und Wattebausch,
- dann das Zusammensetzen eines Wortes (aus den es schriftlich konstituierenden orthographischen Strukturen Silben und Graphemen), eines Satzes (nachdem er in Wörter zergliedert oder nach syntaktischen Kriterien analysiert wurde), eines orthographischen Elementes (z. B. Dehnung oder Schärfung), bei dem es sich alternativ zu entscheiden gilt,
- mit Mitteln, die die Schritte der geistigen Handlungen durch manuelles Handeln unterstützen: durch unterschiedliche Färbungen von Schriftelementen, durch besondere Anordnungen und Gliederungen auf dem Blatt, durch die Verwendung verschiedener Papierstreifen, durch Zerschneiden und Zusammenfügen usw.,
- durch die reflektierende Vergegenständlichung der Analyse also und der sie bedingenden oder ihr folgenden Operationen, die Handlung und Spiel ermöglichen,
- eben mit dem Ziel, orthographische Analysen und Synthesen sichtbar zu machen und zu verinnerlichen.

Sprachwissenschaftliche Operationen

Gleichgültig, welche sprachlichen Einheiten zum Erkennen ihrer Elemente und Strukturen (Sätze, Wörter, Laute/Buchstaben) zu analysieren sind, bietet die Sprachwissenschaft drei Handlungsstrategien an, von denen entweder eine einzelne, zwei oder alle drei die Segmentierungen vorzunehmen ermöglichen: *Einschübe, Ersetzungen, Verschiebungen.*

Sie dienen sowohl der *phonetischen Analyse* von Wörtern in *die* Laute, die durch Buchstaben repräsentiert werden:

Einschübe:	*Ersetzungen:*	*Verschiebungen:*
Tank	Hund	Ball
Trank	Mund	Blatt

als auch der *syntaktischen Analyse* von Sätzen in »Satzglieder« und einzelne Wörter:

Mein Vater raucht jeden Morgen eine Zigarre

Einschübe:	*Ersetzungen:*	*Verschiebungen:*
mein Vater	mein kleiner Sohn	jeden Morgen
raucht	raucht	raucht
jeden Morgen	jeden Morgen	mein Vater
am Frühstückstisch	eine Zigarre	eine Zigarre
eine dicke Zigarre		

Durch ihre wiederholte, durch Handlungen unterstützte Anwendung werden den Kindern nicht allein Textanalysen operativ ermöglicht, die Methode selber wird ihnen zum experimentellen Mittel, um unangeleitet Analysen zur Eigenkontrolle vornehmen zu können:

T : urm	–	W : urm	H : a : nd	H : u : nd
W : u : rm	–	W : a : nd	H : und	B : und

rot	:	rote	=	kla*r*	:	kla*re*

Spiele als Mittel zum Erkennen und Automatisieren orthographischer Regeln

Die Handlungsform, die den Aktivitäten von Kindern dieser Altersstufe entspricht, sind Spiele, Handlungen also, die innerhalb ihres Rahmens einen Beginn haben, nach einem festen Regelsystem durchgeführt werden und erkennbar zu einem Ziel führen. Die Tätigkeiten unterliegen dadurch einem gewissen Spannungsbogen. Den Wiederholungen der gleichen Strukturen, durch die »Verinnerlichung« angestrebt wird, wird das Zähe, das Langweilige des »Übens« genommen.

Spiel im Unterricht ist entgegen der ihm ursprünglich zugrunde liegenden Idee von Spiel nicht zweckfrei, sondern es dient dem Lernen der Bezüge, die seinen Inhalt ausmachen. Trotz dieses Widerspruches habe ich nie erlebt, dass Kinder sich gegen unterrichtliches Spiel gewehrt haben. Unter der Prämisse, dass Schule ohnehin der Ort des Lernens ist, sind *Spiele eine Form, in der sie Lernerwartungen bereitwilliger akzeptieren*:

– Dadurch, dass, wie im Folgenden gezeigt wird, die Spiele von den Kindern selbst hergestellt werden, also gesichert ist, dass ihre Aufgabenstellungen von allen verstanden wurde, sind in Bezug auf sie die intellektuellen Voraussetzungen und mit ihnen die *Erfolgschancen für alle gleich* – eine Bedingung, die von sonst leistungsschwächeren Kindern gespürt und gewürdigt wird: Sie haben in meiner Klasse die Spiele mit besonderem Eifer durchgeführt und sie oft unerwartet erfolgreich abgeschlossen.
– Die *Freiheit*, die die Kinder *in der Durchführung der Spiele* haben, übt einen weiteren Reiz aus: Sie bestimmen selber, mit wem sie zusammenarbeiten und in welchem Tempo sie vorgehen wollen. Die üblichen Steuerungen durch die Lehrerin können nach meinen Erfahrungen entfallen. Sie werden für die meisten Kinder durch den motivationalen Charakter der Spielsituation überflüssig.
– Durch *verabredete Spielregeln* (»Es gibt einen Punkt, wenn …«) erhält die Spiel-Unterrichtssituation eine relative Objektivität (»Gerechtigkeit«), die für Kinder dieses Alters sehr bedeutsam ist.
– Die erfolgreich absolvierten Einzelschritte der Spiele wurden als Markierungen in einer *Tabelle oder Liste* gesammelt und diejenigen, die zuerst im verabredeten Sinne fertig waren, wurden bei uns mit der Klasse gefeiert. Wie gesagt: Das waren häufig Kinder, die das Gewinnen nicht gewohnt waren. Ob hierdurch Konkurrenz aufkommt und dadurch das soziale Klima in der Klasse leidet, hängt sicherlich von der generellen Stimmung in der Klasse ab: Wenn Kinder erfahren haben, dass die Unterschiede, die unzweifelhaft vorhanden sind, nicht Maßstab der individuellen Anerkennung sein können, sind auch Spiele dieser Art zu verkraften. (Die Lehrerin, die in diesen Arbeitsphasen frei für individuelle Hilfeleistungen ist, kann bei einigen Kindern »pädagogisch« eingreifen, auch kann einigen Schülern ein Mehr an Zeit z. B. im Förderunterricht zur Verfügung gestellt werden. Dass diese Zusätze als »ungerecht« empfunden wurden, habe ich in meiner Klasse nicht gehört).
– Da Spiele immer sowohl durch ihre spezielle Technik als auch durch ihre *Inhalte* wirken, ist ein Teil der Motivation dadurch gegeben, dass kein anonymes Material der Lernmittelverlage verwendet wird, sondern dass die Kinder die Wörter und Sätze, die zu den Spielen verarbeitet werden, selber sammeln und die Spiele selber herstellen – wieder eine Möglichkeit, um Au-

thentizität und Identifikation zu schaffen (»Das ist *mein* Spiel.« – »Kann ich jetzt *dein* Spiel bekommen?«). Bedeutsam mag auch sein, dass in den Sätzen Personen auftauchen, die alle kennen und die als Akteure in den zufälligen Zusammenhängen der Spiel-Sätze für viel Komik und Spaß sorgen.

Die Spiele, die die Kinder in meinem Unterricht angefertigt haben, ermöglichten Handlungen auf mehrfachen Ebenen: Zunächst haben alle gemeinsam – frontal an der Tafel nach dem Vorbild von mir vorbereitete Texte – eigene Wörter oder Sätze entsprechend der entstandenen Frage mit Hilfe der drei Operationen Einschübe, Ersetzungen, Verschiebungen analysiert, um so die Strukturen zu erkennen. Anschließend wurden daraus Teile von Spielen, die mit der Aufgabe verbunden waren, grammatisch sinnvolle Einheiten aus ihnen zu bilden. Die während des Spielens entstandenen Wörter und Sätze schrieben sie auf »Vorschreibzettel« (Kopierabfälle, auf deren unbedruckte Seite sie schrieben) und legten diese dann in einen dafür vorgesehenen Korb. Ich korrigierte die Texte zu Hause, und wenn sie (fast, ein Fehler war erlaubt!) richtig waren, erhielten die Kinder nach einer verabredeten Ordnung Punkte. Diese wurden in eine von mir vorbereitete Liste eingetragen, sodass jedes Kind seinen Übungs-, vermutlich auch Lernzuwachs beobachten konnte (s. auch Kapitel III und IV).

In den letzten Jahren hat sich für Lehrgänge im Unterricht der »*Zirkel*« als eine Übungsform zunehmend durchgesetzt. Er ist vor allem durch seinen technischen Abwechslungsreichtum der einzelnen Stationen bei Kindern beliebt. Hier werden an einzelnen Tischen im Klassenraum unterschiedliche Übungsmaterialien bereitgelegt, und die Kinder gehen in kleinen Gruppen nach Plan von Station zu Station und erfüllen die jeweils von ihnen erwarteten Aufgaben. Rechtschreibspiele, so wie sie im Folgenden dargestellt werden, eignen sich dadurch, dass die Kinder sie ohne Hilfe durchführen können, ebenfalls für einen Zirkel. Nach meinen Erfahrungen hat diese Übungsform jedoch gegenüber dem Spielen entsprechend der Liste, in der Erfolge individuell fixiert werden, dadurch Nachteile, dass die Kinder unterschiedlich schnell arbeiten und dass die einzelnen Spiele unterschiedliche Zeit erfordern. So kommt es immer wieder zum Warten der einen Gruppe, die Eile und Unkonzentriertheit bei der anderen hervorruft. Durch die Unruhe wird die von allen (auch von mir) sehr geschätzte spannungslose Arbeitsatmosphäre in der Klasse, die in den Spielen nach Liste über für mich erstaunlich lange Zeiträume gegeben war, leicht zerstört.

Diktate/Beurteilungen

Immer wieder wird von Theoretikern und Praktikern die bekannte Diskrepanz institutioneller Bildung beklagt: einerseits der pädagogische Anspruch der Grundschule, allen Kindern entsprechend ihrem individuellen Lernvermögen durch bewertungsfreie, anerkennende Zuwendung zu helfen, und andererseits die Verpflichtung zu »objektiver« Beurteilung, die Hierarchien schafft und schaffen soll. Dieser unauflösliche Widerspruch – institutionalisierte pädagogische Arbeit ist nie frei von Beurteilungserwartungen – erfordert pädagogische Überlegungen in *die* Richtung, wie Beurteilungen im Detail legitimierter und für Kinder (und Eltern) durchschaubarer, einsichtiger als herkömmlicherweise gemacht werden können. Basis der Beurteilungen müssen vor allem Anforderungen sein, die die Kinder erfüllen können und deren Systematik sie verstehen. *Rechtschreibunterricht, der nicht in seinen überwiegenden Anteilen darauf aufbaut, dass Kinder das Einprägen und Erinnern von »Wortbildern« lernen, sondern der sie durch die Vermittlung von Strukturen und den Regeln ihrer Verknüpfung innerhalb eines bestimmten Systems befähigen will, sich die Schriftsprache kognitiv anzueignen und deren Regeln sicher anzuwenden, kann und muss auch neue Wege der Wissensüberprüfung und der Beurteilung weisen.*

Diktatschreiben, der Kern der Rechtschreibpraxis im Rahmen der Grundwortschatzarbeit, folgt häufig einem festen Schema: Kindern werden Texte oder Einzelwörter in einem mehr oder weniger zufälligen inhaltlichen Zusammenhang vorgegeben, die in der Schule, manchmal auch zu Hause (wem wird geholfen – wem kann nicht geholfen werden?) zu üben sind. Wenn die Lehrerin nach einer bestimmten Übungsdauer festgelegt hat, dass genug geübt wurde, wird der Text als Diktat geschrieben (vgl. Süselbeck 1991). Manche Lehrerinnen geben den Kindern nach dem Schreiben Zeit, ihren Text noch einmal auf Fehler hin durchzusehen. Doch nach welchen Kriterien sollen die Kinder vorgehen? Auch wenn beim Üben der »schwierigen« Wörter kasuistisch Hinweise auf die für die Schreibweise der Wörter verantwortlichen Rechtschreibregeln genannt wurden, kann das kaum eine Hilfe für die Kinder, die ohnehin Mühen beim Richtigschreiben haben, bedeuten, da bei einem Text, bei dem jedes Wort orthographisch gleich beurteilt wird, die Vielzahl der zu erinnernden Regeln eine zusätzliche Belastung des Gedächtnisses darstellt.

Da anfängliche Misserfolge sehr schnell zu einem Anwachsen des *Prüfungsstresses* führen (jedes Diktat in dem eben beschriebenen Sinn ist eine Prüfung – mit Freude für die Erfolgreichen sowie Kummer und Angst für die Versager) und damit negative psychische Kreisläufe in Gang setzen können, die nur sehr schwer, teilweise nur therapeutisch wieder anzuhalten sind, ist es von sehr größer Bedeutung, dass behutsam mit diesem unterrichtlichen Mittel umgegangen wird.

Das Vorgehen, Fehler ausschließlich als »Verfehlungen« zu werten, sie zu markieren, zusammenzuzählen und als Grundlage einer »objektiven« Note zu machen, ist eine Praxis, die den pädagogischen Möglichkeiten auch institutionalisierter Arbeit nur wenig entspricht. Sie läuft zudem allen denkbaren unterrichtlichen Konsequenzen der Entwicklungsforschung beim Schriftspracherwerb zuwider, nach der Fehler nicht nur zwangsläufig zum Fortschreiten gehören, sondern bedeutungsvollerweise kognitiv vollzogene Schritte aufzeigen (vgl. »Sof*er*«).

Es scheint daher dringend notwendig, die verbreitete Praxis des Umgangs mit Fehlern neu zu überdenken, und es ist kein Zufall, dass gerade an diesem Punkt die stärkste Kritik der Schriftspracherwerbsforscher an der Praxis vorgenommen wird. Die Richtlinien vieler Bundesländer sehen Notenfreiheit zumindest für die ersten zwei Schuljahre vor. In dieser Zeit scheint Fehlermarkierung mit dem Ziel der »objektiven« Beurteilung auch von dieser Seite her keinerlei Begründung zu haben. Der Leistungsstand eines einzelnen Kindes lässt sich viel »objektiver« als aus Diktaten, deren Bedeutung, wenn auch nicht immer in der Schule, dann häufig doch von einigen Familien stresshaft überhöht wird, aus ihren so genannten freien Texten ablesen. In einem Unterricht, der Kindern zahlreiche Schreibanlässe bietet, haben Lehrerinnen wiederholt Gelegenheit, den – »wirklichen« – schriftsprachlichen Entwicklungsstand eines Kindes festzustellen. Voraussetzung ist hierbei wieder das Wissen um die Bedingungen der Schriftsprache.

Verständlicherweise bevorzugen viele Kolleginnen *standardisierte Verfahren*, die sie in ihrer Beurteilung absichern können. Eine pädagogisch anerkennenswerte und gut praktikable Form der frühen Leistungsüberprüfung stellt die *»Lernbeobachtung – Lesen und Schreiben in Klasse 1 als Voraussetzung für frühe Lernhilfen«* dar, die *M. Dehn* in ihrem Buch »Zeit für die Schrift« ausführlich beschreibt (Dehn 1988, S. 210–280). Sie wurde 1984/85 in 80 Klassen erprobt und in ihrer Aussagekraft bestätigt. Ihr vorrangiges Ziel ist es, Kinder mit voraussichtlich lang anhaltenden Lernschwierigkeiten schon frühzeitig als solche zu erkennen, um ihnen bald zusätzliche Hilfen gewähren zu können und um sie vor »den fatalen Folgen einer unzureichenden Schriftaneignung für die schulische und die persönliche Entwicklung« (S. 211) zu bewahren. Im Gegensatz zu den herkömmlichen Überprüfungsformen geht es hier nicht um die Kontrolle des Produktes als falsch oder richtig, sondern um das Wie, mit dem die Kinder an die Aufgabe herangehen, und um die Frage, in welche Richtung sich ihre Strategien im Laufe der beobachteten Zeit (November, Januar, Mai) verändern. Daher ist es wichtig, den Kindern Wörter zu diktieren, die ihnen schriftsprachlich unbekannt sind und die orthographisches Regelwissen repräsentieren. M. Dehn hat folgende ausgewählt: im November »Sofa, Mund, Limonade, Turm« und ein Lieblingswort des Kindes; im Januar »Sofa, Mund, Limonade, Turm, Reiter, Kinderwagen« und wieder ein Lieblingswort; im Mai die gleichen wie im Januar. Für das Lesen werden den Kindern im November »rosa Rad«, im Januar »hat, altes, Motor, zu laut« in dem Satz »Olaf hat ein altes Auto. Der Motor ist zu laut«, im Mai »Susi will zu den Küken am See. Sie nimmt Futter mit« vorgegeben.

Während das Diktieren der Wörter, zu dessen Durchführung M. Dehn detailliert Anregungen gibt, in einer größeren Gruppe möglich ist, müssen die Leseübungen individuell vorgenommen werden. Da es hier jedoch vorrangig um das Erkennen langsamer Lernfortschritte geht, reicht es aus, mit den Kindern zu lesen, bei denen sich nach dem übrigen Unterricht Verzögerungen vermuten lassen. Auch hier macht M. Dehn anhand von Beispielen den wünschenswerten Verlauf der Situation deutlich. Ebenso zeigt sie für beide Bereiche Auswertungskriterien auf. Es hat sich im Rahmen der Untersuchung erwiesen, dass bereits im Januar feststellbar war, welche Kinder zusätzlicher Lernangebote bedurften.

Da offene Formen der Beurteilung in größeren Klassen, vor allem vom 2. Schuljahr an, viel Zeit kosten, werden hier wohl weiterhin, so wie es ja ohnehin noch in allen Bundesländern von der 3. Klasse an obligatorisch ist, Diktate geschrieben, das heißt, es wird von den Kindern erwartet, Wörter oder Texte nach Vorgabe zu schreiben. Da in den Erlassen bis auf quantitative Aussagen nichts Bindendes darüber festgelegt ist, wie die Durchführung und Beurteilung der Diktate stattzufinden hat, *haben die Lehrerinnen von administreller Seite alle Möglichkeiten, die Situationen nach eigenen pädagogischen und sprachdidaktischen Maßstäben zu gestalten.*

Alle Vorschläge, die in der grundschulpädagogischen Literatur zur Durchführung von Diktaten gemacht werden – soweit sie nicht generell ihre Abschaffung fordern (vgl. Bergk 1983 und Süselbeck 1991) (dem ich mich in Bezug auf die administriellen Vorgaben anschließe, denn mit der Aufnahme in Richtlinien und Erlassen erhalten Diktate zusätzlich noch juristische Konsequenzen!) –, betreffen die Form des Diktierens in der Klasse. M. Bergk schlägt z. B. vor, die Kinder ihre Diktattexte selber formulieren zu lassen und sie auch nach gemeinsam festgelegten Regeln von einem Kind diktieren zu lassen (vgl. Bergk 1983).

Das hier vorgestellte Konzept der Rechtschreibung ermöglicht und erfordert auch inhaltlich veränderte Prinzipien für das Diktatschreiben, die die pädagogisch zweifelhafte Hervorhebung des Nicht-Erreichens von Lernerwartungen weiterhin abmildern können:

– Generell kann nur von den Kindern verlangt werden, was ihnen vorher unterrichtlich angeboten wurde: Da lernpsychologisch das Memorieren von Wortbildern als nur sehr begrenzt effektive und verantwortbare Lernform fragwürdig erscheint, kann von den Kindern Richtigschreibung nur dort erwartet werden, wo sie bereits orthographisches Wissen durch angeleitetes Entdecken und Anwenden gelernt haben. Das bedeutet, *dass falsch geschriebene Wörter, deren regelgerechte Schreibung sie noch nicht erlernt haben, nicht in die Beurteilung einfließen dürfen.*
– Entsprechend dem Aufbau der hier dargestellten Rechtschreibschulung empfiehlt es sich, *Diktate mit der Übung einer speziellen Rechtschreibsystematik zu verbinden.*
– Da es bei diesen Diktaten darum geht herauszufinden, welche Kinder bereits in der Lage sind, die geübten Regeln anzuwenden, ist es nicht von Bedeutung, ob die Diktattexte literarischen Ansprüchen genügen können. Für diese ist Platz in den übrigen Anteilen des Unterrichts.

– Da die Kinder die orthographische Schwerpunktsetzung in dem Diktat kennen, ist es ihnen im Anschluss an das Schreiben leichter möglich, die entsprechenden Wörter auf die entsprechenden Regeln hin zu kontrollieren. Das bedeutet, dass ihnen nach dem Diktieren ausreichend Zeit für eine »*Korrekturkampagne*« (Maas) gegeben werden muss. Sie gehört zu einem Unterricht dazu, der Eigenverantwortung der Lerner zu einem der obersten Prinzipien machen will.
– Auch in Bezug auf das Korrigieren ist es von Bedeutung, den Kindern die Ursachen ihrer Fehler einsichtig machen zu können. Eine Pädagogik, die nicht mehr primär auf Autoritäten setzen will, muss anstreben, im Detail (der Rechtschreibschulung) Kindern »Verbesserungen« anders als mit dem Satz »das wird eben so gemacht« zu begründen. Da es im lernpsychologischen Sinn wichtig ist, *wenn die Kinder ihre Fehler selbst finden*, das heißt mit Hilfe eines Anstoßes die gelernte Regel korrekt anwenden, sollten ausschließlich am Rande die Zeilen, in denen sich für die Kinder erkennbar falsch geschriebene Wörter befinden, markiert werden.
– Wünschenswert ist es, wenn die Lehrerin die Texte mit den Kindern, die mehr Hilfe brauchen, *einzeln besprechen* und sie dabei nach der Begründung für ihre Schreibung einzelner Wörter fragen kann. Dabei wird sich oft herausstellen, dass die Kinder sich in aller Regel entgegen dem Eindruck teilweise Lehrerinnen zur Verzweiflung bringender Texte durchaus Gedanken machen und häufig durch Übergeneralisierungen oder falsche Bezüge zu Fehlern kommen (der »Hänker« von *aufhängen*). Fehler dieser Art dürfen nicht für die Benotung mitgezählt werden.

In der 2. Klasse habe ich damit begonnen, »*Viertelstunden-Diktate*« zu schreiben: Die Kinder konnten mit Wörtern einer bestimmten Rechtschreibkategorie, die ihnen durch Spiele geläufig waren, Sätze ihrer Wahl bilden. Nach fünfzehn Minuten gab jeder sein Heft ab, ich korrigierte zu Hause und zählte dabei die *richtigen* Wörter. Die Summe, die in der Klasse zwischen fünfzehn und achtzig Wörtern differierte, schrieb ich jedem Kind mit Datum in eine Liste vorne in sein Heft, und die Kinder konnten das Anwachsen ihres persönlichen Lernfortschritts beobachten. Der stand im Mittelpunkt meiner Kommentare, nicht der Vergleich mit anderen Kindern der Klasse, dem ja auch, pädagogisch betrachtet, jegliche Grundlage fehlt.

Vom Ende der 3. Klasse an habe ich ihnen Wörter und Sätze diktiert, die sie aus ihren Rechtschreibspielen kannten. Am Ende der Diktate habe ich die Kinder gebeten, die Wörter zu unterstreichen, auf deren Rechtschreibung es entsprechend einem bestimmten Phänomen im Unterricht der letzten Zeit angekommen war. Danach sollten sie sie entsprechend dem Gelernten noch einmal kontrollieren. Ausschließlich diese Wörter waren Kriterium meiner Bewertung bis in die 4. Klasse hinein.

Es gelang nicht allen Kindern, diese Zusatzaufgabe zufrieden stellend zu erfüllen. Es gelang auch bei weitem nicht allen, fehlerfrei zu schreiben. (Das musste ja auch nicht unbedingt sein, denn die Übungsphase war mit dem Schreiben dieses Diktates ja noch nicht abgeschlossen, sie wurde in jeder folgenden freien und gebundenen Texterstellung der Kinder fortgesetzt.) Während der Rückgabe der Diktate im Förderunterricht an die Kinder, die dort teilnahmen – mir standen pro Woche eine Stunde für alle sowie zwei weitere Stunden für die Immigrantenkinder zur Verfügung –, und während der Freiarbeitsphasen des übrigen Unterrichts gelang es mir in aller Regel, den achtzehn Schülern meiner Klasse die Arbeiten individuell zurückzugeben. Wenn sie ihre Fehler, die mit Kreuzen am Zeilenrand markiert waren, suchten, konnte ich feststellen, inwieweit ihnen die Regelhaftigkeit der Schreibung bewusst war. *Sie erkannten fast immer in ihrer Regelabweichung die Regel und damit für sich die Chance, diesen Fehler zukünftig zu vermeiden.*

Erst im zweiten Halbjahr der 4. Klasse haben die Kinder »normale Texte« als Diktate geschrieben. Es waren zumeist Geschichten der rechtschreibschwächeren Schüler, die sie in unterrichtlichen Zusammenhängen verfasst hatten. Sie kannten sie also und hatten daher den anderen gegenüber einen Vorsprung, der in dieser Klasse nie als »ungerecht« moniert wurde.

3. Strukturierender Schriftspracherwerb als didaktische Aufgabe eines Lehrgangs im Anfangsunterricht (1. und 2. Klasse)

3.1 Was heißt »Buchstaben kennen«?

Lena ist mit 6 Jahren und 4 Monaten eingeschult worden. Sie hat im ersten Schuljahr »normalen« Lese- und Schreibunterricht anhand einer Fibel bekommen. Im Juni des ersten Schuljahres bat ich sie, als sie mich besuchte, einen kurzen Text aus einem Bilderbuch von Jürgen Spohn vorzulesen:

»Hereinspaziert – wer will mal so:
Rot und Punkte bis zum Po
im WUNDER-WANDER-KÄFER-ZOO,
›Marienkäfer, ich bin dran
deine Punkte stecken an‹«

Lena hat größte Schwierigkeiten, die Worte zu erlesen, gleichgültig, ob sie kurz oder lang, »lautgetreu« oder nicht sind. Sie »lautiert« »w – e – r«, kommt aber nicht zu »wer«, »w – i – l – l«, »m – a – l«, »s – o«, ohne »will«, »mal« und »so« als Wort erkennen zu können. Lediglich »rot« nannte sie als Wort nach der »Lautierung«. Als ich ihr »Wunder« als Wort nach ihrer »Lautierung« gesagt habe, ging ihr Blick weiter zu »WANDER«, und sie stutzt: »Da ist ja eins falsch.« Auf meine Frage hin zeigt sie auf die beiden Wörter und sagte: »Da ist ein U und da ein A.« Trotzdem landet sie bei »Wald« statt bei »Wander«, was ja auch bei Marienkäfern (die abgebildet sind) zutreffen kann. Als sie zu »bin« kam, sagte sie: »Das kenn ich, das war da eben schon.« Und nach kurzem Suchen zeigt sie auf »bis«.

Lena »kennt« alle Buchstaben, das heißt im Sinne des tradierten Anfangsunterrichts: Sie weiß, dass sie allen Buchstaben einen »Lautwert« zuordnen kann und welcher das ist. Dennoch vermag sie nicht die Wörter richtig zu erlesen, sie kann nicht »synthetisieren« oder die »Laute zusammenschmelzen«, wie diese technische Forderung an die Kinder genannt wird.

Bei den 16 Wörtern, die sie anschließend teils nach eigener Wahl, teils nach meinem Diktat schreibt, wird deutlich, dass ihre »Buchstabenkenntnis« so weit reicht, dass sie fast alle Anlaute richtig wiedergibt. Acht Wörter sind ganz richtig geschrieben: Mama, Papa, Opa, Leo (ihr Hund), Silke, Eva, Evi, Anne (ihre Schwester bzw. Freundinnen). Diese hat sie »logographisch« gespeichert, das heißt, sie hat sich das Wort-»Bild« gemerkt, ohne dabei Einzellaute analysiert zu haben. Bei »MUTI« und »ULA« (der Name ihrer Mutter), hat sie die Lautfolge richtig wiedergegeben, »HNTI« (Hund), »kSeNi« (Katze), »ELFANTI« (Elefant), »USLA« (Ursula) und »MiJAe« (Marianne) sind mehr oder weniger rudimentär verschriftet.

Lenas Leistungen sind nach meinen Erfahrungen durchaus als exemplarisch für eine große Gruppe von Erstklässlern in der zweiten Hälfte des 1. Schuljahres, die in der herkömmlichen Weise mit Fibel unterrichtet werden. Es wäre nicht haltbar, diese noch geringen Erfolge eindimensional ausschließlich mit der Unterrichtsmethode in Verbindung zu bringen. Dagegen sprechen u. a. die größte Heterogenität feststellenden Ergebnisse der Schriftspracherwerbsforschung, wie sie dargestellt wurden. Es ist auch anzunehmen, dass Lena wie über 90% der deutschen Schüler lesen und schreiben lernen wird. Ob sie jedoch befähigt sein wird, in dem Maße Zugang zur Schriftkultur zu gewinnen, wie es die Schule für eine relativ erfolgreiche Mitarbeit, die den Besuch von Realschule oder Gymnasium ermöglicht, voraussetzt, ist nicht sicher. Frust und Freude der kommenden Jahre hängen bekanntlich stark mit Erfahrungen am Schulanfang zusammen, und dass nicht alle Kinder wie Lena bei jedem neuen Wort wieder die Hoffnung zeigen, es mit den erlernten Mitteln erlesen zu können, sondern zu diesem frühen Zeitpunkt schon anfangen, mit Verweigerung zu reagieren, ist bekannt (und mir verständlich) (vgl. Dehn 1988).

Die Kommentare von Lena zum Text zeigen deutlich, *was Kinder dieses Alters können und sofort tun: Die Schrift nach grafischen Merkmalen, nach optisch Gleichem und Ungleichem abzusuchen, um so Halterungen für die eigenen Leseversuche in Zusammenhängen zu finden*. Die Technik, die ihr der Unterricht bisher angeboten hat, nämlich die »Lautwerte« einzelner Buchstaben zusammenzufügen, hat ihr vielfach gezeigt, dass sie auf diesem Weg nicht zu dem erwünschten Ergebnis, das Wort in seinem Sinn zu erschließen, kommen kann.

Dieser Weg kann Lernern am Lernanfang – das *zeigen* die Ergebnisse der Schriftspracherwerbsforschung und das *begründet* die phonetische Forschung – weder beim Lesen noch in umgekehrter Weise beim Schreiben ausschließlich nach phonetischer Analyse, die zur korrekten Wiedergabe der Buchstabenfolge eines Wortes führen soll, helfen. *Diese nahezu uneingeschränkt verbreitete Methode berücksichtigt die Eigengesetzmäßigkeit der schriftlichen Sprache gegenüber der mündlichen (Hahn, Band, Spatz usw.) und die Kompliziertheit der Beziehungen zwischen beiden nicht*, das heißt in Bezug auf den Anfangsunterricht: die Gebundenheit einzelner Laute innerhalb der Koartikulation der Silbe und ihre nach eigenen schriftsprachlichen (grammatikalischen) Regeln vorgenommenen Verschriftung.

3.2 Sprachwissenschaftliche Analyse des Verhältnisses zwischen Phonemen (Lauten) und Graphemen (Buchstaben)

Laute

Die phonetische Forschung, die sich sowohl mit der sprachlichen Artikulation als auch mit der akustischen Wahrnehmung von Sprache beschäftigt, hat nachgewiesen, dass die Sprechbewegungen so ineinander greifend ablaufen, dass die Isolierung einzelner Laute innerhalb der Komplexität der »Koartikulation« nicht möglich ist. Der Zusammenhang liegt auf der artikulatorischen Seite darin begründet, dass beim Sprechen eine Vielzahl von Organen beteiligt ist, angesichts deren ursprünglichen Funktionen, Essen und Atmen, das Sprechen als sekundäre Funktion betrachtet werden muss: Die Nebengeräusche von Essen und Atmen werden, stark vereinfacht gesagt, durch soziale Erfahrungen im Kleinkindalter zu Sprache »umfunktioniert«. Ebenso wie artikulatorisch eine Abfolge von Tönen produziert wird, die einander in ihrer Ausprägung beeinflussen, wird akustisch eine Kette von Lauten wahrgenommen, die einzeln in die Zusammenhänge innerhalb der Silbe »eingebettet« sind. *Die akustische Heraushebung der einzelnen als Laute bezeichneten Segmente aus dem gesamten Artikulationsstrom bedarf daher intensiver kognitiver Arbeit.*

Mit einem Bild stellt U. Maas das Verhältnis des Artikulationsstromes einer Silbe oder größerer Einheiten zu den einzelnen Lauten, die mit Buchstaben in der Schriftsprache festgehalten werden, dar: Die Gesamtartikulation gleicht einem Weg durch ein Gelände, an dem einzelne markante Punkte (Wald, Baum, Haus) liegen. Diese symbolisieren als »Idealpositionen« die Laute innerhalb der Silbe, die als Buchstaben wiedergegeben werden. Der überwiegende Teil der Artikulation (über 90%) liegt zwischen ihnen. (Daher ist es nicht verwunderlich, wenn Schreibanfänger häufig zu viele Buchstaben innerhalb der Silbe wiedergeben: »geheston« (gestern), »Marija« (Maria), »fehet« (Pferd).

Die Laute, die als Buchstaben zu verschriften sind, sind also nicht isoliert wahrnehmbar, und Lerner bringen sie nicht aus ihren vor-unterrichtlichen Erfahrungen mit Sprache mit. Sie sind vielmehr *Abstrakta*, die Kinder für das Verschriften erst durch vielfältige Übungen innerhalb des Artikulationsstroms akustisch zu isolieren lernen müssen. Dabei ist das Optische/Schriftliche eine für die meisten Kinder unumgängliche Hilfe, die – wie Lena in der kurzen Leseübung andeutete (W*under* – W*ander*) – ihnen als Handlungsergebnisse durchaus geläufig sind: Dinge werden vertauscht, verringert, vermehrt.

Genau diese Operationen werden auch von der Sprachwissenschaft zur Selektierung angewandt: *Ersetzungen, Einschübe, Verschiebungen.*

Erst- und Zweitklässler haben Schwierigkeiten, innerhalb der Koartikulation die Laute zu identifizieren, die durch Buchstaben repräsentiert werden: Was von dem, das körperlich/auditiv wahrnehmbar ist, wird mit welchen Buchstaben wiedergegeben?

Das Pfert das schwaner ist

GechBdan (gestern) swaz (Schwanz) TUARM (Turm)
GSUT (gesund)

Versuch einer »lautgetreuen« Verschriftung eines Zweitklässlers

Kinda Tiahta

Aber auch Fünftklässler haben bisweilen noch Schwierigkeiten, innerhalb der Koartikulation die Laute zu identifizieren, die durch Buchstaben repräsentiert werden:

Rauhe und sanmpfte Gewalt

Ersetzung	*Ersetzung*	*Einschub*	*Verschiebung*
M*A*RIA	*G*UT	*B*AU	*BA*LL
M*I*CHAEL	*H*UT	*BL*AU	*BL*ATT
M*A*NUELA	*W*UT	BRAU*T*	
(2)	(2)	(1)	(3)

Auch wenn Kinder Wortspiele, die mit diesen Elementen operieren, kennen (»Dro Chonosen mot dem Kontroboss ...«) ist ihnen dabei deren sprachanalysierende Funktionalität in bezug auf Schriftsprache natürlich nicht bewusst. Diese gewinnt erst Bedeutung angesichts der unterrichtlichen Vermittlung der Schriftsprache, wenn Akustisches durch Optisches sichtbar gemacht, verdeutlicht, kognitiv er- und verarbeitet wird. Das spielerische Umgehen der Kinder mit den Operationen im Mündlichen z. B. in Form von Versen oder Zungenbrechern zeigt jedoch an, dass diese den Fähigkeiten bereits im vorschulischen Alter entsprechen und daher im Sinne des »Abholens« die Basis für die jetzt anzusetzende kognitive, das heißt entdeckende, erfahrende, bewusst machende, für Übertragungen zu nutzende Arbeit sein können.

Bereits 1977 forderte M. Dehn im sprachdidaktischen Zusammenhang, vor allem die Substitution (Ersetzung), aber auch das Austauschen, Ergänzen und Weglassen zu den elementaren Prinzipien des Leselehrgangs zu machen, da sie die Selbstständigkeit der Schüler anregen und experimentelles Entdecken möglich machen. Sprache so vermittelt, führt eben dazu, dass Kinder sie als Objekt sehen, das akustisch und optisch betrachtet und reflektiert werden kann. Für Kinder am Schulanfang, die noch primär in der semantischen Funktion von Sprache verhaftet sind, ist es wichtig, Sinn mit den verobjektivierenden Operationen zu verbinden, das heißt, der Austausch der Buchstaben sollte gleichzeitig zum Austausch von Sinn führen, evtl. eingebunden in sprachliche Situationen: »Tausche Tusche gegen Tasche, Schal gegen Wal, Laus gegen Maus usw.« (vgl. Dehn 1977, S. 282–285).

Silben

Im Gegensatz zu den erst durch kognitive Bearbeitungen zu erkennenden Lauten sind Silben Gliederungsformen, die die Kinder *körperlich unmittelbar wahrnehmen* können, da sie durch die Aktivitäten der Bauchmuskulatur erzeugt werden. Kinder kennen sie von Abzählreimen (»Mi-ma-mu, aus bist du«), von Liedern und Tänzen, sie können sie klatschen und stampfen. Sie bringen also das Wissen um diese Gliederungsform in die Schule mit.

Silben ergeben sich, phonetisch gesehen, durch einen Wechsel der Schallfülle innerhalb der Artikulation. Sie ist am stärksten im Silbenkern, am schwächsten an den Rändern. Für nahezu jede Silbe gilt als Konvention bei der Schreibung, dass sie einen vokalischen Kern hat, auch wenn er in unbetonten Silben in der Artikulation nicht als e wahrnehmbar ist, weil die Silbe nicht betont ist (»g*e*macht«). Er wird immer durch e wiedergegeben (sing*e*n, b*e*ginnt, g*e*lacht).

Für die Strukturierung des Silbenbeginns (1–3 Konsonanten) *und die des Silbenendes* (aufgrund an den Stamm anschließender Endungen 1–6 Konsonanten: he*rrscht*, sta*mpfst*), gibt es im Deutschen feste, überschaubare Regeln. U. Maas hat sie in vier Tabellen zusammengestellt (S. 268–270):

Für den *Silbenanfang* ergeben sich folgende Kombinationsmöglichkeiten (vgl. auch Findeisen u. a. 1989, S. 134–135, deren Tabellen geringfügig von denen von U. Maas abweichen):

Regel 1:

K₁ \ K₂	r	l	m	n	v	f	s	š
t	treu	—	—	—	—	—	[tsa:m] zahm	[Tschako]
d	drei	—	—	—	[dva:s] dwars / Dwina	—	—	—
p	preis	Platz	—	[pneu]	—	Pfau	[Psalm]	[Pschorr]
b	Brei	blau	—	—	—	—	—	—
k	Krach	klein	—	Knie	[kve:e] quer	—	[ksantn] Xanton	—
g	grau	glatt	—	Gnom	—	—	—	—

Regel 2:

K₁ \ K₂	r	l	m	n	v	f	s	š	z	ž	p/b	t/d	k/g
z/z	Frau	flau											
v	[vrak] Wrack	[Wladimir]											
s	—	[Slalom]	Smog	Snack	Sven	Sphinx	—	—	—	—	—	—	Skat
š	schrie	schlau	schmal	Schnee	Schwein	—	—	—	Spuk	—	—	Stein	—
z													
ž													

Zusätzlich ergeben sich Kombinationsformen der Regeln 1 und 2:

  t + s / s + v   Zwei [tsvae] »zwei«
  š + t / t + r   Strom
  š + p / p + r   Sprung
  š + p / p + l   Splint
  p + f / f + r   Pfründe
  p + f / f + l   Pflug

Besonderer Aufmerksamkeit bedarf hier die *s- bzw. sch-Schreibweise in Kombinationen mit folgenden Konsonanten*, die bei sp und st von der Schreibung (außer in Norddeutschland) abweicht (*Spatz* und *Stern*, aber *schmusen, schnarchen, schlagen* usw.).

Für das *Silbenende* ergeben sich folgende Kombinationsmöglichkeiten:

Regel 1:

K_1 \ K_2	f	s	š	ç/x	r	l	m	n	ŋ
p	—	—	—	—	Korb	falb	plump	—	—
t	Heft	Last	wischt	Licht/lacht	Ort	mild	Amt	Wind	bangt
k	—	—	—	—	arg	Ulk	—	—	Bank

Regel 2:

K_1 \ K_2	r	l	m	n	ŋ	f	s	š	ç/x	p	t	k
f	Dorf	Schilf	—	Senf	—	—	—	—	—	Kopf	—	—
s	Kurs	Fels	Ems	Hans	rings	aufs	—	Tischs	Dachs (zu Dach)	Schnaps	stets	Keks
š	forsch	falsch	Ramsch	Wunsch	Thüringsch	Dimitroffsch	Hussch	Beschsch	Bachsch	hübsch	Matsch	—
ç	durch	Elch	—	Mönch	—	—	—	—	—	—	—	—

Auch hier sind wieder zusätzlich Kombinationen der Regeln 1 und 2 möglich:

    r + f / f + t Werft
    l + f / f + t hilft
    p + f / f + t hüpft
    h + s / s + t Angst
    r + k / k + t Markt
    m + p / p + f Dampf
    l + p / p + s Kalbs

Zusätze ergeben sich durch Deklinations- und Konjugationsendungen wie

– s des Genitivs bei Substantiven (des Rands)
– st oder
– t der 2. bzw. 3. Person Singular bei Verben (er seufzt, er herrscht)

Am Silbenende erfordert die s-Schreibung im süddeutschen Sprachraum besondere Aufmerksamkeit, weil sie dort anders artikuliert wird: Ves(ch)per, Ras(ch)t, grotes(ch)k.

Problematisch wird die Silbenstruktur allerdings dann, wenn ein Segment (Laut) gleichzeitig als Rand von zwei Silben wahrgenommen wird. Das ist in der Regel der Fall, wenn auf eine offene Silbe mit einem kurzen Vokal ein Konsonant (der schriftlich verdoppelt wird) folgt: Me/sser, Wa/nne, fe/sseln. Durch die Duden-übliche Silbentrennung, nach der der Schnitt zwischen den Doppelkonsonanten vorgenommen wird, meinen dieser Schreibung Kundige, zwei Konsonanten zu hören, von denen einer entsprechend der Schreibung zur ersten, der andere zur zweiten Silbe gehört: Mes/ser, Wan/ne, fes/seln. *Es ist jedoch phonetisch eindeutig nur ein einziger Konsonant zu hören, und der Silbenschnitt geschieht hinter dem Vokal der betonten Silbe.* Gehörte der Konsonant zur ersten Silbe, würde die zweite vokalisch beginnen. Das hieße jedoch, dass sie mit dem Glottisverschluss, einem – nur für Eingeweihte identifizierbaren – Knacklaut anfangen würde:

Der Glottisverschluss ist gut durch das Sprachspiel Blu-men-to-pferde und Blu-men-topf-erde zu veranschaulichen, wo er bei der zweiten Trennung im Gegensatz zur ersten vor -erde zu hören ist. Alle betonten Silben ohne konsonantischen Anfang haben den Glottisverschluss zu Beginn:*?Ein ?Auto ?eiert ?auf dem ?Erker.* (Die Fragezeichen sind die lautschriftlichen Zeichen für den Knacklaut.)

Trennung eines Zweitklässlers, dem der phonetisch »richtige« Silbenschnitt bei »bega/nnen« hinter dem »kurzen« *a* der offenen Silbe noch nicht durch die Vermittlung der Duden-üblichen Trennweise zwischen den beiden *n*, die dann angeblich auch zu hören sei, ausgetrieben wurde.

> Nach einem Jahr bega-
> nnen sich die Beiden kennen zu lernen

Kinder, die »ho-ppe, ho-ppe, Reiter« und »meine Mi-, meine Ma-, meine Mu-tter schickt mich her, ob der Ki-, ob der Ka-, ob der Kuchen fertig wär …« sagen und die »Susa-nne« und »ko-mmen« trennen, sind phonetisch noch nicht so »verdorben« wie wir Erwachsenen, die Jahrzehnte nach den Regeln des Dudens getrennt haben. Sie erkennen, dass der Konsonant Teil der zweiten Silbe ist. Bedeutsam ist diese Unterscheidung für die Regeln der Schärfung und der Dehnung – für die Kinder Aufschluss aus ihrem mündlichen Sprachwissen bekommen müssen (s. S. 99–110).

Mündliche Sprache und schriftliche Sprache

Texte, die versuchen, die gesprochene Sprache als Transkription »lautgetreu« wiederzugeben, zeigen, wie weit die mündliche Sprache von der orthographisch bestimmten Schriftsprache entfernt ist:
»Was willst'n machn?«
»Ham we frei?«

Noch deutlicher wird der Unterschied bei starker Dialektfärbung der Sprache:

I hob a radl griagd
A rods radl mid ana
aufboganan lengstaungan
und an strobliachd.
(Christine Nöstlinger, abgedruckt in: Vertiefendes Lauttraining 2, Wien [Jugend und Volk] 1983)

Hier wird schnell sichtbar, dass es generell nicht möglich ist – abgesehen von den phonologischen Schwierigkeiten –, eine Korrespondenz von gesprochener und geschriebener Sprache festzustellen, gesprochene Texte unverändert, also als »Spontansprache«, zu verschriften.

Umgekehrt lässt sich der gleiche Beweis führen. Das Vorlesen geschriebener Texte, in dem jeder Buchstabe in seinem angenommenen »Lautwert« wiedergegeben wird, wie das z. B. zur Synthese angehaltene Erstklässler tun, klingt häufig unverständlich, auf jeden Fall weitaus künstlicher als z. B. die Sprache der Nachrichtensprecher, die sich zumindest tendenziell um deutliche Artikulation bemühen.

Der Unterschied liegt in der grammatikalischen Bestimmtheit der Schriftsprache begründet, die es möglich macht, dass Leser gleich welcher Umgangs- und Dialektsprache ihren Inhalt erschließen können.

Die Beziehung, die zwischen mündlicher und schriftlicher Sprache besteht, bezeichnet U. Maas als »Fundierungsverhältnis«, das er negativ definiert: »Vielleicht ist zu sagen, dass alle literaten Gliederungen auch als orate nachvollziehbar sind, dass es keine literaten gibt, die orat unmöglich wären« (Maas 1989, S. 73): Die Schreibweise, nach der in einer offenen Silbe mit einem langen Vokal ein Doppelkonsonant folgt, ist beispielsweise nicht möglich, da sie den tradierten orthographischen Regeln für Dehnung bzw. Schärfung widerspricht: »lebben« statt leben, »wohnnen« statt wohnen. (Darum hat der Test, den Kinder nach dem Entdecken der Schärfungs-/Dehnungs-Regeln gern benutzen »So nicht, denn sonst hieße es …« zur Kontrolle der Schreibung durchaus seine Berechtigung.)

Wörter

Ebenso wie die Schreibung der Wörter (B*äc*ke*r*, Hun*d*, we*cken* usw.) ist auch *die Abtrennung* von Wörtern aus der Gesamtartikulation eines Satzes grammatikalisch bestimmt: Da die mündlichen Artikulationen eine ungegliederte Einheit sind, sind auch Wortgrenzen nicht hörbar (»… willst'n …«).

Die sprachgeschichtlich relativ späte Aufnahme von Spatien (Zwischenraum zwischen zwei Wörtern) in Texte zeigt, dass eine lange Entwicklung zur Festlegung dieser – leserfreundlichen – Gliederung gehörte (vgl. zum Folgenden Maas 1989, S. 137–160). Sie hat sich ausschließlich nach grammatikalischen Kriterien vollzogen:

Wörter sind die kleinsten frei beweglichen Einheiten im Satz. Sie sind, ebenso wie für Buchstaben aufgezeigt, durch die drei Operationen Einschübe, Ersetzungen *und* Verschiebungen *aus dem Gesamten herauslösbar:*

	Mein Vater summt einen Walzer.
Ersetzung:	*Mein Vater* singt *einen Walzer.*
Verschiebung:	Einen Walzer summt mein Vater
Einschub:	*Mein* flotter *Vater*, dieser wilde Mann, *summt* leise *einen* alten *Walzer.*

Die Beziehung, das »Fundierungsverhältnis«, zwischen der mündlichen und der schriftlichen Sprache in Bezug auf Wortgrenzen besteht in der Möglichkeit, Sprechpausen an den Stellen der Spatien machen zu können, und die Teile, die dabei entstehen, sind sinnvolle, verständliche Elemente des Ganzen. Der Gegensatz der Schriftsprache zu der mündlichen Sprache aufgrund der grammatikalischen Strukturiertheit wird in den Merkmalen deutlich, durch die Wörter grafisch zu abtrennbaren Einheiten werden:

– in den großen Anfangsbuchstaben bei den Kernen von Nominalgruppen (s. u.),
– in Grenzsignalen am Ende: die Endungen und die Auslautverhärtungen, die deutlich machen, dass das Wort flektiert ist und/oder zu einer bestimmten »Familie« gehört (Gra*b*, Ban*d*; läuf*st*, werf*e*, ro*tes*),
– durch die Gestaltung des Wortes nach einer grammatikalisch-semantischen Verwandtschaft (Haus – Häuser, Tür – Türen) und der grafischen Unterscheidung von Homonymen (Saite – Seite, Waise – Weise).

Entsprechend dieser Interpretation der Einheit Wort wird erneut die Unmöglichkeit gezeigt, schriftliche Sprache als Abbildung der mündlichen darzustellen.

3.3 Didaktische Konsequenzen

Die den Anfangsunterricht am stärksten berührende Konsequenz aus dieser veränderten Sichtweise des Verhältnisses zwischen mündlicher und schriftlicher Sprache ist die Frage nach den Formen und Möglichkeiten, die Kindern unterrichtlich zur Verfügung stehen oder gestellt werden müssen, um aus ihrer mündlichen »Spontansprache« Schriftsprache, also zunehmend orthographisch korrektere Sprache, werden zu lassen. Es steht – wie bereits ausgeführt – fest, dass lernendes Umgehen mit Schriftsprache in Form von Abschreiben als einzig zugelassene, vom Gebot der Fehlervermeidung geleitete Verschriftungsart durch ihre Eingrenzungen und Fremdbestimmtheiten kein pädagogisch (und sachlich) angemessenes Mittel ist: Es erwartet ausschließlich Nachvollzug und bietet nur ganz am Rande Raum zum Experimentieren und Schlussfolgern, also zum kognitiven Denken.

Über die Notwendigkeit, Kinder, wann immer sie mögen, frei schreiben zu lassen, ihnen dazu Anlässe zu bieten und Mut zu machen, besteht – zumindest in der neueren didaktischen Literatur – kein Zweifel mehr. Umstritten sind allerdings die Wege, auf denen Kinder zu diesem frühen Stadium ihrer schulischen Laufbahn optimal zu diesen Zielen geführt werden können: *Wie schaffen es die Kinder, ihre »Spontansprache« in Schriftsprache umzusetzen, und wie kann/muss Unterricht ihnen dabei helfen?*

Sprachwissenschaftliche Kritik an der Fibel-Didaktik

Weiterhin sieht die größte Gruppe der Didaktiker Probleme der Beziehung zwischen mündlicher und schriftlicher Sprache, zwischen Laut- und Buchstabenfolge, lediglich in den angeblich überschaubaren Abweichungen von der reinen Phonographie, also der 1 : 1-Zuordnung von Laut und Buchstaben. Sie halten daher die Schwierigkeiten der Lernanfänger sowie die unterrichtlichen Anstrengungen für sehr gering: »Durch Verwendung der Lautschrift gelingt es, mit wenigen grafischen Zeichen jede Lautstruktur aufzuschreiben. Dieses Grundprinzip ist sehr einfach und daher auch gut für die Einführung in das Erlesen einer Lautschrift geeignet« (Blumenstock 1989, S. 11). Sie halten an der Phonem-Graphem-Korrespondenz (PGK) fest, obwohl sie gleichzeitig die auch sprachwissenschaftlich erforschten Widersprüche zwischen der mündlichen, also umgangs- und dialektsprachlich gefärbten Sprache, und der Schriftsprache darstellen. Hier einige Beispiele:

»Buchstaben werden ausgelassen, da der Lautstrom der gesprochenen Sprache nicht exakt abgehört wird. Nur sehr vereinzelt sind Lautpositionen aufgenommen. Das Kind kann also auf dieser Lernstufe zwar bereits auf den Lautaspekt der Sprache achten, hört auch schon einzelne besonders auffällige Laute, vermag jedoch weder die Fülle der auftretenden Laute noch ihre zeitliche Reihenfolge zu erfassen oder sie nicht in ein räumliches Hintereinander zu übertragen. Dabei werden Laute oft dialektal verwendet ...« (Blumenstock/Renner 1990, S. 31).

»Eine weitere Schwierigkeit, die den Anfangsunterricht belastet, ist die Vielfältigkeit der Laute und die Mehrdeutigkeit der Laut-Zeichen-Zuordnung. Da sich in der deutschen Sprache rund 45 Einzellaute auditiv isolieren lassen, das Alphabet jedoch nur 26 einzelne Schriftzeichen, d.h. Buchstaben hat, ergeben sich beim Schreiben naturgemäß Abweichungen vom Prinzip einer reinen Lautschrift. Dies gilt vor allem für Deutschland, wo sich die hochdeutsche Aussprache sehr weit differenziert hat. Demgegenüber ist das Schriftdeutsche, wie es in der Schweiz gesprochen wird, lautlich einfacher. Bei einem naiven Lautbewusstsein kann man daher – trotz Vorbehalten der Linguisten – noch in recht vielen Fällen von einer einfachen 1 : 1-Zuordnung ausgehen, insbesondere auch, weil die Bedeutungszuordnung nur bedingt von Aussprachenormen abhängt. Für die Belange des vorliegenden Leselehrgangs gilt, dass die linguistischen Phoneme lesedidaktisch in ausreichendem Masse den Normallauten des naiven Sprachgebrauchers entsprechen« (Reichen 1988, S. 22).

»Die etwa 300 000 Wörter und Wortformen der deutschen Sprache als Schreibungen im Sinne einer Bilderschrift zu lernen ist unmöglich. Das ist auch gar nicht nötig, denn die Beziehungen zwischen mündlicher und schriftlicher Sprache sind bei uns in viel höherem Maße geregelt als in einer Bilderschrift … Gelernt werden müssen vielmehr überall, wo das möglich ist, die Gedankengänge, die nötig sind, um die Schreibweise eines Wortes aus der gesprochenen Sprache zu erschließen … Deshalb wird in diesem Buch vorgeschlagen:

– den Kindern im Rechtschreibunterricht die Gedankenschritte zu erschließen, mit deren Hilfe sie die meisten Schreibungen aus der mündlichen Sprache ableiten können,
– dabei schrittweise vorzugehen, sodass die Kinder zunächst eine Strategie der lautgetreuen Schreibung erlernen, die immerhin 50% der Wortschreibungen abdeckt, und dann erst allmählich übergeordnete Strategien einüben, die auf eine Anwendung des morphematischen Prinzips in immer komplizierteren Wortstrukturen hinauslaufen, …
– für die Kinder klar zwischen lautgetreuen, regelgeleiteten und nicht ableitbaren Schreibungen zu unterscheiden« (Mann 1991, S. 3).

Allen Formulierungen also, in denen von »Abweichungen« von der Phonem-Graphem-Korrespondenz gesprochen wird, in denen als Maß der Abweichungen »Lauttreue« angenommen wird, in denen neben einer »eindeutigen« (l, m, r …) Beziehung zwischen Laut und Schreibung eine »mehrdeutige« (a, e, i, o …) (vgl. Dehn/Castrup 1983) angenommen wird, scheint die Annahme der Abbildung der mündlichen Sprache durch die schriftliche zugrunde zu liegen (vgl. auch u.a. Findeisen 1989, Bethlehem 1984, Neuland 1990, Dehn 1988, Menzel 1990, Bartnitzky 1987, Weiden 1989, Erichson 1987). *Sie basiert auf den linguistischen Interpretationen, die der Duden festgeschrieben hat, und setzt diese für die Schule praktisch-konkret in Fibeln um:* Wann immer die Fibelkinder Uli, Udo und Susi oder Uta und Olaf oder Nina, Uli und Suse oder Oli, Uta, Susi und Mario oder Maria, Lena und Paul oder Ina, Ali, Tina und Lisa heißen, wird »Lauttreue« als Prinzip der Buchstabenschrift angenommen. Ich kenne keine Fibel im herkömmlichen Sinne, die nicht hiervon ausgeht und es zur Grundlage ihrer »Progression«, das heißt der Systematik der »Einführung« neuer Buchstaben macht.

Die Benennung der Buchstaben mit einem angeblichen Lautwert ist dann nur konsequent: »bö« für »be« usw., annehmend, dass es möglich ist, Laute als »Normallaute« (Reichen) isoliert ebenso zu artikulieren wie die in der Silbe koartikulierten Laute und sie so für Analyse und Synthese zur Verfügung zu stellen. Aufmerksames Hinhören beim »Lautieren« der Buchstaben macht jedoch bereits deutlich, was die phonetischen Untersuchungen bestätigen: dass eben kein Laut isoliert artikulierbar ist, sogar die Vokale (»Selbstlaute« genannt) werden von dem Glottisverschluss (als hörbaren Knacklaut, s. S. 87) eingeleitet.

Die Notwendigkeit einer Revision

– Wenn es aber so ist, dass die mündliche Sprache generell und von Kindern insbesondere mit der Schriftsprache nicht schlicht abgebildet werden kann,
– wenn es weiterhin so ist, dass demnach eine »systematische Einführung« von Buchstaben als Laute nicht möglich ist,
– wenn Abschreiben als Methode Prinzipien der heutigen Pädagogik widerspricht,
– wenn, lernpsychologisch betrachtet, Wissen nur dann aufgebaut werden kann, wenn es selbsttätig handelnd, operierend, abstrahierend, also kognitiv erworben wird,

dann entsteht die Frage, *welche Mittel und Methoden sich eignen, um die Schulanfänger an Schriftsprache heranzuführen.* Diese Frage enthält besondere Brisanz angesichts der pädagogischen Maxime, Kindern – auch bzw. gerade entsprechend ihrem eigenen Wunsch – möglichst früh den selbstständigen Gebrauch der Schriftsprache zu ermöglichen.

Einige Didaktiken, die mit dem Prinzip der »Lauttreue« operieren, empfehlen und praktizieren, als Zwischenstück zwischen der »Spontansprache« der Kinder und der geschriebenen Sprache eine Kunstsprache, einzuführen. Im Gegensatz zu vielen Fibelautoren, die nur von einer »deutlichen« Sprache sprechen, geben H. Breuninger/ D. Betz ihr einen Namen, um sie damit als bewusstes Mittel in die Didaktik des Schriftsprach- und Orthographieerwerbs aufzunehmen: »Das Wichtige ist, *was* Franz sich vorspricht, denn das schreibt er auch. Er gewinnt es, indem er das Wort, das er schreiben will, in eine Folge der ›richtigen‹ Laute verwandelt, die er als Buchstaben schreiben *kann*. Die Rechtschreibung ist darin schon enthalten. Er spricht also, was er weiß und schreibt dann, was er spricht. Die besondere Lautfolge, die Franz beim Schreiben spricht und in der die Rechtschreibung schon enthalten ist, verdient einen eigenen Namen. Wir nennen sie ab jetzt ›Pilotsprache‹, weil sie das Schreiben so führt wie der Pilot seine Maschine« (Breuninger/Betz [4]1991, S. 53).

Die »Pilotsprache« wird auch zum elementaren Mittel in dem didaktischen Konzept von Chr. Mann: »Lautsprachliche Grundlage für die Verschriftlichung darf allerdings nicht die Umgangssprache sein, da diese oft verkürzt, verschliffen und dialektal oder ideolektal verfärbt ist. Die Kinder lernen vielmehr als Grundlage für die Verschriftlichung eine besondere, so weit wie möglich der Schriftsprache angeglichene Aussprache der Wörter, die ... als Pilotsprache bezeichnet wird.

Für diese Pilotsprache gelten einige besondere Regeln:
Wörter sind rhythmisch in kleinere Einheiten aufgliederbar, in Sprecheinheiten. In der Pilotsprache wird zwischen den Sprecheinheiten eine deutliche Pause gemacht. Dadurch können Kürzezeichen (doppelter Mitlaut, Doppel-k, geschrieben als ck und tz) hörbar werden, wenn sie zwischen zwei Vokalen stehen« (Mann 1991, S. 5).

Chr. Mann sieht die Arbeit mit der Pilotsprache als die Möglichkeit, Rechtschreiben gerade aus dem freien Schreiben heraus zu entwickeln, indem den Kindern in ihrem selbstständigen Text die Wörter, in denen »dem Kind die lautgetreue Schreibung noch nicht gelungen ist« (S. 20), richtig hingeschrieben, mit je einem Bogen pro Silbe versehen, von den Kindern in Pilotsprache gesprochen und dann entsprechend dieser Aussprache erneut »lautgetreu« aufgeschrieben werden.

Im Gegensatz zu den meisten anderen didaktischen Anleitungen wird »lautgetreu« hier definiert, und zwar als die grafische Alternative der »Sprechlaute«, »die weitaus am häufigsten gebraucht wird« (S. 4). Dabei greift Chr. Mann auf eine Untersuchung C. L. Naumanns zurück, der bei 3 000 Wörtern der deutschen Sprache die alternativen Schreibformen der Vokale (für langes e: e, eh, ee usw.) ausgezählt und dabei die Häufigkeiten festgestellt hat (vgl. Naumann 1990). Die Konsequenz dieses Korrekturverständnisses ist der teilweise Verzicht auf Orthographie: »... die Kinder dürfen sich dafür entscheiden, Fehler im Text zu belassen. Auch der Mut zu Fehlern ist in unserer Gesellschaft eine dringend gebrauchte Tugend« (S. 20). (Ob die kleinen Kinder es wohl schaffen, die Gesellschaft tugendhafter zu machen?)

Eine überkorrekte, lautierende Sprache wie die hier beschriebene Pilotsprache benutzen auch alle diejenigen, die Kindern überdeutlich diktieren (und damit die Erwartung verbinden, dass dadurch fast alles richtig geschrieben wird). Abgesehen davon, dass Schriftsprachanfänger, die noch wenig davon wissen, welche Laute als »Idealpositionen« aus dem Gesamten der Artikulation schriftsprachlich durch Grapheme dargestellt werden, also elementarste Schwierigkeiten mit Auswahl, Anzahl und Reihenfolge der Buchstaben haben – es bleibt zusätzlich die Unmöglichkeit, die grammatikalisch bedingten Strukturen der Schriftsprache, wie z. B. die Dehnungsmarkierungen und die Auslautverhärtungen, hörbar zu machen. So sinnvoll die Betonung der Silben als überschaubare, den Kindern bekannte Unterteilungen ist, so fragwürdig bleibt doch der Versuch, dadurch »Lauttreue« zu erwarten (vgl. auch Balhorn 1983, K.-B. Günther 1990/91).

Einer weiteren Überlegung bedarf die Frage, wie die Kinder diese Pilotsprache als Instrument für das eigene Schreiben erwerben können.

Die Notwendigkeit ihrer Einführung beschränkt Chr. Mann – im Gegensatz zu H. Breuninger/D. Betz, die keinerlei Begrenzung vornehmen – auf die 50% der Wörter, die nach ihrem Verständnis von der »Lauttreue« abweichen, abzüglich denen, die als »Lernwörter« (mit Abweichungen von der »lautgetreuen Schreibung«) und »Nachdenkwörtern« (z. B. mit den Alternativen f, v, ph, ff) in Form von »Wortbildern« zu erwerben sind. Trotz dieser Reduzierung des Anwendungsbereichs der »Pilotsprache« bleibt die Frage bestehen, wie die Kinder diese »Fremdsprache« erwerben können. Wenn sie ihnen das elementare Mittel zum – relativ – korrekten selbstständigen Verschriften eigener Texte sein soll, kann es für das Gesamte dessen, was Kinder schreiben wollen, eben nicht ausreichen, dass sie für einzelne Wörter die »lautgetreue« Aussprache erlernen (vgl. auch Dehn 1988, Balhorn 1989b, Scheerer-Neumann 1987, Schwander 1989).

Das Problem, wie Lerner aus ihrer »verkürzten, verschliffenen oder dialektal verfärbten« »Spontansprache« (Mann) zur Schriftsprache kommen, scheint didaktisch nicht dadurch lösbar zu sein, dass ein neuer Lernakt, der Erwerb einer neuen Sprache, zwischengeschaltet wird – abgesehen davon, dass sie aus phonetischer Sicht nie mit der Schriftsprache identisch sein kann. Im Gegenteil: Die gelernten hyperkorrekten Formulierungen der Wörter halten Kinder eher davon ab, aus ihrer »Spontansprache« auf die eigenständigen Regeln der Schriftsprache zu schließen.

Denn das ist das Wichtigste, das sie lernen müssen: ihre ihnen eigene Sprache, so »verkürzt«, »verschliffen« und »verfärbt« sie sein mag, durch Erforschen, Erfahren und Wissen mit den erlernbaren Regeln der Schriftsprache in Verbindung zu bringen – in Hessen zu lernen, dass »nu wolle wo mal« *nun wollen wir mal* geschrieben wird, in Süddeutschland zu lernen, dass »geschtern« *gestern* geschrieben wird, in Norddeutschland zu lernen, dass »Bäcka« *Bäcker* geschrieben wird usw. Nur so können sie in die Lage kommen, Texte für alle lesbar zu verschriften, ohne dass von ihnen die Unmöglichkeit verlangt wird, sie als »Wortbilder« speichern zu müssen oder eine »Zwischensprache« zu lernen.

Daraus folgt für den Unterricht:
1. *Zielgerichteter Schriftspracherwerb kann für die Mehrzahl der Kinder,* die sich Lesen und Schreiben vor oder neben der Schule beigebracht hat, *nur an der Schriftsprache selbst erfolgen.* Nur am Geschriebenen können die Kinder die Regularitäten der *Schriftsprache im Verhältnis zu ihrer eigenen mündlichen Sprache* erfahren und erkennen. *Durch intensiven, unterrichtlich geplanten handelnden Umgang mit Schriftsprache kommen die Kinder in die Lage, Wiederkehrendes und Unterschiedliches zu entdecken und mit ihrer mündlichen Sprache in Verbindung zu bringen. Dennoch müssen die Kinder gleichzeitig viele Anlässe bekommen, eigene schriftsprachliche Versuche zu machen,* das heißt ausgehend von ihrer mündlichen Sprache angeleitet durch das, was sie meinen, bereits – schulisch und außerschulisch – gelernt zu haben, selbstständig schriftsprachlich wiederzugeben und dabei Regularitäten im Verhältnis zu ihrer eigenen mündlichen Sprache neu zu entdecken, zu bestätigen, anzuwenden.

2. Damit der Unterricht schriftsprachlich effektiv geplant werden kann, muss die Lehrerin aufmerksam zuhören, wenn die einzelnen Kinder ihrer Klasse sprechen, um *einen Eindruck von den artikulatorischen Besonderheiten der Sprache »ihrer« Kinder zu erhalten.* Sie bekommt ihn am ehesten, wenn sie Kassettenaufnahmen mit Kindertexten transkribiert (das heißt versucht, sie lautsprachlich wiederzugeben). *Auch die spontanen Verschriftungen der Kinder geben gut Aufschluss über Dialektverfärbungen,* nämlich wenn diese schriftsprachliche »Fehler« verursachen. Anhand der Sammlung von Auffälligkeiten muss sie Schwerpunkte für die unterrichtlichen Aufmerksamkeitszentren für die Kinder setzen: durch Einrahmen der entsprechenden Buchstabenkombinationen bei gemeinsamen und individuellen Texten, durch Sprachspiele um diese Auffälligkeiten usw.
3. *Neben den individuellen/regionalen Besonderheiten der mündlichen Sprache ist generell das sprachwissenschaftliche Wissen über den orthographischen Aufbau der deutschen Sprache die Richtschnur für unterrichtliche Hilfen beim Schriftspracherwerb:* Fixierungen regional unterschiedlicher lautlicher Segmente durch bestimmte Grapheme, das System der strukturellen Möglichkeiten des Silbenaufbaus, die Fälle der morphologischen Konstanz in der Stamm-Schreibweise, die Regeln der Markierungen der Dehnung und Schärfung, die Regeln für Wortgrenzen im Anfangsunterricht, die übrigen bekannten orthographischen Regelungen im weiteren Unterricht (die für diese Altersstufe mit angeführt werden, da sie auch zum Wissen beim Unterrichten in Klasse 1 und 2 dazugehören: um keine falschen Wege zu weisen und um Fragen beantworten zu können).

3.4 Für den Anfangsunterricht relevante Strukturen der deutschen Sprache

Grapheme

Die Grapheme, zu denen die Kinder in ihren ersten Texten Laute ihrer Artikulation suchen, finden, wieder finden müssen, sind neben den Buchstaben des Alphabets sowie *ä, ö, ü* und *ß* die Grapheme *ch, sch, ei/ai, au, eu, ng* als Repräsentation eines Phonems (Lautes) (s. den »Buchstabenbaum«, S. 134).

Ng ist ein einziger Laut, auch wenn die Duden-Silbentrennung – phonetisch: fälschlicherweise – ihn teilt: *brin-gen, En-gel.* Nk ist ein Doppellaut der phonetisch aus ng + k besteht. Darum gibt es Schreibweisen von Kindern wie »Ang-ker«.

Immer wieder werden in die Tabellen, in denen die zu erlernenden Grapheme zusammengefasst werden, als »Anlauttabellen«, »Buchstabenhaus«, »Buchstabenbaum« usw. bezeichnet, die Doppelkonsonanten (ll, ff, mm usw.) und die Dehnungsschreibweisen (eh, ee usw.) mit aufgenommen. Sicherlich entsprechen diese Schreibungen nur einem einzigen Laut, dennoch gehören sie nicht in die Sammlung der zu erlernenden Grapheme, da das Ziel nicht ist, dass die Kinder sie »wortbild«-artig, sondern im Zusammenhang der Regel ihrer Anwendung *kognitiv* erwerben. Sie müssen den Kindern daher im Zusammenhang der ersten Reflexionen zum Bereich Schärfung/Dehnung erklärend angeboten werden – zu dem Zeitpunkt, an dem die Kinder – in aller Regel: ein Kind – im Unterricht danach fragen.

Der Silbenaufbau

Da Silben die kleinste wahrnehmbare Einheit darstellen (s. S. 84–87), deren Segmentierung Kindern bereits durch verschiedene Sprachspiele (z. B. Abzählverse) bekannt sind, ist ihre systematische Betrachtung ein geeignetes Mittel, den Kindern bei der Analyse ihrer Artikulation als Fundament für Schriftsprache zu helfen.

In der Didaktikgeschichte zum Schriftspracherwerb auch der letzten Jahrzehnte hat es immer wieder Versuche gegeben, den Kindern am Lernanfang andere Segmentierungsformen als Laute/Buchstaben anzubieten (vgl. Schmitt 1989): Morpheme als die kleinsten sinntragenden Einheiten innerhalb eines Wortes (*fahr, geh, e, st, t, en*, usw.), Signalgruppen (vgl. Warwel 1980) (*atz, app, ach, itz, ipp, ick* usw.) und auch Silben. In der jüngsten Diskussion scheint generell den Silben der Vorrang gegeben zu werden – in der Didaktik der DDR allerdings schon länger (vgl. Wendelmuth 1990) –, vorwiegend aufgrund der empirischen Untersuchungen »am Kind« (vgl. Scheerer-Neumann 1989a, Schmitt 1989). Die in dieser Diskussion vorgestellten Silben sind in aller Regel jedoch einfach (Konsonant/Vokal/[Konsonant]) aufgebaut und können daher mit den Intentionen der Morphem- bzw. Signalgruppenvertreter, die die Komplexität der Sprache berücksichtigt wissen wollen, nur bedingt konkurrieren. Wenn hier für die schon frühe Hilfe zur Analyse auch komplexerer Silben votiert wird, kann damit das Anliegen, Schülern die visuelle und auditive Wahrnehmung von Signalgruppen zu erleichtern, integriert werden.

Hierzu dient das Wissen um die regelhafte Strukturierung der Silben:

– Es gibt verschiedene, aber relativ überschaubar begrenzte Möglichkeiten des Silbenanfangs (s. die Tabelle S. 85), die bei gleicher Buchstabenfolge immer gleich gesprochen werden (s. das »Zungenbrecherhaus« S. 143).
– Es gibt Buchstabenfolgen *am Silbenende*, die ebenfalls immer gleich klingen – aber gleich klingende Lautfolgen, die unterschiedlich geschrieben werden können (s. Tabelle S. 86 und den »Reimezug« S. 148) – aufgrund der Stammschreibweise, die hier Prinzip ist.
– Es gibt eine begrenzte Anzahl von Möglichkeiten für den Silbenkern (s. »Segelregatta« S. 151):

die Vokale a, e, i, o, u (y),
die Umlaute ä, ö, ü,
die Diphthonge ei, eu, au.

Hinzugezählt werden müssen auch die so genannten öffnenden Diphthonge, da in den meisten Dialektregionen des deutschen Sprachgebietes das r nicht als Reibelaut artikuliert wird, sondern vokalisiert wird und beide Laute als Doppellaute eine Einheit bilden. Sie sind bei Kindern häufig Ursache für Fehler:
er (Pferd), är (Gärten)
ir (Kirche)
or (Storch)
ur (Gurke)
ör (Störche)
ür (fürchten)

Schreibweise der »fallenden Diphthonge« von Kindern eines 1. Schuljahres (November)

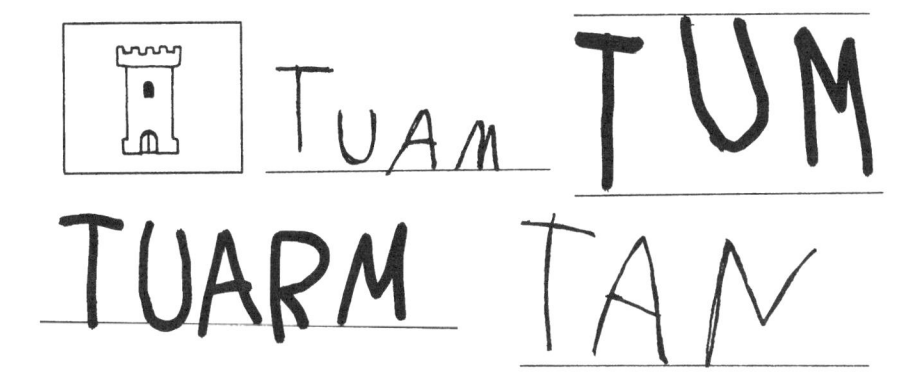

TUAM   TUM
TUARM TAN

Einige Kinder, die »TUM« geschrieben hatten, fragten mich anschließend: »Ist das alles?«

Schreibung des er/ir von norddeutschen Kindern:

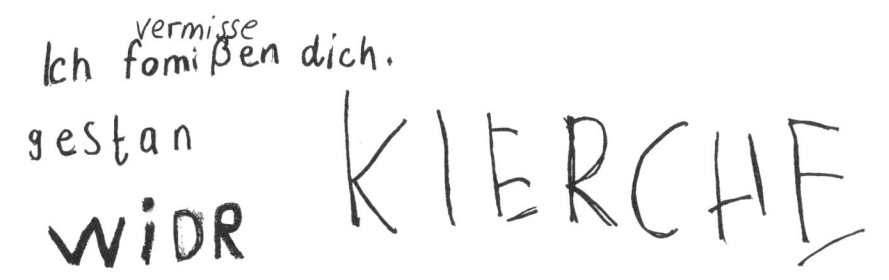

Ich fomißen (vermisse) dich.
gestan
widr   KIERCHE

- Es gibt grammatikalisch bestimmte *morphologische Endungen*, die immer gleich geschrieben werden: -e, -st, -t, -en, -end bei Verben, -es/s im Genitiv, em/m im Dativ bei Substantiven.
- Es gibt bestimmte, von der Artikulation abweichende Schreibweisen von *unbetonten Silben*:
  1. am Anfang der Wörter: be-, ge-, ver-,
  2. am Ende der Wörter: -en, -em, -es, -el, -er, -in (Lehrer*in*).

Die in fast allen Sprachbüchern aufgenommenen Wörter mit den Endsilben -heit, -keit, -ung, -um, -ling, -chen, -lein, -sam und -los sowie mit den Vorsilben, her-, hin-, zu-, un-, vor-, ent- brauchten keine gesonderte ausführliche Übung, da sie in ihrer Schreibung keine Schwierigkeiten haben (abgesehen von v bei vor), die nicht durch Transfer von gleich klingenden Segmenten zu lösen wären. Besonderer Beachtung bedarf jedoch die Schreibung der Morpheme -ig und -lich, da sie für viele Kinder nicht (entsprechend der Sprachbuchempfehlungen) durch Verlängerung zu hören sind und da der Verweis auf das l vor dem ig/ich nur bedingt zutrifft: nebel-ig, mehl-ig, dussel-ig usw. Daher gehört *-ig/-lich* (auch) in den Bereich »morphologische Konstanz« (Stammschreibweise).

Bei Wörtern mit der Endung *-is* (Kürbis, Wagnis) muss auf die Verdoppelung des *-s* bei der Pluralbildung hingewiesen werden. (Sie gehört aber nicht in den Bereich »Schärfung«, da es sich nicht um eine betonte Silbe handelt. Da diese beiden orthographischen Phänomene nicht in den regelhaften Kernbereich gehören, sind sie in den peripheren Lernbereich aufzunehmen.)

- Es gibt Wörter, deren Endsilbe mit einem *h* beginnt, obwohl es nicht zu hören ist: *gehen, sehen, flehen, Rehe, rohe* usw. Das h steht immer zwischen zwei Vokalen, weil ein Vokal, der nicht zu einem Diphthong gehört oder der Dehnung dient, immer Kern einer neuen Silbe, das Wort also zweisilbig sein muss: *ich sehe* und *der See*.

Der spielerische Umgang mit diesen Strukturierungsmomenten verhilft den Kindern, die ihrer »Spontansprache« entsprechenden Beziehungen zwischen »ihren« Lauten und den Graphemen herzustellen. Dafür ist es eben – wie gesagt – wichtig, beim Aussprechen der Wörter gerade nicht in eine lautierende »korrekte« Sprache zu verfallen, da so den Kindern die Möglichkeit, diese Beziehung zu entdecken, genommen wird.

Ein Beispiel: »Gsund« kann es nicht geben, weil in der Tabelle mit den Silbenanfängen keine Konsonantenfolge *gs* vorhanden ist. Also – und das ist kognitiv erlernbar – muss es sich um eine Silbe handeln und braucht daher ein *e* zwischen *g* und *s*.

Dehnung und Schärfung

a) Kritik an der Sprachbuch-Didaktik

Regelverletzende Schreibweisen im Bereich Dehnung und Schärfung gehören zu den häufigsten Fehlern nicht nur im Grundschulalter. Übungen zu diesem Bereich nehmen in Sprachbüchern spätestens ab Klasse 3 sehr viel Platz ein, und zwar nach allen denkbaren Einzelfällen aufgeteilt: Einmal als zwei voneinander unabhängige Bereiche, dann buchstabenweise sortiert: im Bereich der Schärfung als Wörter mit *ll*, mit *pp*, mit *mm* usw., mit *tz* und *ck*; im Bereich der Dehnung mit *aa* und *ah*, mit *ee* und *eh* usw., für die *i*-Schreibung neben dem *ie* auch noch *ih* und *ieh*, teilweise sogar noch die Diphthonge mit »Dehnungs-*h*«.

Im Sinne eines Schriftspracherwerbs, der davon ausgeht, dass die deutsche Orthographie vorwiegend unregelmäßig ist und den Kindern daher für die überwiegende Zahl der Fälle kaum etwas anderes übrig bleibt, als sie sich als »Wortbilder« einzuprägen, ist diese Sortierung sicherlich konsequent, vielleicht sogar im Sinne eines Systematisierungsversuchs hilfreich. Da jedoch, wie bereits dargestellt, die allermeisten Kinder nachgewiesenermaßen auf der Suche nach Regelhaftem sind – und in der deutschen Orthographie hierbei auch viel finden (können) – sind diese Sprachbuchübungen in ihrer Aufteilung, dadurch in ihrer Vielzahl überflüssig und laufen darüber hinaus Gefahr, die Kinder durch ihre Kasuistik zu verwirren, letztlich zu entmotivieren und auf den Wegen, die sich viele aufgrund selber entdeckter Beziehungen zwischen ihrer mündlichen Sprache und der Schriftsprache geschaffen haben, zu verunsichern.

Während kaum ein Grundschulsprachbuch entsprechend dem tradierten didaktischen Axiom, dass Kinder nicht (zumindest nicht im Sprachunterricht) durch Regeln lernen, Regularitäten benennt, sind sie in Büchern für die Sekundarstufe formuliert zu finden – die verwirrende theoretische Grundlage und Darstellung explizierend, nach der auch die meisten Grundschulbücher entsprechend der Duden-Strukturierung aufgebaut sind:

»Wörter mit lang gesprochenem ›i‹ ...
   Merke: Ohne Dehnungszeichen werden geschrieben a) die Wörter dir, mir, gib, du gibst, er gibt (aber: ergiebig!) b) Fremdwörter im Wortinnern (Apfelsine, aktiv, Benzin, Bibel, Klima ...)« (S. 33).

»Wörter mit lang gesprochenem ›o‹/›ö‹ ...
   Merke: Viele Wörter mit lang gesprochenem o oder ö werden ohne Dehnungszeichen geschrieben. Achte besonders darauf, dass a) Silben, die mit sch oder qu beginnen, nie ein Dehnungs-h oder ein oo haben ..., b) die Vorsilbe vor- und die Nachsilbe -los nur mit o geschrieben werden, c) Fremdwörter stets nur mit o oder ö geschrie-

ben werden ... und d) Konjugationsformen von Verben nur mit o geschrieben werden ...« (S. 47)

(aus: Dieter Feiks, Ella Krauß, Training, Rechtschreibung I, Dehnung und Schärfung, 5.–10. Schuljahr, Stuttgart [Klett] ²1989)

Dieses Buch, das didaktisch exemplarisch für den allergrößten Teil der Sprachbücher stehen kann, enthält »Merke«-Aufforderungen, die ähnlich den zitierten untergliedert sind. Abgesehen von den – zwangsläufig – vagen Formulierungen und einigen sprachwissenschaftlich nicht haltbaren Aussagen trägt allein die Menge der Merksätze dazu bei, dass bei Lehrerinnen (!) und Schülern der Eindruck des Unlehr- bzw. Unlernbaren entsteht.

Eine linguistisch nicht haltbare Darstellung lautet z. B.: »Das *mitgesprochene* h bei glühen, bejahen, Höhe usw. dient dem besseren Aussprechen der Wörter und Silben.« Feiks/Krauß, S. 11 (Hervorhebungen R.-S.) Vgl. aber die »lautgetreue« Spontanverschriftung eines Drittklässlers: »Meine Mutter getnen« für »Meine Mutter geht nähen.« Sie lässt erkennen, was phonetische Untersuchungen bestätigen: dass das »silbentrennende h« in der Spontansprache *nicht* mitgesprochen wird: »gen«, »nen«, »sten« usw. (vgl. auch Erichson 1987).

b) Sprachwissenschaftliche Systematiken

1. Die Silbentrennung

Hintergrund dieser unsystematisierten, an Einzelfällen orientierten Darstellung ist die von U. Maas als für Fehlleistungen fundamental erachtete Prämisse der Kongruenzerwartung von mündlicher und schriftlicher Sprache, die hier wie in allen anderen Sprachbüchern explizit oder implizit anzutreffen ist: »Das Rechtschreiben ist für viele Schüler ein wahres Schulkreuz. Unsere deutsche Rechtschreibung ist zweifellos schwierig, denn wir schreiben oft anders als wir sprechen« (Feiks/Krauß, S. 5).

Zusätzlich zu dieser Prämisse wird angenommen, dass die Differenzierung von Kurz- oder Langvokal für Lerner in jedem Wort hörbar sei. *Die phonetische Forschung weist jedoch nach, dass die Unterscheidung kurz oder lang nicht uneingeschränkt aus der gesprochenen Sprache zu entnehmen ist.* Der Schüler »muss aber gerade hier wieder außerdem Regeln beachten, bei denen das Hinhören keineswegs stört, aber eben nicht reicht« (Naumann 1989, S. 29, vgl. auch Dehn 1988, Balhorn 1986, Lohmann 1986, Erichson 1987). »Gesprochene Sprache ist beliebig dehnbar« (Maas 1989, S. 281, vgl. zum Folgenden auch Maas 1990). Gerade Kinder, die ein Wort nach diesen Kriterien abhorchen wollen oder sollen und dann besonders »korrekt« sprechen, dehnen untersuchend *alle* Wörter.

Um den Unterschied kurz/lang herauszufinden, bedarf es also eines vergleichenden Abwägens in der Gegenüberstellung: *Beet – Bett, flott – Boot, Bahn –*

Bann. Kinder, die dieses Prinzip entdeckt haben, machen das, indem sie das entsprechende Korrelat suchen und dann feststellen: »Das muss heißen ..., denn sonst hieße es ...«.

Phonetische Untersuchungen mit dem Sonagraphen, der mündliche Sprache sichtbar macht, zeigen deutlich, worin der Unterschied, der als Kürze oder Länge wahrgenommen wird, liegt: Er bezieht sich in seiner orthographischen Relevanz vor allem auf betonte Silben und lässt sich am besten in zweisilbigen Wörtern, in denen die betonte Silbe entweder durch einen Konsonanten geschlossen (*Bän-der, Fel-der*) oder offen (*mu-tig, Mu-tter*) ist, erkennen: *Während bei »langen« Vokalen am Ende der offenen Silbe »das lautliche Spektrum gewissermaßen ›austrudelt‹«, erscheint es bei kurzen Vokalen »abgeschnitten«* (Maas). Daher kann kein Wort mit einem Kurzvokal in der betonten Silbe enden, es erfordert geradezu einen konsonantischen Ab- oder Anschluss. Silben mit einem Langvokal am Ende können hingegen durchaus das Wortende darstellen: Schuh, Fee, Floh, aber nicht *Ka-* (wie bei *Ka/tze*), *To-* (wie bei *To/nne*).

Der von U. Maas gern zitierte Erstklässler Jochen hat den Unterschied mit dem Begriffspaar gebremst/ungebremst bezeichnet, meine Schüler haben dazu schnell/langsam oder kaputt/ganz gesagt – ein Zeichen dafür, dass Grundschulkinder durchaus in der Lage sind, das phonetische Phänomen zu erkennen und zu benennen.

Mit dieser Darstellung wird die Bedeutung des Silbenschnitts, so wie er durch die mündliche Sprache »fundiert« wird, für die Orthographie deutlich: Er liegt, wie bereits ausgeführt, abweichend von der Duden-Konvention bei offenen Silben hinter dem Kern der betonten Silbe (*Ho-se, Va-ter, Mu-tter, Te-ller, Ra-tte*) (vgl. die in dem Kindervers tradierte Trennung bei »Meine Mi-, meine Ma-, meine Mutter schickt mich her ...«), bei geschlossenen Silben hinter dem/den »schließenden« Konsonanten (*Wan-ze, Bur-sche, Lam-pe, Wachs-tum*).

Durch diesen Silbenschnitt wird deutlich, *wie verwirrend die Regel »trenne nie st« für Kinder war* (mündlich: *Kas-ten, Fens-ter, bas-teln*). Die Trennung »Ka-sten« müsste eine Verdopplung des *s* zur Folge haben. Dieser Schreibkonvention, die weder der mündlichen Worttrennung entspricht noch orthographisch zu rechtfertigen ist, ist die **Rechtschreibreform** entgegengetreten, indem sie vorgeschlagen hat, Wörter zwischen *s* und *t* zu trennen: *Kas-ten, Fens-ter, bas-teln.*

Die Duden-Trennweise sollte den Kindern erst genannt werden, wenn sie die Prinzipien von Dehnung und Schärfung erkannt und automatisiert haben und nicht mehr durch Regeln, die ihrer phonetischen Wahrnehmung widersprechen, verunsichert werden können. Hier sind dann erklärende Gespräche mit den Eltern, vielleicht sogar ähnliche Spiele, wie die Kinder sie im Unterricht machen, an Elternabenden angebracht. Daher ist wichtig, auch wenn alle Kollegen und Eltern auf die Barrikaden gehen wollen, wegen der »orthographischen Glaubwürdigkeit« der Lehrerinnen, wegen der Eindeutigkeit der Regeln und wegen des Verhinderns von Verwirrungen bei den Kindern, *Silbentrennungen nicht nach den Duden-Regeln* durchzuführen (oder sie völlig zu vermeiden: »Schreibt das letzte Wort, das nicht mehr hinpasst, in die neue Zeile!«). Wenn Schüler erst in den letzten Monaten der 4. Klasse, kurz vor dem Übergang zur anderen Schule, gesagt bekommen, dass »offiziell« zwischen den Doppelkonsonanten (»Zwillinge« von meinen Schülern genannt) und vor dem st getrennt wird, reicht das, und die Umstellung, wenn sie begründet wird, kostet sie keine große Mühe.

2. Die Schärfungsregel

Entsprechend diesem Wissen lässt sich die *Regel für die Schärfung* eindeutig formulieren:

Schärfung (= das Verdoppeln des Konsonanten, der zu Beginn der Silbe, die der betonten Silbe folgt, steht) geschieht dann, wenn die betonte Silbe offen ist (= nicht mit einem Konsonanten endet) und einen kurzen Vokal hat.

(Nicht »Gessicht«, weil *Ge-* unbetont ist, nicht »Hunnde«, weil *Hun-* eine durch das *n* geschlossene Silbe ist, nicht »Dosse«, weil das *o* ein langer Vokal ist.)

Als *Besonderheiten der Schreibung* sind hier zu merken: *kk* wird zu ck (»bakken« → *backen*) *zz* wird zu *tz* (»Ka-zze« → *Katze*), die Schärfung des stimmlosen ß wird in der Dopplung (ßß) zu *ss* (»Schlößßer« → *Schlösser*), ein mit mehreren Buchstaben wiedergegebener Laut wird nicht gedoppelt (»lachchen → *lachen* »wa-schschen« → *wa-schen*, »Ri-ngnge« → *Ringe*).

Zu den Veränderungen der Rechtschreibreform:
Völlig unverständlich ist die neue Regelung, *ck* zukünftig nicht mehr *k-k* zu trennen, sondern es als *ck* in die nächste Zeile zu schreiben (*ba-cken*). Begründet wird diese Trennung damit, dass *ch* und *sch* auch nicht getrennt würden. Dabei wird jedoch übersehen, dass *ch/sch* einerseits, *ck* andererseits unterschiedliche Zeichen sind: *ch/sch* sind als Digraph bzw. Trigraph auf der gleichen Ebene wie *k* zu sehen. ck ist hingegen eine Sondergraphie, die es für die Grapheme *ch* und *sch* nicht gibt (sie würden »chch« und »schsch« geschrieben): Es ist die Schärfungsmarkierung für *k*, steht also nach einem Kurzvokal in offener, betonter Silbe genauso wie *mm* bei *Kämme*, *ll* bei *Roller*, *nn* bei *können*. Die konsequente Anwendung der Neuerung in Bezug auf *ck* (*backen*) würde bedeuten, dass auch *mm, ll, nn* usw. in die nächste Zeile zu schreiben wären: *Kä-mme, Ro-ller, kö-nnen*.

Diphthonge gehören in die Kategorie »lang«, denn sie bedürfen keines konsonantischen Abschlusses (z. B. Brei, Bau, Heu). Daher folgt auf sie nie eine Schärfung. Das trifft auch auf die so genannte fallenden Diphthonge zu (z. B. wir, schwer, Chor, Flur, Störche, Tür).

3. Die Dehnung

Während für die Schärfung aufgrund ihrer Eindeutigkeit in Sprachbüchern – häufig unvollständige – systematisierende Regelformulierungen zu finden sind, beschränken sich Merksätze in Bezug auf die Dehnung auf die kasuistische Aufzählung nahezu aller anzutreffender Phänomene, evtl. auf sporadische Teilsystematisierungen. Aufgrund des Blickwinkels »Darstellung der Abweichung von der Norm schriftlich gleich mündlich« ist eben kaum eine andere Zusammenfassung möglich ist:

»*Merke:* Die Dehnung beim lang gesprochenen Vokal wird verschieden gekennzeichnet ...« (S. 11). »Viele Wörter mit lang gesprochenem a oder ä werden mit einem Dehnungs-h geschrieben. Das Dehnungs-h steht nur vor den Buchstaben l, m, n, und r ...« (S. 17).
»... Wörter mit lang gesprochenem e ...
... Das Dehnungs-h steht nur vor den Buchstaben l, m, n, und r« (S. 28).
»Achte besonders [bei o-Wörtern] darauf, dass ... Silben, die mit sch und qu beginnen, nie ein Dehnungs-h oder ein oo haben ...« (S. 17).
(Alle Beispiele aus Feiks/Kraus, a. a. O.)

Die Formulierungen »viele Wörter«, »die meisten Wörter«, »einige Wörter« weisen darauf hin, dass von Sprachbuchautoren, auch wenn sie Regeln benennen, doch der überwiegende Teil des Orthographieerwerbs eben als Gedächtnisleistung, also als Einprägung von »Wortbildern« erwartet wird (und dadurch die Regelformulierung überflüssig ist). Aber auch Vertreter der Gruppe der Sprachdidaktiker, die aufgrund ihrer Forschungen »am Kind« das Regelbedürfnis der Kinder nachgewiesen haben und kognitive Arbeit über Gedächtnisarbeit setzen, bieten für die Dehnungsproblematik (53% aller betonten Vokale) im Gegensatz zur Schärfung keine Regel an.

W. Eichler macht auf der Suche nach »benutzerfreundlicheren« Möglichkeiten als dem unbefriedigenden Auswendiglernen von Wortbildern den Vorschlag, die feststellbare numerische Verteilung von Wörtern mit markierter und mit nicht markierter Dehnung unterrichtlich zu nutzen. Daher empfiehlt er folgenden Weg: Die Schüler stellen anhand einer größeren Anzahl von Wörtern die Relation zwischen den alternativen Schreibungen fest (a-aa-ah, e-ee-eh usw.). Dabei werden sie feststellen, dass nur sehr wenige Wörter (tatsächlich sind es 24 insgesamt) mit Doppelvokal (See, Meer usw.) geschrieben werden, und nur die entsprechenden Pronomina (ihr, ihm usw.) die ih-Schreibweise haben. Weiterhin werden sie feststellen, dass bis auf beim i der überwiegende Teil der lang gesprochenen Vokale unmarkiert ist (Nase, Dose, Kuchen usw.). Tatsächlich werden 88% der Wörter mit langem a, 86% der Wörter mit langem e, 88% der Wörter mit langem o und sogar 97% der Wörter mit langem u unmarkiert geschrieben. Bei Wörtern mit langem i sind umgekehrt 78% (mit e) markiert (vgl. Mann 1991, S. 61).

Nachdem die Schüler diese Relationen grob erkannt haben, erhalten sie den Ratschlag, entsprechend dem Konzept der »Pilotsprache« im Zweifelsfall die verbreitetste Schreibung anzuwenden. In Bezug auf die Wörter mit der minorisierten Schreibung vertraut W. Eichler in Anlehnung an die von G. Scheerer-Neumann festgestellte »innere Regelbildung« bei Kindern (Scheerer-Neumann 1986) darauf, dass die Schüler durch visuelle Kontrolle »irgendwann« richtig entscheiden: »Suche noch verwandte Wörter, probiere ihre Schreibung, irgendwann wird dir das Auge sagen: ›So ist es richtig!‹« (Eichler 1989/90, S. 11).

In Ermangelung eines kognitiven Systems zur Differenzierung markierter/nicht markierter Dehnungsschreibweisen sind diese Hinweise sicherlich »benutzerfreundlich«, denn auch wenn es hier nicht als didaktisches Ziel anerkannt ist, kann und wird das Gedächtnis im Orthographieerwerb eine Rolle spielen. »Statt einen Wust von Alternativen anzubieten und den Schüler damit allein zu lassen oder ihm mühsam eine nie enden wollende Zahl von Wörtern einzuüben gegen sein eigenes Suchen, ist es besser, zunächst das Häufigste/Normale zu probieren und ihm dann einen Weg durch die verbleibenden zwei Alternativen mit stützender Gegenkontrolle zu weisen – besser: selbst finden lassen!« (Eichler, S. 11).

Dieser didaktischen Absicht ist sicher nicht zu widersprechen. Dennoch bleibt das Problem, den Schülern und Schülerinnen eine sprachbezogene Antwort schuldig bleiben zu müssen, wenn sie Erklärungen verlangen: Es bleibt die Frage, ob und wie auch in diesem Bereich der nicht nur didaktisch, auch pädagogisch wichtige Beweis angetreten werden kann, dass die deutsche Orthographie in ihrem Kernbereich systematisierbar, daher begründbar, daher zu »verstehen«, daher kognitiv anzueignen ist. Mit anderen Worten: Kann »das Auge« (Eichler) in seiner Entscheidungsfunktion richtig/falsch, die vorwiegend auf Probieren *ohne* kognitive Kriterien, auf »Gefühl« basiert, durch fundierte Kontrollmechanismen entlastet werden? *»Das Auge«, das »innere Lexikon«, kann erst richtig funktionieren, wenn es vorher dementsprechend programmiert wurde: durch Automatisierung als Ergebnis von Handlungen und Operationen* (vgl. Aebli).

In seinem Bemühen, *alle* Bereiche der Rechtschreibung entsprechend der Prämisse »systematisierbar, also kognitiv lernbar«, darzustellen, betrachtet U. Maas das Problem der Dehnungsschreibweise zunächst historisch: Erste Versuche, orthographische Regeln für die Dehnungs-/Schärfungs-Graphien festzulegen, gab es im 16. Jahrhundert als Didaktiker sich darum bemühten, auch die deutsche Sprache, die im Gegensatz zur lateinischen bis dahin willkürlich entsprechend ihrer Lautung aufgeschrieben wurde, in einem schriftsprachlichen Regelsystem zu fassen, sie damit im Vergleich zum Lateinischen aufzuwerten und lehrbar zu machen. Mit welchen dialektbedingten und schriftsprachlichen Uneinheitlichkeiten sie dabei zu kämpfen hatten, zeigt U. Maas an der fiktiven Figur des Kanzleischreibers Methusalem Ossenbrügge, der weit über 100 Jahre bis in das 17. Jahrhundert hinein in – wie sein Name schon sagt – Osnabrück lebte. Er musste dort jahrzehntelang mit den Widrigkeiten der verschiedenen Schreibungen der gleichen Worte, die ihm aus den unterschiedlichsten Regionen ins Haus geschickt wurden, einerseits, mit dem »Minderwertigkeitsgefühl des Provinzlers« (Maas), das ihn zur ständigen Anpassung an andere Schreibungen führte, andererseits fertig werden. »Kulturelle Prozesse, wie die Herausbildung einer Orthographie, vollziehen sich in der komplexen Sprachpraxis, im Zusammenspiel mit einer Fülle von Faktoren, die von den Subjekten gelebt werden« (Maas 1991, S. 28).

Die gegenwärtig anzutreffende Dehnungsschreibung spiegelt eben auch – wie alle übrigen orthographischen Festlegungen – das sehr lange Bemühen wider, diese einzelnen regional unterschiedlichen, oft durch Dialekte fundierten Schreibungen der Vokallängen zu vereinheitlichen. Dabei ist es zu Kompromissen gekommen, die die heutigen Schreibungen teilweise inkonsequent sein lassen und die die peripheren Ausnahmen begründen. *Basis der in ihrem Kern jedoch regelhaften Schreibung ist auch hier wie bei allen orthographischen Regularitäten das Festhalten an dem Erkenntlichmachen der grammatikalischen Familie, der morphologischen Konstanz.* Sie bestimmt alle Formen in der Weise, dass die Schreibung jeder Form nicht gegen die Graphie für die hochsprachliche Artikulation des Wortes verstoßen darf – und bestimmt so auch die Notwendigkeit der Dehnungs- und Schärfungsmarkierung:

lehnen mit *h* wegen *lehnte*, denn ohne *h*:
»lente« wie *Ente*
baden ohne *h* möglich: *badetest*.

Ausschlaggebend ist also der Silbenschnitt bei den zweisilbigen flektierten Formen: Wenn der Silbenschnitt nach dem gesamten Stamm erfolgt (lehn-), *ist die Dehnungsmarkierung mit h bzw. e bei i nötig*:

ahnen, weil *ahnte*, nicht »ante« wie *Tante*
belohnen, weil *belohnte*, nicht »belonte« wie *Blonde*
fehlen, weil *fehlte*, nicht »felte« wie *Zelte*
fühlen, weil *fühlte*, nicht »fülte« wie *Sülze*
führen, weil *führte*, nicht »fürte« wie *Schürze*
gewöhnen, weil *gewöhnte*, nicht »gewönte« wie *gönnte*
kehren, weil *kehrte*, nicht »kerte« wie *Pferde*
lahmen, weil *lahmte*, nicht »lamte« wie *Lampe*
rühren, weil *rührte*, nicht »rürte« wie *Schürze*
wählen, weil *wählte*, nicht »wälte« wie *Welten*
wohnen, weil *wohnte*, nicht »wonte« wie *Blonde*
zählen, weil *zählte*, nicht »zälte« wie *Zelte*
zahnen, weil *zahnte*, nicht »zante« wie *zanken*
kriegen, weil *kriegte*, nicht »krigte« wie *Milbe*
piepen, weil *piepte*, nicht »pipte« wie *nippte*
usw.

Die Aufgabe bei der Kontrolle, ob die Dehnung zu markieren ist oder nicht, besteht also darin, eine Form innerhalb der Wortfamilie zu finden, die ohne h (bzw. Doppelvokal wie *aa, ee, oo* und ohne *e* bei *i*) kurz gelesen werden müsste: »lente« wie *Ente* statt *lehnte*. Entsprechend dem maßgeblichen Prinzip der Stammschreibweise in der deutschen Orthographie ist diese Form (»Stützform«) maßgeblich für die Schreibweise aller Formen: »Ich lene« statt *ich lehne* wäre auch möglich, aber nicht »du lenst« wie bei *es glänzt*. (Nur bei drei Wörtern trifft die Einheitlichkeit der Stammschreibung nicht zu: *treffe/traf, komme/kam, hatte/habe*).

Für die Schärfungsregel konnte festgestellt werden, dass sie uneingeschränkt Gültigkeit hat (s. S. 102–103): »begint« wäre zwar möglich, nicht aber das lang zu sprechende »begine« – daher ist die Schärfung erforderlich, und *beginnt* in der Stammschreibweise steht nicht im Widerspruch zu der Artikulation mit Kurzvokal. Dagegen ergeben sich für die Dehnungs-Schreibung Ausnahmen entsprechend den historischen orthographischen Kompromissen:

zwar *fehlen*, weil *fehlte*, nicht felte wie *Zelte*,

aber *fegen*, obwohl *fegte* wie *Feste*.

»Die Dehnungsschreibungen sind nur bedingt regelhaft: Die Schärfungsschreibungen lassen sich ›ableiten‹ – bei der Dehnung gilt das nicht.« (Maas 1990, S. 11).

Zur Beantwortung der Frage nach dem Verhältnis der »gedehnten« Wörter, die nach U. Maas' Regelformulierung als regelhaft zu bezeichnen sind (*lehnen* usw.) und denen, die es nicht sind (*fegen*), habe ich die Grundwortschatzlisten von C. L. Naumann, die nach markierter/unmarkierter Dehnungsschreibung differenziert sind, ausgezählt. Dabei habe ich die Relation 4:1 für die regelhaft geschriebenen Wörter festgestellt: 80% der »gedehnten« Wörter sind also dem regelhaften Kern zuzuordnen, 20% wären als nicht regelhaft oder »wortbildartig« zu lernen. Dabei ist der Teil der einsilbigen Wörter, der keine mehrsilbigen Ableitungen, also keine »Familie« hat, nicht mitgezählt (*bevor, dazu, dem, den, du, nun, nur, wem, wen, wo* usw.).

Von der Regel abweichende Wörter sind u. a.

braten (denn: *brätst*)	*kleben* (*klebst*)	*schlagen* (*schlägst*)
fegen (*fegst*)	*laden* (*lädst*)	*schoben* (*schobst*)
Frage/fragen (*fragst*)	*leben* (*lebst*)	*schufen* (*schufst*)
Gerät/geraten (*gerätst*)	*lesen* (*lest*)	*sparen* (*sparst*)
Grab/graben (*gräbst*)	*lügen* (*lügst*)	*suchen* (*suchst*)
grün (*grünt*)	*pflegen* (*pflegst*)	*trafen* (*trafst*)
grüßen (*grüßt*)	*raten* (*rätst*)	*tragen* (*trägst*)
heben (*hebst*)	*rufen* (*rufst*)	*tun* (*tust*)
holen (*holst*)	*sägen* (*sägst*)	*üben* (*übst*)
jagen (*jagst*)	*sagen* (*sagst*)	*zogen* (*zogst*)
kamen (*kamst*)	*schlafen* (*schläfst*)	
klagen (*klagst*)		

Eine genaue Betrachtung dieser Gruppe mit unmarkiertem Langvokal im Vergleich zu der mit markiertem zeigt die Normierung des Dudens, dass das Dehnungs-*h* nur vor den Konsonanten *l, m, n, r* anzutreffen ist.

Hierher gehören auch *stehlen* und *empfehlen*, bei denen im Imperfekt das *e* zum *ie* wird, wobei das *h* als Dehnungsmarkierung innerhalb des Stammes mitgeführt wird, so dass *ieh* entsteht – *eben nicht als Sonderform der gedehnten i-Schreibung, sondern infolge der morphologischen Konstanz: er stiehlt, er empfiehlt.*

Aus dieser Betrachtung sind die Wörter herausgenommen, deren *h* keine Dehnungsmarkierung darstellt, sondern morphologisch ein so genanntes silbentrennendes *h* zwischen zwei Vokalen bzw. am Ende des Wortes wie eine »Auslautverhärtung« ist und daher infolge der morphologischen Konstanz mitgeführt wird (*blüht/blühen, Kuh/Kühe*) (vgl. auch Augst 1990):

blühen	*glühen*	*stehen*
drehen	*hohe (höher, Höhe)*	*Vieh (viehisch)*
drohen	*Kuh (Kühe)*	*Zeh (Zehe)*
Ehe	*leihen*	*ziehen*
ehe	*mähen*	
fliehen	*nah (nahe)*	
fähig	*Reh (Rehe)*	
froh (frohe)	*Schuh (Schuhe)*	
gehen	*sehen*	
geschehen		

Wird das »silbentrennende« *h* also als Teil der Stammschreibweise gesehen, kann die Regel zur Dehnungsmarkierung erweitert werden durch den Zusatz, dass alle Diphthonge nicht markiert werden: *beide, Eisen*, aber *leiht*, nämlich von *leihen* wie *Weih*nachten von *weihen*, *reiht* von *reihen/Reihe* usw.

Wie kann die Regel, die offensichtlich zu 80% zutrifft, in einem Umfang also, der durchaus als »Kern« bezeichnet werden kann und folglich inhaltlich zum Aufzeigen von Strukturen geeignet ist, in ihrer didaktischen Einsatzmöglichkeit eingeschätzt werden? Ist sie geeignet, die Entscheidung des »Auges« (Eichler) vorzubereiten bzw. ihm kognitive Entscheidungsmuster als Hilfe zu geben? Eine überzeugende Antwort kann am ehesten im Zusammenhang mit den methodischen Wegen der Vermittlung gegeben werden. An dieser Stelle reicht die Feststellung, dass ein pädagogisch hoch einzuschätzender Wert der Regel darin liegt, dass die Vielfalt der *Details im Bereich »Dehnung«*, die in Sprachbüchern gleichberechtigt nebeneinander gestellt werden – und daher nur auswendig zu lernen sind – hierarchisiert, dadurch *systematisiert* und vor allem als Erinnerungsstoff reduziert werden:

– Nur sehr wenige Wörter (24 insgesamt) haben als Dehnungszeichen die Doppelvokale *aa, ee, oo*.

- *ih* ist nur bei Pronomen anzutreffen (*ihr, ihre, ihnen* usw.).
- *ieh* ist nur anzutreffen, wenn das *h* ein »silbentrennendes h« ist: *lieh – leihen, flieht – fliehen* usw.
- *Diphthonge* werden nie markiert, und das *h* hinter *ei* (*Weihnachten – Weihe*) ist wieder ein »silbentrennendes h«, das durch die Stammschreibweise vererbt wird.

Zu den Veränderungen der Rechtschreibreform:
Die orthographische Regel des Deutschen, dass das »silbentrennende« *h* nach Vokalen, aber nicht nach Diphthongen steht, hat die Rechtschreibreform in einigen Fällen erfreulicherweise für Veränderungen genutzt:
rau statt *rauh*, *Rauheit* statt *Rauhheit*.
Jähheit statt *Jäheit*
Rohheit statt *Roheit*
Zähheit statt *Zäheit*

Allerdings bleibt die Frage offen, weshalb sie die Regel nicht konsequent angewandt hat:
reien statt *reihen* (wie *freien, Breie, Zweier* usw.)
weien statt *weihen*
verzeien statt *verzeihen*

Ebenfalls fehlt die Konsequenz bei folgenden Veränderungen der Wörter, bei denen eine unbetonte Silbe ohne Konsonanten im Anfangsrand nach einem Vokal folgt: Wurde entsprechend der Regel, dass ein »silbentrennendes h« nach einem Vokal zu schreiben sei, die Schreibung von *Jähheit, Rohheit, Zähheit* konsequenterweise verändert, fehlt deren Anwendung bei *Knie* und *See*: Um die Pluralform »Knieen« und »Seeen« zu verhindern, werden die Pluralformen jetzt *Knie* und *Seen* statt *Kniehe* und *Seehen* geschrieben.

In dem Bereich der Stammschreibung, der sich also auch auf die Schärfungs-/Dehnungs-Graphie auswirkt, liegt sowohl der Wert als auch die Problematik dieser Systematik für die Arbeit in der Schule: *Diese Regularität ist dann für Kinder »benutzerfreundlich«, wenn sie schon sehr früh lernen, Wortfamilien zu erkennen* und sie mit den schriftlichen Markierungen von Dehnung und Schärfung in Verbindung zu bringen. In Bezug auf Verben ist das nach meinen Erfahrungen in der Grundschule durchaus schon möglich, in Bezug auf Substantive insoweit, wie ihre morphologischen Ableitungen, die semantischer Art sind, für Kinder von ihrem Wortschatz her nachvollziehbar sind.

Eine besondere Problematik liegt in den dialektischen Abweichungen von der hochsprachigen Kurz- oder Langaussprache einzelner Wörter. Hier ist es nötig, dass die Kinder durch den Erwerb der Schriftsprache die hochsprachliche Lautung lernen (vgl. Kap. IV) – allerdings nicht im Sinne der angeblich lautgetreuen Pilotsprache, in der jeder Buchstabe entsprechend seinem »Lautwert« artikuliert werden soll, sondern mit den hochsprachlich-umgangssprachlichen Betonungen, bei der in nebenbetonten Silben Vokale mit den benachbarten Konsonanten »verschmolzen« werden (-er, -en, -es usw.).

Letztlich bleibt der gedächtnismäßig zu lernende Rest, der nicht unter der dargestellten Regularität subsumiert werden kann. Zu ihm gehören

– Wörter, deren semantische Herkunft für Kinder nicht erkennbar ist: März, Mädchen, Märchen, Blüte, spät, ungefähr (vgl. Naumann 1990, S. 30),
– von der Regel abweichende Wörter (die also eigentlich mit dem Dehnungs-h markiert sein müssten),
– Homonyme: Lied/Lid, malen/mahlen, leeren/lehren, Mann/man, Meer/mehr, statt/Stadt, Wahl/Wal usw.

Beispiele für Schwierigkeiten von Kindern bei der Schärfung:

Diese Kinder wenden die Schärfungsregel in ihrer »Urform« (nach der offenen Silbe) zwar an (kommen, alle, klettern, geklettert), haben jedoch noch nicht die Regel der Stammschreibweise automatisiert, nach der die Verdopplung der Konsonantenzeichen auch dann beibehalten wird, wenn sie nicht nötig ist (»konte«, »konten«, »eröfned«, »wolten«, »geschaft«).

> Klettern wolten. Eine frau ist über
> die Mauer geklettert und sie hat es
> geschaft. Die ist schnell weck gelaufen

> Als Alts die Mauer eröfned war haben sich
> alle Leute wieder gesehen. Da haben

> Am 9. November konte die D.D.R. Ruber kommen.
> Sie halen 100 DM kigt mit sie war kaufen konten.

Stamm-Schreibweise (morphologische Konstanz)

In der Darstellung der Regeln für Dehnung und Schärfung ist bereits die *morphologische Konstanz als Grundprinzip der deutschen Orthographie* aufgezeigt worden. Gerade durch ihre Rekonstruktion wird der Unterschied von mündlicher und schriftlicher Sprache, nämlich die grammatikalische Bestimmtheit der schriftlichen Sprache deutlich. Sprachformal betrachtet, wird nicht das jeweilige Wort in einem Text geschrieben, sondern der Repräsentant einer Wortfamilie: *lehnen* mit *h*, weil »lente« der mündlichen Sprachform widerspricht, *öffnen* mit zwei *f*, weil *offen*, denn »ofen« widerspricht ebenfalls der mündlichen Sprachform.

Die Stammschreibweise ist über die Schreibung von Schärfung und Dehnung hinaus bei einigen anderen orthographischen Phänomenen anzutreffen:

– Auslautverhärtung: Während die Regel als »Verlängerungsregel« bei Substantiven und Adjektiven (*Hund – Hunde, Berg – Berge, Grab – Gräber, rund – runde, gelb – gelbe, eng – enge*) geläufig und in allen Sprachbüchern anzutreffen ist, wird sie zur Ableitung der Stammschreibweise von Verben selten angewandt (*gräbst – graben, lebst – leben, verwandte – verwenden*). In diesen Bereich gehört auch die akustische Differenzierung von stimmhaftem/stimmlosem s am Wortende, die ebenfalls durch Verlängerung zu hören ist: *Fuß – Füße, Haus – Häuser*. (Unter Berücksichtigung der Schreibkonvention, dass im Deutschen für den stimmlosen s-Laut *ß*, für den stimmhaften *s* geschrieben wird, müsste als Verdoppelung nach Kurzvokal *ßß* geschrieben werden. Die Schärfungsschreibung sieht jedoch *ss* vor, vgl. S. 221–231),
– das »silbentrennende« h: Es ist im Gegensatz zu *b/d/g* durch Verlängerung nicht als Konsonant silbeneinleitend hörbar und muss in seiner silbentrennenden Funktion kognitiv als Regel erkannt werden: Es steht immer am Anfang einer unbetonten Silbe, wenn das Wort zweisilbig sein muss: »Schu|e« – *Schuhe*, »ste|en« – *stehen*, »ge|en« – *gehen* usw. Da es zum Stamm der entsprechenden Wörter dazugehört (*Schuh-e* wie *Brot-e, geh-en* wie *lauf-en*), ist es kognitiv durch Verlängerung erkennbar (Ausnahmen sind hier *schauen, knien* sowie Adjektivformen wie *schneeig*),
– fallende Diphthonge (r-Vokalisierung): Das *r* nach Vokalen wird nur in ganz wenigen Regionen als Reibelaut gesprochen. In den meisten Dialekten wird es vokalisiert und mit dem davor stehenden Vokal zu einem Doppellaut (= Diphthong) verschmolzen: *Tür, Tor, Schnur, Chor, Verkehr*. Durch Verlängerung wird das r am Wortende hörbar: *Türen, Tore, Schnüre, Chöre, verkehren*. Abweichend dazu kann das r hinter a, als »Dehnung« des *a* gekennzeichnet werden: *warten, Garten*. Auch dieses r wird (in vielen Fällen) durch das Suchen einer Form der Wortfamilie, in der es (im Diphthong) hörbar

ist, wahrnehmbar: *Garten – Gärtner, warten – Wärter, Darm – Därme, Bart – Bärte, zart – zärtlich, Farbe – färben, Arzt – Ärzte* usw.,
– die Schreibweise zahlreicher Wörter mit dem *ks*-Laut als Genitiv-Bildung von Nomen mit *g* oder *ck* am Ende (*Bergs, Drucks*), als Konjugationsform von Verben mit *g* oder *ck* am Stammende in der 2. Person Singular *(leckst, steigst)* und bei der Adverbialbildung mit Wörtern mit *g* am Stammende *(unterwegs, montags)*,
– die Umlaute: *Haus – Häuser, Dach – Dächer, backen – Bäcker*.

Die Vielfalt der Einzelfälle, die unter der Regel »morphologische Konstanz« subsumiert werden können, zeigen die Bedeutung dieser Regel für die deutsche Orthographie. Ihre Problematik liegt in der bereits angesprochenen Schwierigkeit für viele Kinder, Ableitungen überhaupt und dann noch richtig herstellen zu können: »Ältern« von *alt*, »Packet« von *packen*, »schällen« von *Schall*, »Hänker« von *hängen* sind einige Beispiele, die in diesem Zusammenhang immer wieder als »kluge« Fehler von Kindern genannt werden.

Wortfamilien aufzubauen ist schon lange ein didaktisches Mittel im Rechtschreibunterricht. Dadurch, dass es in Sprachbüchern als nur eins unter vielen anderen, das lediglich für die Umlautbildung und die Auslautverhärtung gilt, dargestellt ist, wird es in seiner umfassenden Bedeutung unangemessen geschmälert, nämlich nicht genügend als elementares orthographisches Prinzip deutlich. Wie sollen die Kinder bei der Vielzahl der Einzelfälle, die sie zu lernen haben, die entsprechenden Systematiken wahrnehmen können? Der Orthographieunterricht muss ihnen schon die Wege dazu weisen – von Anfang an.

Zu den Veränderungen der Rechtschreibreform:
Aufgrund des »Hauptziels der Neuregelungen …, mehr Systematik – und im Zusammenhang damit mehr Einfachheit – in unsere Rechtschreibung zu bringen« (G. Drosdowski für die Duden-Redaktion 1994, 12) hat sich die Kommission darum bemüht, in den Fällen, in denen die Orthographie »das Stammprinzip … nicht befolgt« sah (ebd., 20), die Schreibung entsprechend der Stammschreibung, so, wie die Reformer sie sehen, zu verändern. Das betrifft folgende Wörter (aus P. Eisenberg, Die neue Rechtschreibung, Braunschweig: Schroedel 1996, S. 8):

Neue Schreibung	Bezugswort	Alte Schreibung
Albtraum oder Alptraum	Alb	Alptraum
Bändel	Band	Bendel
behände	Hand	behende
belämmert	Lamm	belemmert
Gämse	Gams	Gemse
Karamell	Karamelle	Karamel
Messner	Messe	Mesner
Mopp	moppen	Mop

nummerieren	Nummer	numerieren
platzieren	Platz	plazieren
Quäntchen	Quantum	Quentchen
Rohheit	roh	Roheit
schnäuzen	Schnauze	schneuzen
selbstständig	selbst	selbständig
Stängel	Stange	Stengel
Stuckatur	Stuck	Stukatur
Tipp	tippen	Tip
Tollpatsch	toll	Tolpatsch
überschwänglich	Überschwang	überschwenglich
verbläuen	blau	verbleuen
Zähheit	zäh	Zäheit
Zierrat	zieren/Unrat	Zierat

So einleuchtend die Veränderungen bei einem großen Teil der Wörter scheinen, so fragwürdig sind sie dann, wenn man das Prinzip der Stammschreibung als Hinweis auf die Genese eines Wortes, seiner Etymologie, ernst nimmt. Hier zeigt sich, dass die angenommenen Bezugswörter lediglich nach einem alltäglichen Verständnis die Basis bilden könnten, das etymologisch jedoch nicht zutrifft: So weist das Etymologische Wörterbuch (Mackensen, Ursprung der Wörter, Wiesbaden 1985) darauf hin, dass

behende	ein eigenständiges Adverb ist, das es schon *vor* der Umlautschreibung in Ableitung von <Hand> gab,
belemmert	auf das Wort »lahmer«, nicht »Lamm« zurückgeht,
Gemse	sowohl <gemz> als auch <gamz> als Ursprungswort kennt
Mesner	zwar heute lediglich noch einen Kirchendiener bezeichnet, (daher die Assoziation zu »Messe«), im ursprünglichen Sinn der »Hüter des Hauses«, der »mesinari«, war,
schneuzen	schon weitaus älter ist als <Schnauze>,
Tolpatsch	nichts mit <toll>, sondern mit <talp> (Fußsohle) zu tun hat: als Bezeichnung für einen Infanteristen,
verbleuen	von <bliuwen, bliuwan> (<schlagen>) kommt und nichts mit <blau> zu tun hat,
Zierat	sich aus <Zier> (<Schönheit, Schmuck, Pracht>) und dem Suffix <at> wie bei <Heimat> zusammensetzt.

Die Wahl der Bezugswörter ist also auf keinen Fall eindeutig, denn eine vermeintlich inhaltliche Verwandtschaft kann nicht ausreichen, sie führt zu Beliebigkeiten und lässt zu viele Zufälle zu. Entsprechend den Vorgaben der Reformer entsteht die Frage, weshalb beispielsweise <Eltern> nicht mit <ä> wegen <älter>, <Henker> nicht mit <ä> wegen <hängen>, <Paket> nicht mit <ck> wegen <packen>, <Tölpel> nicht – ebenso wie <Tollpatsch> – mit <ll> wegen <toll>, <Käse> aufgrund eines mangelnden Bezugswortes nicht mit <e> geschrieben werden. Die Begründungen der Kinder für ihre Fehlschreibungen zeigen oft sinnvolle Assoziationen in der alltagssprachlichen Art, wie die Reformer sie auch vorgenommen haben.

Zusätzlich sind die Veränderungen der Wörter <numerieren, plazieren, Stukatur> fragwürdig: Bei ihnen wird die Stammschreibung über die Regularität der Schärfungsschreibung gesetzt, die vorsieht, dass die Dopplung des Konsonantenzeichens nur nach *betonten* Silben vorgenommen wird. Bei allen drei Wörtern ist jedoch eine andere Silbe als die markierte betont (<nume*rie*ren, pla*zie*ren, Stuka*tur*>). Im Sinne der angezielten Systematisierung hätte sich eher die Veränderung einer anderen Gruppe von Wörtern angeboten, nämlich die Abgleichung *der* Wörter mit den Regeln der Schärfungsschreibung, die von ihr abweichen, weil ein Konsonantenzeichen gedoppelt wird, das einer *unbetonten* Silbe folgt: <frappierend, Kassette, Korrektur, Kommode usw.> (Mit der Veränderung von <Waggon> zu <Wagon> wurde die Orientierung an der Schärfungsregel in einem Fall vorgenommen).

Entsprechend diesen Kritikpunkten erweist sich in der Gruppe der veränderten Wörter die Korrektur lediglich von folgenden Wörtern als sinnvoll, weil konsequent:

gräuel/gräulich wegen *sich grauen*
Jähheit wegen *jäh/jähe + heit*
Quäntchen wegen *Quantum*
Rohheit wegen *roh/rohe + heit*
überschwänglich wegen *Überschwang*
Karamell wegen *Karamellen*
Mopp wegen *moppen*
Tipp wegen *tippen*
Zähheit wegen *zäh/zähe + heit*

Zu begrüßen ist die Freigabe von zwei Schreibungen bei

Albtraum/Alptraum (bisher *Alptraum*), da sowohl *Alb* (Elfe, Naturgeist) als auch *Alp* (Gespenst, Nachtmahr) als Bezugswort angenommen werden können,
aufwändig/aufwendig (bisher *aufwendig*), da sowohl *wenden* als auch *Aufwand* als Bezugswort angenommen werden können,
Schänke/Schenke (bisher *Schenke*), da sowohl *ausschenken* als auch *Ausschank* als Bezugswort angenommen werden können,
selbstständig/selbständig (bisher *selbständig*), da das Kompositum aus *selbst* und *Stand* als Bezugswort angenommen werden kann

113

Folgerungen der Differenzierung von Kern und Peripherie in der Orthographie für den Unterricht

Für den Teil der Schriftsprachprobleme, die im Anfangsunterricht (1.–2. Klasse) relevant sind bzw. werden können, ist hier aufgezeigt worden, dass er in seinem Kern in Systeme zu integrieren, daher in Regeln zu fassen, daher kognitiv erlernbar ist. *Schriftspracherwerb didaktisch und methodisch über das Einprägen von »Wortbildern« erreichen zu wollen, ist also auch unter sprachwissenschaftlichem Aspekt nicht (mehr) erforderlich.* Der Unterricht kann/muss so aufgebaut werden, dass die Kinder die den Texten immanenten, systematisierten Regeln entdecken, üben, automatisieren, anwenden können.

Dennoch ist es nicht möglich, ohne eine *Liste von Lernwörtern*, die die Kinder als Regelabweichungen lernen, also erwerben müssen, auszukommen. Das hat vor allem die Darstellung der Dehnungsschreibung gezeigt, das trifft aber auch auf mehrfach mögliche Schreibungen für einen Laut (z. B. x, ks, gs, chs; pf, f, v) sowie auf einige andere Bereiche zu. Die Wörter, die sie enthält, gehören in den peripheren Bereich der Rechtschreibungen, der sicherlich auch mit zu erlernen ist, der jedoch aus der Fehlerbewertung, wenn sie denn überhaupt stattfinden soll, lange Zeit herauszuhalten ist. Alle Fehler, die hier entstehen, indem Kinder auf nichtregelhaft geschriebene Wörter die entsprechenden Regeln dennoch anwenden, sind nicht zu sanktionieren.

Die Anzahl der Wörter in den »Listen«, der Wörter also, die im Sinne des Grundwortschatzes über das Gedächtnis zu lernen sind, stellen jedoch – wie am Beispiel der Dehnung gezeigt werden konnte – einen geringen Bruchteil der Wörter dar, deren Schreibung abgeleitet werden kann. Deshalb müssen die Regeln der Schriftsprache und die sie repräsentierenden Strukturen didaktische Leitlinien des Sprachunterrichts in der Grundschule sein.

Formen der praktischen Arbeit im Anfangsunterricht

Die Anregungen für schulische Arbeit, die ich im Folgenden vorstellen werde, basieren zu weiten Teilen auf dem, was ich 1986–1988 in meinem damaligen 1. und 2. Schuljahr durchgeführt habe. Den Teil jedoch, der auf den sprachwissenschaftlichen Ergebnissen von U. Maas aufbaut, habe ich noch nicht unterrichtlich ausprobieren können. Die Anregungen werden jedoch z. Zt. in einigen Grundschulklassen in Stadt und Land Osnabrück von Kollegen und Kolleginnen umgesetzt, mit denen ich in einer mehrteiligen Lehrerfortbildungsveranstaltung die Grundlagen erarbeitet habe und deren Vorgehen ich jetzt begleite. Dabei zeigt sich, dass jede Kollegin methodisch ihren eigenen Weg mit ihren Kindern wählt.

Grundschulpädagogische Prämissen

Folgende Rahmenbedingungen zu berücksichtigen scheint für einen Unterricht, in dem nach den im Folgenden darzustellenden pädagogischen Prinzipien gearbeitet wird, günstig zu sein:

- Die Arbeit sollte nach relativ festen Tages- und/oder Wochenplänen verlaufen, die in der inhaltlichen und methodischen Offenheit des Unterrichts Sicherheiten bieten.
- Wenn die Gesamtelternschaft der Klasse damit einverstanden ist und es Mütter und Väter gibt, die sich bereit erklären, ist es sehr von Vorteil, Elternteile morgens mit im Unterricht zu haben, um den Kindern bei ihren einzelnen Aufgaben zu helfen. Nahezu alle Bundesländer gestatten diese Mitarbeit der Eltern. (In einem differenzierten Unterricht sind nie genug Erwachsene!)
- Unterricht, der andere Wege geht als die herkömmlichen, verängstigt Eltern leicht in ihrer Sorge um das Fortkommen ihrer Kinder. Deshalb ist es wichtig, ihnen immer wieder die neuen Wege zu begründen und für ihre Fragen offen zu sein.
- Schulbücher, hier: Fibeln und Sprachbücher, haben vorwiegend andere didaktische Positionen als die hier aufgeführten. Sie können natürlich dennoch für die Klasse angeschafft werden, weil die Kinder auch gern »richtige« Bücher wie die Großen haben möchten. Sie sollten jedoch aus vielen Gründen im Sinne eines »Steinbruchs« (Bergk), nie in ihrer festgelegten Progression und vollständig vom Anfang bis zum Ende mit dem hier vorgeschlagenen Unterricht verbunden werden.
- Beurteilungen können und müssen anders geschehen als durch Zusammenzählen von Fehlern und dem Zuordnen zu einer Note. Fehler sind Ergebnisse von schriftsprachlichen Experimenten der Kinder, die zu beobachten und zu besprechen, aber nicht zu verurteilen sind.
- Abschreiben, die wohl verbreitetste Form des Schreibens im Anfangsunterricht, kann von Kindern (natürlich) nur erwartet werden, wenn ihnen der Grund dafür einsichtig gemacht werden kann: um vorgeschriebene und korrigierte Texte für Veröffentlichungen z. B. als Plakate oder Wandzeitungen »schön« zu gestalten usw.

Meine Schüler beispielsweise haben ihre Texte auf einfachen Zetteln vorgeschrieben. Nach der Korrektur schrieben sie sie, bevor sie während eines längeren Zeitraums abgetippt oder gesetzt wurden, in ihr Heft, weil diese Zettel erfahrungsgemäß schnell verloren gingen. Eine weitere Form von Wiederholung eines Textes war es, wenn sie Texte für handschriftliche Veröffentlichungen erst mit Bleistift abschrieben, was gut zu korrigieren war, und dann den endgültigen Text mit farbigen Stiften nachzogen – viele Gründe zum Ab- und Nachschreiben also, die den Kindern einleuchteten.

Didaktisch gelten folgende Prinzipien

- Die meisten Kinder kennen die *kommunikative Funktion von Schrift*: etwas nicht-gegenwärtigen Menschen mitteilen können und Mitteilungen empfangen. Einige Kinder kennen sie jedoch noch nicht, sie müssen sie während

des Unterrichts erfahren können: durch Vorlesen, durch das Empfangen von Mitteilungen, durch das eigene Verschriften von Mitteilungen. Im Mittelpunkt der schriftlichen Arbeit stehen also schriftliche Produkte von den Kindern und an die Kinder – in der Gruppe und individuell.
- Kinder müssen von Anfang an erfahren, *dass Schriftsprache eigene, von der mündlichen Sprache abweichende Gesetzmäßigkeiten hat.* Das geschieht, indem sie sich intensiv, handelnd mit Geschriebenem auseinander setzen. Die Funktion der Rechtschreibung für Leser können sie z. B. in fehlerhaften »Briefen« von orthographieunkundigen Wesen erkennen.
- Um es auch an dieser Stelle noch einmal zu betonen: Die hier angeregte gezielte Spracharbeit muss von vielen, zeitlich vielleicht sogar gleichwertigen selbstständigen Verschriftungen der Kinder (»Spontanschreibungen«) begleitet werden. Ihnen dienen die vielen bekannten Schreibanlässe, die sich auch schon für Erstklässler finden lassen: vor allem Briefe, die z. B. durch Janosch' Buch »Post für den Tiger« angeregt werden können, auch »Montagsgeschichten«, »Tagebücher« usw.

3.5 Schreibtechniken zum Herstellen von Texten

Schreiben (nicht Abschreiben) ist für Schulanfänger ein sehr komplexes Unterfangen: Sie müssen die Formen der Buchstaben kennen lernen, sie sich merken und beim Schreiben reproduzieren, sie müssen feinmotorisch in der

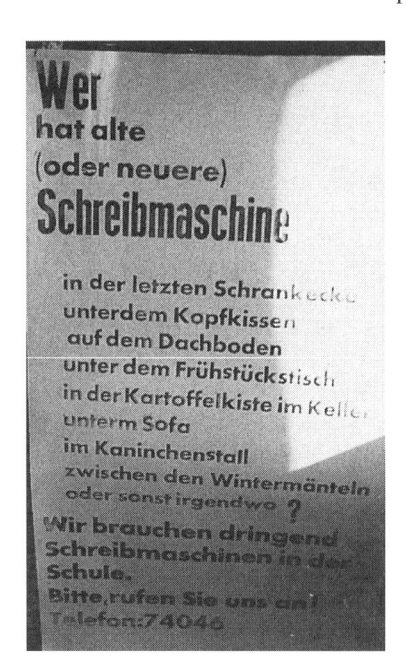

Ein selbst gedrucktes Werbeplakat von Kindern des 2. Schuljahres, das sie an öffentlichen Plätzen und in Geschäften innerhalb und außerhalb des Stadtteils aufhängten.

Lage sein, in der erwarteten Größe und in den entsprechenden Linien zu schreiben, und sie müssen ihre Artikulation mit ihrem Wissen über die Verschriftungsformen in Beziehung bringen.

Um sie in dieser Komplexität zumindest feinmotorisch-graphisch zu entlasten und um an eine Fertigkeit, die *alle* Kinder meiner Klasse in die Schule mitbrachten, anzuschließen, habe ich ihnen während der ersten Monate in der Schule ausschließlich große Druckbuchstaben angeboten (vgl. Valtin 1990, Röber-Siekmeyer 1990, 1991a). Das Schreiben der einfachen Formen auf großen Blättern ersparte ihnen – und mir – die für alle wenig sinnvollen Schwungübungen und ließ sie gleich Sinnvolles, Wörter, produzieren.

Kleine Druckbuchstaben als neue grafische Form lernten sie in der Schule erst nach Weihnachten kennen. Zukünftig würde ich aber einigen Kindern Schreiblehrgänge mit Gemischtantiqua, deren Buchstaben mit Pfeilen in Schreibrichtung versehen sind (vgl. Bergk 1990, S. 91; Spitta 1988, S. 46) und in denen sie selbstständig die Buchstabenformen erlernen können, jedoch schon eher geben, denn die Verschriftungen au-

Ein Beispiel für einen getippten Text aus dem 1. Schuljahr
(aus der Chronik der Klasse):
- Falsch geschriebene Wörter wurden sofort richtig wiederholt, und das falsche wurde abschließend mit Tip-ex entfernt. So entstehen die Lücken in den Texten.
- Kleine handschriftliche Korrekturen sind natürlich zusätzlich zugelassen.
- Die Texte wurden wegen der besseren Lesbarkeit beim Kopieren um 100% vergrößert.

ßerhalb der Schule, die viele bald nach der Einschulung zu erlesen versuchen, sind in Gemischtantiqua geschrieben. (Gutes Material verschickt das Pädagogische Zentrum, Berlin, kostenlos.) Die Tatsache, dass einige Kinder noch in der 2. Klasse, zu deren Beginn sie die Schreibschrift (Vereinfachte Ausgangsschrift, z. B. nach dem Lehrgang der »Praxis Grundschule«, Westermann-Verlag, Sonderheft 1981) lernten, bei ihren Spontanverschriftungen große Druckbuchstaben wählten, lässt vermuten, dass deren einfache Formen den Kindern das Schreiben am Anfang erleichtern.

Die Diskussion um die geeignetste Schrift für den Schulanfang wird durch die Erfahrungen, die DDR-Pädagogen hier gemacht haben und die teilweise von den in den alten Bundesländern vertretenen Konzeptionen abweichen, in den nächsten Jahren sicher wieder neu entfacht werden.

Schreiben, also Texte erstellen, ist jedoch auch anders möglich:

– Kinder diktieren Schreibkundigen ihre Texte.
  Mütter, Studentinnen in der Klasse und ich haben uns sehr lange – bei einigen Schülern sogar bis ins 3. Schuljahr hinein – Texte, deren Länge und Ausführlichkeit die schriftsprachlichen und motorischen Fähigkeiten der Kinder überschritten, diktieren lassen. Die Kinder schrieben dann das von den Erwachsenen Geschriebene noch einmal ab (»Damit ich weiß, ob du alles gut lesen kannst, was ich geschrieben

habe«), bevor sie es für das Produkt, in das es aufgenommen werden sollte – ein Buch, ein Brief, ein Plakat usw. – druckten oder tippten.
– In jeder Klasse sollten vom ersten Schuljahr an *Schreibmaschinen* stehen.
(In unserer Schule hatte der Schulleiter 16 von einer Berufsschule erwerben können, als sie Computer anschaffte. Weitere Maschinen hatten wir durch häufige Werbeaktionen bei den Eltern, im Stadtteil und darüber hinaus bekommen, sodass in jeder Klasse mindestens drei Maschinen vorhanden sind.)
Abgesehen von dem hohen Motivationswert des Schreibens »wie Erwachsene«, machen Gespräche zwischen zwei Kindern, von denen eins tippt, das andere diktiert, über einzelne Wörter oder Fehler deutlich, welche Reflexionsleistungen hier stattfinden können: »Jacke mit ck, das hörst du doch, du hast doch Jaaa-ke geschrieben!« Für Fehler galt in meiner Klasse immer: Das falsch getippte Wort stehen lassen, das richtige dahinter schreiben, beim Korrigieren wurde das falsche mit Tip-Ex entfernt. (Darum gibt es in den kopierten Texten der Kinder – in Klasse 1 und 2 habe ich die Texte wegen der besseren Lesbarkeit um 100% vergrößert kopiert – häufig längere Lücken).

– Computer eignen sich natürlich viel besser als Schreibmaschinen, nicht nur wegen des leichteren Korrigierens – sie sind eben noch viel »erwachsener«.
– Andere Formen des Schreibens sind die diversen Möglichkeiten des Druckens: mit der Freinet-Druckerei, mit dem Lego-Drucksystem, bei dem auf Legosteinen befestigte Buchstaben, die sich im bekannten System zusammenfügen lassen, mit Schaumstoffbuchstaben (Spong-Hobbyidee, Formen für den Stoffdruck, in Bastelgeschäften zu erhalten), zu Ketten zusammenfügbaren Holzbuchstaben usw.
– Um intensiv mit den Buchstabenformen manuell umzugehen, sie dabei zu erlernen und gleichzeitig mit ihnen Wörter bilden zu können, eignet sich die Technik des »Ausprickelns« sehr: Die Kinder setzen mit einer dicken Stopfnadel auf die Umrisslinien eines Buchstabens, der auf festes Papier gezeichnet wurde, Loch an Loch, bis sie den Buchstaben herauslösen können. Das feste Papier liegt auf einem Stück Teppichboden. So lassen sich schöne bunte Plakate gestalten. Buchstaben können auch aus Mürbeteig geformt, gebakken und anschließend »verinnerlicht« werden (vgl. Röber-Siekmeyer 1988).
– Viele beeindruckende Beispiele für Möglichkeiten der *Gestaltung durch und mit Schrift* hat G. Krichbaum gesammelt (G. Krichbaum, Schrift gestalten – Gestalten mit Schrift, Frankfurt [Arbeitskreis Grundschule] 1987 und zusammen mit G. Kawel, Mit Schrift gestalten, Braunschweig [Westermann] 1989).
– Der Umgang mit Schrift, der gezielt zum Erkennen orthographischer Strukturen führt, ist das *Auseinanderschneiden und Zusammenfügen einzelner vorgegebener Wörter* (vgl. Bergk 1990, S. 41–49). Durch das »Puzzeln« mit Segmenten nach schriftlicher und mündlicher Vorlage haben die Kinder Gelegenheit, handelnd zu »schreiben«, ohne sich von der Schreibtechnik ablenken zu lassen, und handelnd zu »lesen«.

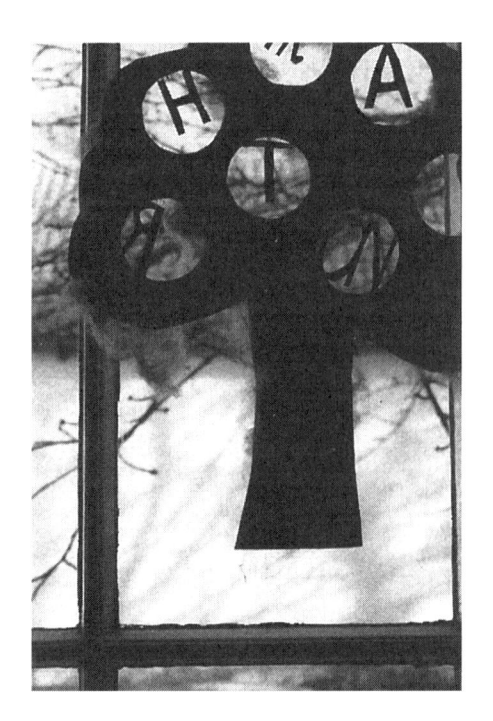

Ein Beispiel für die »Prickelarbeiten« der Klasse:
Jedes Kind »prickelte« die Buchstaben seines Namens aus, die in einen Baum genäht wurden. Diese schmückten zwei Jahre lang die Fenster des Klassenraums.

Die Technik des „Ausprickelns"

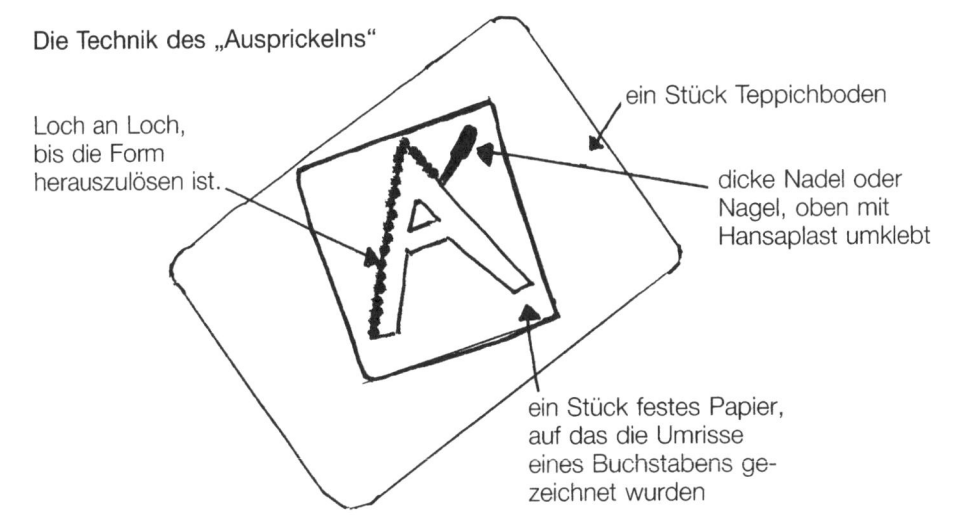

Loch an Loch, bis die Form herauszulösen ist.

ein Stück Teppichboden

dicke Nadel oder Nagel, oben mit Hansaplast umklebt

ein Stück festes Papier, auf das die Umrisse eines Buchstabens gezeichnet wurden

Wichtig scheint in diesem Zusammenhang noch einmal der Hinweis darauf, die Buchstaben und Buchstabenkombinationen nicht mit ihrem »Lautwert«, sondern mit ihren »Namen« zu bezeichnen: Ef, em, ge, ka usw. Laute als Segmente aus dem Strom der Gesamtartikulation lassen sich eben nicht isoliert sprechen, sie sind, wie bereits ausgeführt (s. S. 82–87), abhängig von der Koartikulation innerhalb der Silbe.

Keinen Ton rauskriegen
Ich sollte in der Schulversammlung sagen, „im Sachunterricht sprechen wir über die Jahreszeiten." Von den Jahreszeiten sollte ich auch etwas erzählen. Da bin ich durcheinander gekommen. Ich war so nervös, weil da so viele Kinder gesessen haben, da kriegte ich kein Wort raus und habe geweint.

Der Text einer Zweitklässlerin, mit Lego-Buchstaben geschrieben

Eine Hilfe für Kinder, sich an die Artikulationsmodi eines Buchstabens zu erinnern, ist seine Stellung als Anlaut. Daher bezeichnen sie Kinder einer hiesigen ersten Klasse immer im Zusammenhang mit einem Erinnerungswort: »ha wie Hakan«, »zet wie Zauberer«, »ka wie Kathrin«.

Die Benennung durch ihren angeblichen »Lautwert« impliziert die verwirrende Regel »Schreib wie du sprichst!«. Das analysierende und synthetisierende Handeln der Kinder mit vorgegebenen Buchstaben gibt ihnen viele Möglichkeiten, die Beziehung eines Buchstabens/Lautes innerhalb der Artikulation der Silbe zu ihrer eigenen mündlichen Sprache herzustellen und damit die Grundlage für eigene schriftsprachliche Experimente zu erhalten. Lenas Leseprobe z. B., in der sie alle Buchstaben »lautieren« konnte, ohne so zum Ziel zu kommen (s. S. 80–81), zeigt die Ineffektivität, den Irrweg der Methode.

3.6 Lesen

Kritik an den herkömmlichen Wegen zur Synthese

Waren die bisherigen Ausführungen primär auf die kognitiven Voraussetzungen für das *Schreiben* bezogen und wurde *Lesen* mehr am Rande, sozusagen als willkommenes Nebenprodukt, erwähnt, so zeigt die empirisch abgesicherte Theorie über das Verhältnis der beiden Fähigkeiten, die allerdings (noch) in

Bereichen der didaktischen Theorie, vor allem (noch) verbreitet in der schulischen Praxis als Novum gilt: *Lesen und Schreiben sind, lerntheoretisch betrachtet, zwei Aspekte der gleichen Sache – die mündliche Sprache im Verhältnis zu den Regeln der Orthographie analysierend und in Grapheme umsetzend beim Schreiben, Grapheme nach den Regeln der Schriftsprache in mündliche Sprache umsetzend beim Lesen.* Vor allen Dingen dann, wenn den Kindern beim Lesen die Druckschrift, beim Schreiben die Schreibschrift angeboten wird, scheint fraglich, ob die lerntheoretische Einheit von den Lehrerinnen gesehen wird und das Bewusstsein von ihr bei den Kindern hergestellt werden kann. Gerade in Bezug auf das Lesenlernen – das wurde hier schon mehrfach angedeutet – sind (noch) didaktische und methodische Prinzipien verbreitet, die den Erkenntnissen der Spracherwerbsforschung diametral entgegenstehen.

Nahezu alle Leselehrgänge in Form von Fibeln gehen davon aus, dass Lesen eine Technik ist, in der die »Lautwerte« einzelner Buchstaben nacheinander miteinander »verschmolzen« werden. Für dieses Vorgehen, Synthese genannt, stehen methodisch eine Vielzahl von Übungsformen zur Verfügung. *Sie basieren linguistisch eben alle auf der Annahme der Phonem-Graphem-Korrespondenz*, nach der beim Lesen jedem Buchstaben ein Laut, manchmal allerdings mehrere zuzuordnen sind; beim Schreiben wäre der jeweils gebrauchte Laut von dem Graphem wiederzugeben, das bei seiner »Lautung« vermittelt wird. Pädagogisch praktizieren die Fibeln das verbreitete Prinzip »Vom Einfachen zum Schwierigen«: »Einfach« in der geringen Quantität und in der Qualität insofern, als einige Buchstaben als »lauttreuer« eingestuft werden als andere (z. B. *f*, *l*, *m*, *a* usw.), dementsprechend »schwieriger« als lange Wörter mit »weniger lauttreuen« Buchstaben (*Elefant*, *Schokolade* usw.). Diesen Prinzipien liegt die Annahme zugrunde, dass das Primat im didaktischen Prozess beim Lehren liegt, dass Kinder also nur lernen, was und wie die Lehrerin unterrichtet hat: Kinder als Tabula rasa.

Wie bereits unter mehreren Aspekten beschrieben, widersprechen dieses didaktische Gebot und seine Implikationen völlig dem, wie Kinder lernen und wie es jetzt für den Bereich Lesen/Schreiben von der Spracherwerbsforschung in zahlreichen Untersuchungen (wieder) bestätigt wurde: nämlich, *dass einerseits Kinder weitaus mehr Buchstaben lesend und schreibend anwenden können, als im Unterricht »behandelt« wurden und dass andererseits »behandelte« Buchstaben noch lange nicht von allen Kindern in der erhofften Weise »beherrscht« werden* (vgl. das veröffentlichte Erlebnis von H. Giese, in dem ein Erstklässler zwar das Wort *Zoo* erlas, es aber eigentlich laut eigener Aussage noch nicht durfte, weil das Z »noch nicht dran war« [Giese 1986]).

So hat M. Dehn in einer Untersuchung herausgefunden, dass 32 Kinder »Hammer« ohne Nachfrage erlesen, obwohl 16 das »e« noch nicht »gehabt« haben, ebenso wie »leise«, bei dem 16 Kindern »e« und »s« unterrichtlich unbekannt waren. Andersherum verwechseln 11 von 32 Kindern »hat« mit »halt« oder »holt«, obwohl »h«, »a«, »t« im Unterricht »dran waren«. Was für das Lesen zutrifft, wird beim Schreiben bestätigt: 18 von 34 Kindern schrieben »Lastwagen« richtig, obwohl das »w« noch nicht eingeführt worden war, ebenso wie 24 von 34 das »m« bei »Arme« und 16 von 34 das »p« von »Lampe« richtig notierten (vgl. Dehn 1988, S. 29–30). »Die Einblicke in den Lernprozess zeigen, dass ein hochkomplexer Vorgang wie der Schriftspracherwerb bereits im Anfangsstadium so etwas wie eine Eigengesetzlichkeit entfaltet: Beim Lesenlernen gilt das für die materiale Ebene (die Kinder kennen etliche Buchstaben sicher, die noch nicht im Unterricht behandelt sind, beherrschen andererseits nie alle den Buchstabenbestand des Lehrgangs): es gilt auch für die Teilschritte, die sie beim Erlesen anwenden (abgesehen von der sukzessiven Synthese sind sie zumeist nicht Gegenstand von Unterricht) und vor allem für die Metaverfahren, mit denen sie die einzelnen Teilschritte verknüpfen« (Dehn 1988, S. 81, vgl. auch H. Günther 1990, Brügelmann 1989, Erichson 1987, Spitta 1985).

L. Schmitt trägt in seinem Überblick über den gegenwärtigen Stand der Leseforschung (1989) zwei empirisch untermauerte Argumente gegen die verbreitete Annahme der buchstabenbezogenen Synthese von Graphemen als Königsweg der Lesemethode zusammen:

– Gute Leser unterscheiden sich von schlechten dadurch, dass es ihnen schon früh gelingt, »in unbekannten Wörtern Teile mit mehreren Buchstaben als Ganzes zu erkennen und zu synthetisieren, während die Letzteren versuchen, die Wörter Buchstabe für Buchstabe zu erlesen« (S. 188).
– Wenn die unterrichtlichen Übungen dementsprechend angelegt sind, gelingt es den Schülern sehr schnell, »häufige Buchstabenverbindungen aufgrund ihrer Auftretungswahrscheinlichkeit vorauszuerwarten und so schneller wahrzunehmen« (S. 189).

In der Diskussion der Segmentierungen über Laute/Buchstaben hinaus, die in der Didaktik der letzten Jahrzehnte aufgrund der Ineffektivität der Synthese immer wieder an deren Stelle zu rücken versucht werden (Signalgruppen, Morpheme, Silben), gibt L. Schmitt in Anlehnung an die Arbeiten von DDR-Didaktikern den Silben den Vorzug, ohne der hier dargestellten linguistisch-phonetischen Argumentation zu folgen: »Eigene Erfahrungen im täglichen Unterricht zeigen immer wieder, dass Schüler Wörter, die sie ungegliedert nicht lesen konnten, in Silben gegliedert erlesen können« (S. 195). Dabei legt er, seinen Erfahrungen folgend, besonderen Wert auf den Silbenaufbau: »Je mehr Konsonanten um ... den Kern der Silbe herum sind, umso schwieriger wird für die Schüler das Erlesen dieser Silbe ...« (S. 202. Leider nehmen die vielen abwechslungsreichen Übungen, die er vorschlägt, diese Erfahrung nicht gezielt auf)

Ansätze der DDR-Didaktik

Da die didaktische Entwicklung während der vergangenen 20 Jahre in der DDR stärker als die westdeutsche durch die strukturierende Sprachwissenschaft und -didaktik sowjetischer Prägung wie vor allem der Vygotskis bestimmt war, ist der Ansatz, die Vorgaben der Schriftsprache den Kindern zur Kanalisierung ihrer Wahrnehmung anzubieten (natürlich sowohl in Bezug auf das Lesen als auch auf das Schreiben), hier Normalität.

So begründet E. Richter die Konzipierung der letzten DDR-Fibel (Volk und Wissen 1990) und ihres Begleitmaterials mit didaktischen Positionen, die dort seit vielen Jahren Allgemeingut, hier jedoch (wieder) Neuerungen darstellen: »Lesen und Schreiben werden von Anfang an im Zusammenhang erlernt, um die gegenseitige Beförderung der Lernprozesse beim Lesen und Schreiben voll zur Wirkung kommen zu lassen« (Richter 1990, S. 107). »Die Übungen des Wortabbaus und Wortaufbaus ... usw. ermöglichen, dass die Kinder *die Struktur der Wörter* unmittelbar und spielerisch erfassen ...« (S. 106, Hervorhebung R.-S.). Wieweit versucht wird, sprachwissenschaftliche (phonologische) Erkenntnisse in die didaktische Arbeit in der Schule einfließen zu lassen, wird deutlich, wenn deren grundlegende Details in das »Lehrbegleitmaterial«, das in der DDR-Grundschulzeitschrift »Unterstufe« veröffentlicht wurde, aufgenommen sind. So werden folgende *fünf Schwierigkeiten beim Lesenlernen* aufgezählt, *die der buchstaben-/lautweisen Synthese im Wege stehen*:

– der »Glottisschlag« vor einzelnen, also isoliert gesprochenen Vokalen,
– das Lautieren als »teilweise verkapptes Buchstabieren«, da »eine Reihe von Konsonanten« nicht isoliert lautiert werden können (weil hier generell auch von der Graphem-Phonem-Korrespondenz ausgegangen wird, werden m, n, e und s als »reine Laute« angesehen),
– die unterrichtliche »Silbenschwere«, insbesondere die Konsonantenhäufungen am Silbenanfang bzw. -ende,
– die Koartikulation beim Sprechen aufgrund »einer *flüssig ablaufenden Dauerbewegung* in der Atmung, Stimmgebung und Artikulation«
– sowie die »lautlichen Realisierungsvarianten von Phonemen, Länge und Kürze der Vokalphoneme« (Wendelmuth 1990, S. 110–111).

Gemäß diesen linguistischen Vorgaben entsprechen die didaktischen Schwerpunktsetzungen in weiten Teilen den auch in diesem Buch entwickelten Anregungen zur Strukturierung der Schriftsprache. Aufgrund des Festhaltens an der GPK und vor allem aufgrund anderer didaktischer Prinzipien wie dem Primat des Lehrens gegenüber dem Lernen gibt es jedoch unterrichtlich gravierende Unterschiede zwischen dem vorwiegend bis ausschließlich durch die Fibel, das heißt durch *Lehr*prozesse bestimmten Unterricht und dem Konzept, wie ich es hier zu entwickeln versuche.

Die Methode J. Reichens

Den im hiesigen Einflussbereich wohl bekanntesten Neuansatz der letzten Jahre zum Lesenlernen, der zwar in ein kommerzielles Lehrmittel umgesetzt wurde (Sabe-Verlag, Zürich 1988), der jedoch weit von den Festlegungen der Arbeit mit einer Fibel entfernt ist, vertritt das Programm »Lesen durch Schreiben« des Schweizer Lehrers J. Reichen: Im Mittelpunkt der Tätigkeit der Kinder steht eine »Anlauttabelle« in Form eines Bogens (die mir aufgrund ihrer Übersichtlichkeit als die »benutzerfreundlichste« aller inzwischen angebotenen Tabellen erscheint): Aufgrund der Beziehungen, die die Kinder zwischen einem abgebildeten Gegenstand und dem ihm zugeordneten Buchstaben, den er im Anlaut hat (G – Geige) herstellen, kommen sie schon sehr früh dazu, eigene Wörter und Texte zu verschriften – und dabei gleichzeitig zu lesen.

Linguistische Basis einer solchen Didaktik ist allerdings wiederum die Annahme der Graphem-Phonem-Korrespondenz, die es den Kindern ermöglicht, richtig zu verschriften, wenn sie die Fähigkeit entwickelt haben, »ein beliebiges Wort in seine Lautkette zu zerlegen und danach phonetisch vollständig aufzuschreiben« (Reichen 1988, Heft 1, S. 8). Die GPK bildet daher die Grundlage der »Hauptaufgabe des Unterrichts«: der »Hinführung zur Lautstruktur der Sprache«, und diesem Ziel dient das große, bewusst Auswahl ermöglichende »Überangebot« an Arbeitsblättern und Spielen vorwiegend zur akustischen Wahrnehmung.

Der in acht Einzelheften verfasste Lehrerkommentar weist immer wieder nachdrücklich auf die notwendige *offene Gestaltung des Unterrichts* hin, die den Rahmen für die Eigentätigkeit anregenden Arbeitsformen bildet. Gerade in diesem *»Werkstattunterricht«* (dem schweizerischen Pendant für Offenen Unterricht) liegt der große Wert dieses Lehrgangs: Er zwingt die Lehrerin zur Zurückhaltung, zu »minimaler Hilfe«, und gibt den Kindern somit viel Raum zum eigenen Forschen und Entdecken, zur eigenen Entwicklung. Die Tatsache, dass die allermeisten Kinder schon früh auf diese Weise zum Lesen kommen, worüber Lehrerinnen immer wieder begeistert berichten, und dass sie dieses Ziel erreichen, obwohl sie (oder weil sie) nie herkömmlichen Vorlesesituationen ausgesetzt sind, kann sicher als Erfolg dieser Methode gesehen werden. Sie bestätigt damit in vielen Bereichen die Ergebnisse der Schriftspracherwerbsforschung.

Der didaktische *Mangel dieses Lehrgangs* liegt m. E. in der zu geringen Bearbeitung des Prinzips »Rechtschreibenlernen von Anfang an« (M. Bergk), da orthographischer Frust bei vielen Kindern durch die Enttäuschung darüber entstehen muss, dass es keine »Lauttreue« gibt, obwohl sie nach diesem Prinzip in die Schriftsprache eingeführt wurden. J. Reichen nimmt diesen Widerspruch bewusst in Kauf: »Im Interesse der Sprachentwicklung der Kinder sollen Verbesserung und Schulung im Bereich Rechtschreibung *nach* dem primären Schrift- und Leseerwerb einsetzen ... Ist eine Sicherheit im Umgang mit den Schriftzeichen gewachsen, so können die – *oft phonetisch unlogischen!* – Regeln der Orthographie Schritt um Schritt angegangen werden ...« (Informationsblatt für Lehrer, S. 18, Hervorhebung R.-S.). Entsprechend diesem Festhalten an der Lauttreue-Erwartung vergibt der Lehrgang die Möglichkeit, linguistisch adäquat auf die kindliche Entwicklung in diesem Lernprozess einzuwirken, obwohl das lernpsychologisch durch die Adaption der Präfigurationstheorie durchaus angelegt ist und mit den Materialvorgaben bewirkt wird. »Im Sinne des Präfigurationsprinzips darf der Lehrer dem Kind also eine Leistung höherer Stufe zutrauen, bevor es die einfacheren Leistungen alle vollständig erbringen kann« (S. 10).

Trotz dieser elementaren Kritik haben folgende Grundprinzipien des Lehrgangs eine didaktische Bedeutung:

– Lesen wird durch Schreiben gelernt.
– Die Kinder müssen durch das Bereitstellen unterschiedlicher Schreibanlässe schon früh zum Schreiben »verlockt« werden. (Allerdings müssen die »Verlockungen« durch Hilfen begleitet werden, die die Kinder die Regularitäten der Schriftsprache erkennen und anwenden lassen, s. Kap. III.)
– Das Primat des Lehrens mit der Anordnung fester didaktischer Schritte und seiner Erwartung »gehabt – gekonnt« ist zurückzustellen zugunsten von Lernangeboten, deren Annahme die Kinder selber bestimmen.

Entsprechend dem ersten Prinzip wird auch hier im Folgenden das Lesen theoretisch und praktisch in die allgemeine Darstellung des Schriftspracherwerbs eingebunden sein.

3.7 Die Bedeutung der ersten Inhalte

Der Fibel-»Dadaismus«

Die Inhalte der Texte haben für Kinder gleich welchen Alters vorrangige Bedeutung gegenüber den didaktischen Absichten zum Schreiben- und Lesenlernen. Darum befasst sich auch ein Teil der Fibelkritik mit der Banalität der Texte in den ersten Büchern: »Fu, tutut, Fu ruft, Uta ruft, Fu ruft Uta, Uta malen Uli, mein Ball, nein Uli nein, du Udo da deine Oma, nein Oma, meine Oma, Udo, Udo, Oma, Oma« usw. (zum »Dadaismus« der Fibelsprache vgl. Pregel 1991/1992).

Die Grundthese, dass Buchstaben nur in einer bestimmten Progression und Wörter nur, wenn sie mit diesen Buchstaben »lautgetreu« zu schreiben sind, von Kindern erlernt werden können, lassen keine anderen Texte zu. Das Wissen um die Fähigkeit von Kindern dieses Alters, sich die lautliche Bedeutung eines Buchstabens aus den schriftlichen und mündlichen Zusammenhängen der Silbe/des Wortes erschließen zu können und mit ihm experimentell selbstständig arbeiten zu können, wenn ihnen das gestattet wird und wenn sie bei Bedarf Hilfe auf diesem Weg bekommen, macht diese lähmenden Vorsichtsmaßnahmen überflüssig. Dadurch wird die *Entscheidung für situationsbezogene Inhalte mit der Möglichkeit zur Individualisierung* offen.

Meine Arbeit in den ersten Wochen mit den Namen der Kinder

Weil ich bei einem Besuch meiner zukünftigen Schüler schon vor der Einschulung gesehen hatte, dass *alle* Kinder ihren *eigenen Namen* schreiben konnten, und weil bekannt ist, welche Anziehungskraft der eigene Name und der der Freunde auf Kinder haben, habe ich diese 18 Wörter an den Anfang des Schriftspracherwerbs meiner Klasse gestellt. Abgesehen davon, erschien es mir wichtig, dass die Kinder sich zunächst mit sich selbst innerhalb der Gruppe beschäftigen: Jeder sollte die Gelegenheit erhalten, an einem Tag von allen in den Mittelpunkt gerückt, »gefeiert« zu werden.

Aufgrund dieser pädagogischen und inhaltlichen Festlegung hatte ich die Kinder vor den Sommerferien vor ihrer Einschulung im Kindergarten bzw. zu Hause besucht und fotografiert. Kolleginnen, die ähnlich gearbeitet haben, haben den Kindern vor den Sommerferien geschrieben und sie bzw. ihre Eltern gebeten, ein oder zwei Fotos zu schicken oder in die Schule zu bringen, und haben dann nur noch die Kinder aufgesucht und fotografiert, von denen keine oder für sie unbrauchbare Fotos angekommen waren.

Von den Fotos habe ich zwei Abzüge machen lassen, einmal in Postkarten- dann in Passbildgröße.

Die Kosten für die Anfangsmaterialien sowie für einen Teil der zahlreichen Fotoarbeiten habe ich zunächst durch die Summe abdecken können, die mir als Klassenetat ebenso wie jeder anderen Klasse aus dem gesamten Schuletat zur eigenen Verfügung stand. Spätere Kosten konnte ich dadurch begleichen, dass die Kinder ihre hektografierten oder gedruckten Bücher an Verwandte, Freunde usw. verkauften und dabei so viel Geld einnahmen, dass damit sogar Klassenfahrtzuschüsse bezahlt werden konnten.

Die kleineren Bilder habe ich je in die rechte obere Ecke eines von mir mit großen Karos ($1{,}5 \times 1{,}5$ cm) linierten DIN-A4-Blattes geklebt und jeweils 18mal kopiert. Alle 18 Blätter wurden mit einer festen Pappe als Boden und einem festen, als Titelblatt gestaltetem ersten Blatt seitlich zusammengeheftet: So entstand das Buch »Die Klasse 1a«. Dieses Buch erhielten die Kinder am 1. Schultag als mein Willkommensgeschenk.

Als Weiteres erhielten sie eine Schachtel aus fester Pappe, etwas größer als DIN-A5-Format, die ich für DM 1,50 in einer Cartonage-Fabrik für sie hatte herstellen lassen. Auf den Deckel hatte ich »Schatzkästchen – Mein Wortschatz« und den Namen des Kindes geschrieben. In diese Schachtel sammelten die Kinder im Laufe des 1. und 2. Schuljahres auf Karteikarten ihre geschriebenen Wörter, die sie neu erworben hatten, als ihren »Schatz«, sie immer wieder stolz zählend.

Die Fotos in Postkartengröße hatte ich mit einem Papprahmen versehen und vor der Einschulung an eine Wand in unserem Raum, die mit Teppichbo-

DEMET

DE

MET

DEMET

DEMET

DE

MET

DE   DE
   MET   MET
DE   DE   DE
  MET   MET   MET

den beklebt war, angeheftet. Als die Kinder am ersten Tag kamen, sahen sie gleich, dass sie schon da waren. Nach der ersten Begrüßung hielt ich Pappstreifen (10 × 30 cm), auf denen je ein Name in großen Buchstaben stand, hoch, und jedes Kind nahm, nachdem es seinen Namen erkannt hatte, den Streifen und heftete ihn unter sein Bild.

Als alle Bilder beschriftet waren, fiel einem Kind auf: »Vier fangen wie ich an!«, und er zeigte auf Melanies, Manuelas, Michaels und Marias Namen, die ebenso wie seiner, Michaels, mit M begannen. Ich schrieb den Buchstaben an die Tafel.

Von einem der nächsten Tage an stand ein Kind in der Klasse jeden Tag im Mittelpunkt der täglichen Arbeit. Ich hatte Fotokopien der Passfotos auf Bierdeckel geklebt und sie in eine Dose gelegt. Ein Kind zog mit verbundenen Augen jeweils das Foto des Kindes, das am nächsten Tag »dran war«. »Dransein« bedeutete, dass mit dem Namen dieses Kindes gearbeitet wurde:

1. Ich schrieb ihn mehrfach ganz und nach Silben getrennt auf ein DIN-A3-Blatt, das rechts oben mit dem Passfoto des Kindes illustriert war, in der Schrift immer kleiner werdend, und kopierte es für jedes Kind. Die Kinder zogen meine Buchstaben mit vielen bunten Farben nach.

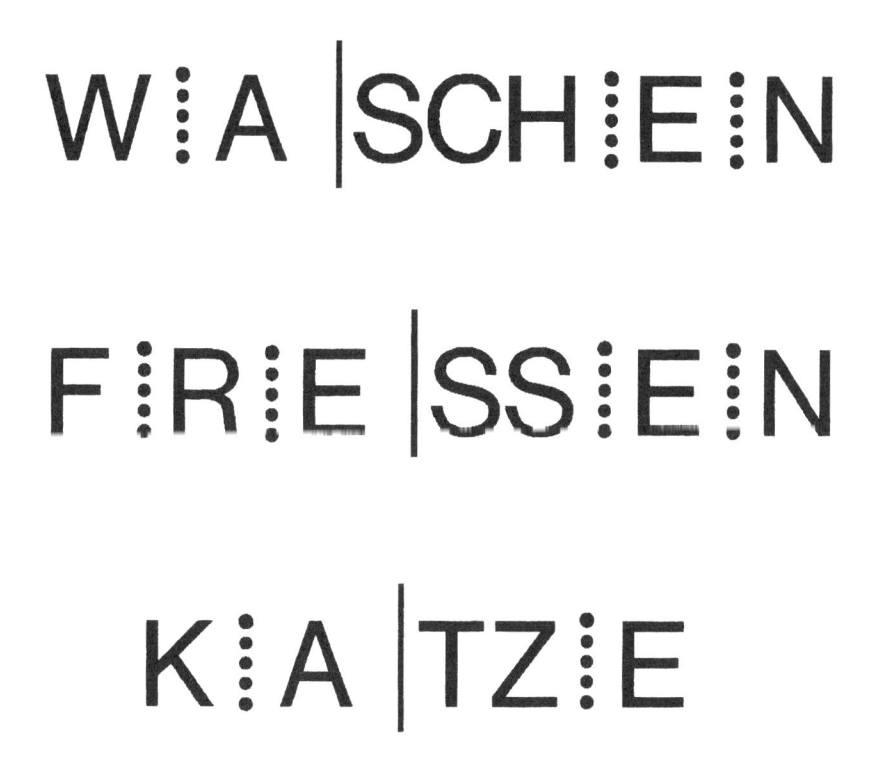

W:A |SCH:E:N

F:R:E |SS:E:N

K:A |TZ:E

2. Wenn sie diese Arbeit beendet hatten, nahmen sie sich einen Streifen, auf den ich ebenfalls den Namen geschrieben hatte und der auch kopiert war, jetzt mit gestrichelten Linien zwischen den einzelnen Buchstaben bzw. Buchstabengruppen (vgl. Bergk 1990, S. 42), die grafisch repräsentierbare Segmente (»Laute«) darstellten. Die Kinder schnitten die Streifen an den gestrichelten Linien auseinander, mischten die einzelnen Teile durcheinander und »puzzelten« sie wieder zu dem Namen zusammen. Zwischen den Silben waren zwei Linien, und die Kinder ließen an dieser Stelle beim Legen und Kleben eine größere Lücke. Wenn ich ihr Ergebnis kontrolliert hatte, klebten sie das Wort auf eine feste bunte Pappe, die danach an die Teppichbodenwand geheftet wurde und so lange dort blieb, bis an einem anderen Tag ein neuer Name erarbeitet war. Dann erhielt das Kind die vielen bunten Streifen mit seinem Namen – es waren nicht immer 18, weil nicht immer alle Kinder fertig geworden waren – als Geschenk der Klasse und nahm sie mit nach Hause.
3. Für die Kinder, die diese Aufgaben beendet hatten – für andere gab es Möglichkeiten zum Nachholen während anderer Stunden und während des zweistündigen Förderunterrichts pro Woche – bestand der nächste Schritt darin, den Namen an die entsprechende Seite in ihrem Buch »Die Klasse 1a« zu schreiben, zu stempeln oder getippt einzukleben.
4. Der letzte Schritt war das Sammeln im »Schatzkästchen«. Dafür nahmen Kinder DIN-A5-Karteikarten (die ich für sehr wenig Geld aus einer Papierfabrik erhalten hatte) aus einem Korb, schrieben den Namen darauf und legten sie zu ihren anderen »Schätzen«.

Auf diese Weise arbeiteten die Kinder mehrere Wochen – wöchentlich an drei bis vier Tagen. Für die Arbeit mit ihrem Namen hatten sie täglich 50–70 Minuten zur Verfügung. Eine Studentin, die ein Praktikum bei mir machte, half mir bei den vielen kleinen Handgriffen und Antworten, die die Kinder brauchten, sodass wir die Klasse, nicht wie üblich am Anfang, in zwei Gruppen teilten.

Aufgrund der Lektüre des Kinderbuches »*Das kleine Ich-bin-Ich*« von Mira Lobe (Jungbrunnen-Verlag, München und Wien) kamen als erste neue Wörter ICH BIN und DU BIST hinzu, mit denen Spiele auf dem Teppich im Kissenkreis gemacht wurden (s. Abbildung auf S. 131).:

Zu dieser Zeit fragte mich ein Schüler, wie »Matrose« geschrieben wird. Auf meine Frage hin erklärte er mir, dass das sein *Lieblingswort* sei. Als ich die anderen Kinder fragte, gaben sie an, auch alle ein Lieblingswort zu haben: Bonbon, Engel, Mama, Baba (türkisch, deutsch: Papa), Pinguin, Pferd usw. Auch diese Wörter schrieb ich ihnen auf Pappstreifen, und jeder, der Lust hatte, ging zu den einzelnen Kindern und trug das Lieblingswort eines Kindes auf die entsprechende Seite im Buch und zusätzlich noch auf eine Karte für das

MELANIE
KAJ-IUWE

Etwas später kamen »JA« und »NEIN« hinzu, dann »HABE« und »HAST«.

YUSUF
DU BIST
ICH BIN

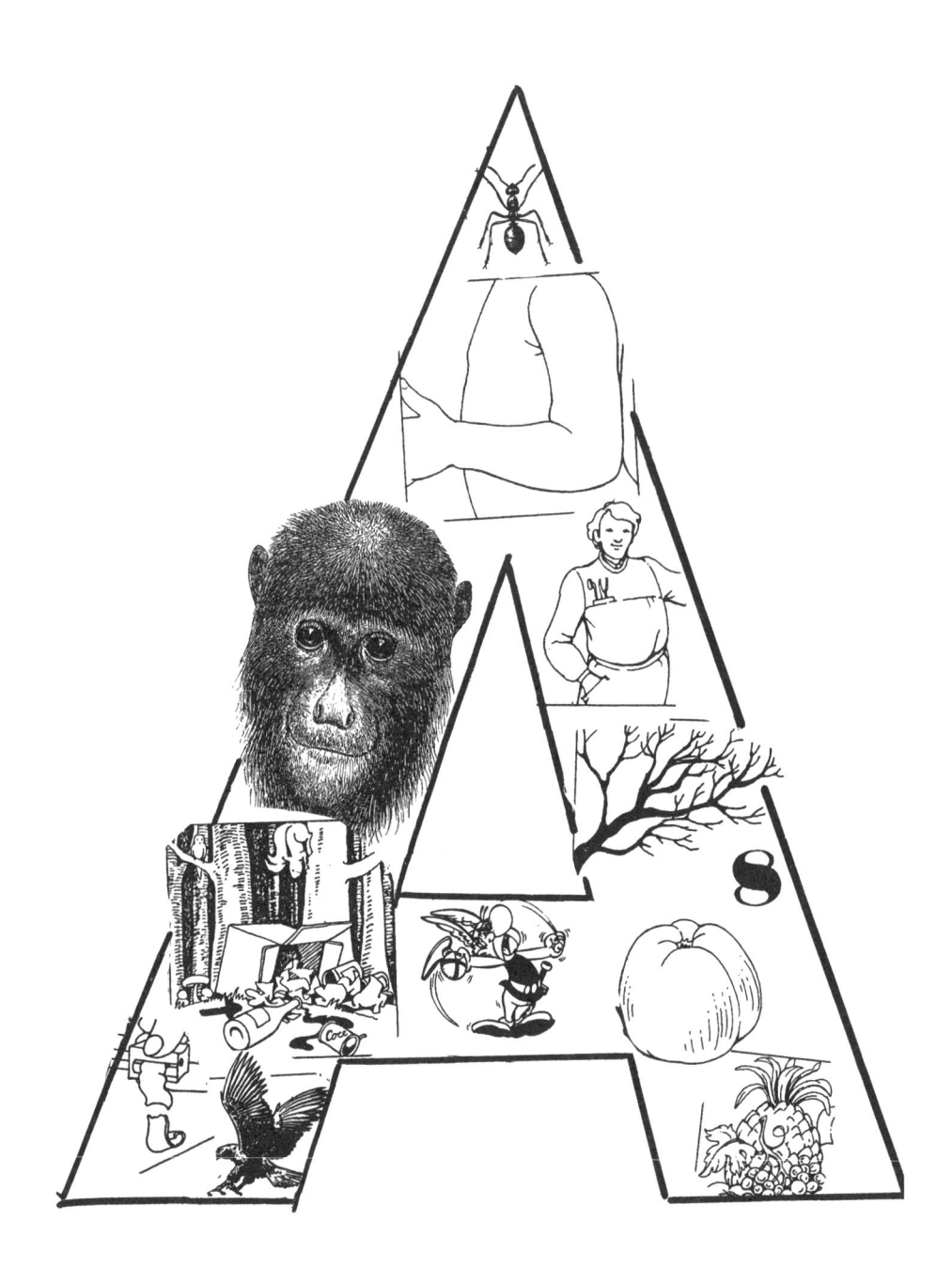

Schatzkästchen. Teilweise im Kissenkreis auf dem Teppich von allen, teilweise einzeln oder in kleinen Gruppen spielten die Kinder zahlreiche Spiele mit und um die Namen, die ihnen erste strukturierende Beobachtungen und Erfahrungen ermöglichten.

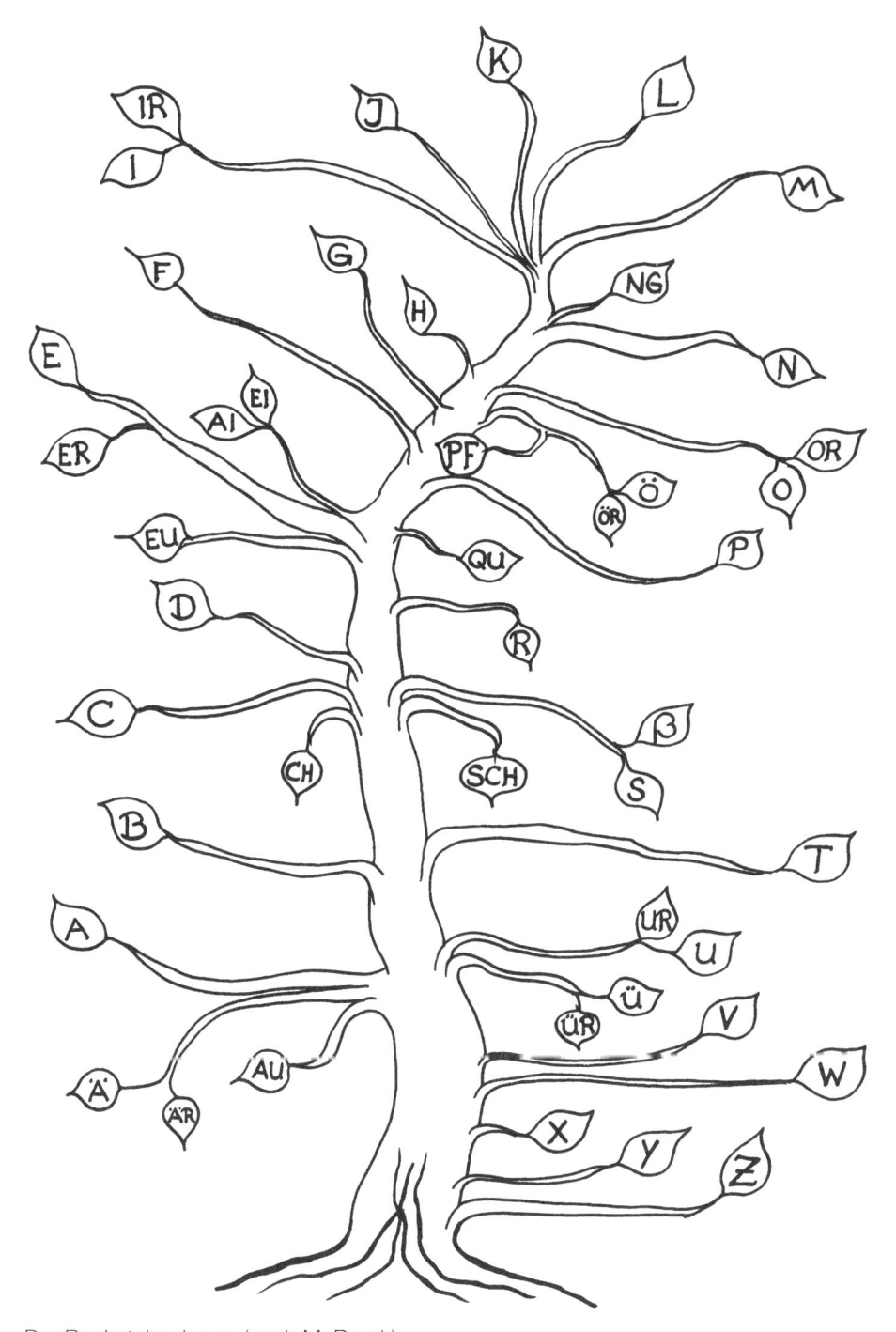

Der Buchstabenbaum (nach M. Bergk)

Die Buchstaben im Anlaut der einzelnen Namen wurden zusammen mit den Fotos in der Klasse aufgehängt und in der Anlauttabelle, einem »*Buchstabenbaum*« in meiner Klasse, markiert, der von der 2. Woche an, als die ersten Buchstaben, der Beginn der Namen, festgehalten werden konnten, in der Klasse hing. So eine Übersicht zeigt die Endlichkeit des zu Lernenden und gibt den Kindern dadurch Sicherheit. Eine Anlauttabelle für jedes Kind auf seinem Platz, mit Folie festgeklebt, hilft den Kindern zusätzlich beim selbstständigen Verschriften.

Nachdem die Namen der Kinder als Symbole für einzelne Anlaute erschöpft waren, wurden die Namen der Lehrerinnen, dann Figuren aus Kinderbüchern, die ich vorgelesen hatte, und andere, die Kinder ansprechende Begriffe (N am Nikolaustag z. B.) hinzugenommen. Diese »Reflexionen« am Buchstabenbaum zogen sich bis nach Weihnachten hin.

Ein schönes, Kinder sehr ansprechendes Plakat mit Buchstaben, die aus vielen Objekten, die alle den entsprechenden Buchstaben im Anlaut haben, zusammengesetzt sind, ist bei M. Herbert, Reutlingen, zu beziehen. Neuerdings gibt es auch Kopiervorlagen mit diesen gefüllten Buchstaben, die die Kinder, wenn sie mögen, kolorieren können. Allerdings enthält das Plakat ausschließlich die Einzelgrapheme, nicht die Buchstabenkombinationen.

Ein Kollege hat einen Buchstabenfries mit seinen Kindern entsprechend diesem Vorbild aus Versandhauskatalogbildern selber geschaffen und dabei die zusätzlichen Grapheme mit hinzugenommen.

Spiele zum Entdecken des Anlauts durch Reihungen von Wörtern mit dem gleichen Buchstaben/Laut am Beginn hat M. Schwander zusammengestellt (Schwander 1984): das Anlautdomino, bei dem immer Abbildungen von Gegenständen, deren Namen gleich beginnen, aneinander zu legen sind (hier können natürlich die Fotos der Kinder mit verwandt werden: Hakan-Hose, Maria-Mund usw.), sowie ein Würfelspiel, für das er eine Kopiervorlage hergestellt hat.

3.8 Gezielte Arbeiten zur Segmentierung der mündlichen Sprache

In der beschriebenen Phase der Arbeit mit ihren Namen hatten *die* Kinder, die bis dahin nur wenig Berührung mit Schrift hatten, Möglichkeiten, allererste schriftsprachliche Eindrücke zu gewinnen (Anlaute, die gleich klingen, werden gleich geschrieben; lange Namen unterscheiden sich mündlich und schriftlich von kurzen usw.). Beim Nachspuren konnten sie sich mit den Buchstabenformen vertraut machen. Das eigentliche, gezielte schriftsprachliche Forschen und Erkennen beginnt erst jetzt: *Die nächste Phase gibt den Kindern Gelegenheit, anhand synthetisierenden und analysierenden Experimentierens am geschriebenen Wort Segmente* ihrer *Artikulation zu entdecken*. Inhaltlicher Ausgangspunkt sind wieder die Namen der Kinder. In der sprachwissenschaftlichen Darstellung der Beziehung zwischen Laut und Buchstabe wurde aufgezeigt, dass einzelne Laute durch Gegenüberstellung zu anderen in ihrer Segmentierung wahrgenommen werden können. *Die geeigneten Operationen sind Einschübe, Ersetzungen und Verdrehungen. Silben als kleinste wahrnehmbare Einheiten bilden den räumlichen Bezugsrahmen für die Handlungen* (s. S. 84–87).

In Bezug auf den Anfangsunterricht anhand der Namen der Kinder gilt es nun, in der Weise mit ihnen sprachlich zu spielen, dass diese Operationen innerhalb der Silben angewandt werden und die Kinder dabei im Laufe der zahlreichen Übungen Erfahrungen in der Buchstaben-Laut-Zuordnung machen können.

```
           STEFAN           MELANIE          MICHAEL
           STE              ME               MI
              FAN              LA               CHA
           STEHT                NIE              EL
              FAHNE         LACHT            MICHA
           DREHT SICH         NIE?           MICH
           DREHT SICH    MELANIE            DICH
           DREHT SICH    LACHT               ICH
   WIE 1      FAHNE      LAUT               DICH
              PLUMS                         DU
                                            MICH
                                            NICHT?


HAKAN           YASMIN                        ACH
HA              YAS
   KAN             MIN                    YUSUF
HA              YASMIN                    YU
HA              JAGT                         SUF
HAKAN           MICH                         SOF
   IM           JAGT                         SOFA
   KAHN         MICH                      YUSUF
HA              JAGT                         AUF 1
HA              MICH                         SOFA
HA              PLUMS                     CHRRCHRRCHRR
```

In Bezug auf die schriftsprachlichen Ziele ist zu erkennen, dass mit der Veränderung der Wörter einzelne Segmente als Laute isoliert werden können (MICH-DICH). Durch die grafische Anordnung beim Untereinanderschreiben wird dieser Prozess optisch verstärkt. Inhaltlich eignen sich die Veränderungen sehr zur Gestaltung kleiner Gedichte nach Mustern wie die Gedichte von Ernst Jandl, Paul Maar, Hans Manz, Wolfgang Menzel u.a., die Lehrerinnen und Kinder vielfach anregen können und aus denen Kindern der 1. Klasse durchaus schon Gedichte zum Lesen, Verändern, Verzieren, Abtippen, Drucken, Sammeln (in einem eigens dafür angelegten Heft) gegeben werden können:

Hans-Joachim Gelberg (Hrsg.), Überall und neben Dir, Weinheim und Basel (Beltz und Gelberg) ²1989
  Ernst Jandl, Ottos Mops hopst, Ravensburg (Otto Maier), o.J. (Die gesamte Reihe »RTB-Gedichte«, zu der außer Jandl viele andere Autoren gehören, enthält zahlreiche grundschulgeeignete Lyrik.)
  Paul Maar, Onkel Florians fliegender Flohmarkt, Hamburg (Oetinger) 1977
  –,–, Dann wird es wohl das Nashorn sein, Weinheim und Basel (Beltz und Gelberg) 1988
  Hans Manz, Die Kunst zwischen den Zeilen zu lesen, Weinheim und Basel (Beltz und Gelberg) ²1986
  –,–, Die Welt der Wörter, Weinheim und Basel (Beltz und Gelberg) 1991

Mit der inhaltlichen Einbettung der sprachbezogenen Operationen in Gedichten, das heißt in für Kinder sprachlich sinnvolle Zusammenhänge, wird den Kindern neben der phonetischen Unterscheidung gleichzeitig die semantische und syntaktische Dimension deutlich: Andere Buchstaben geben den Wörtern einen anderen Sinn. Auch diese Erfahrung trägt zur Objektivierung von Sprache bei – einem wichtigen Ziel des schriftsprachlichen Anfangsunterrichts (vgl. auch Dehn 1977).
Die Arbeit an den Namen-Gedichten kann in folgender Weise stattfinden:
Ein Kind zieht wieder das Foto eines Kindes aus der Dose. Danach erarbeiten alle gemeinsam an der Tafel das Gedicht. (Für den Fall, dass die Kinder nicht genügend Ideen haben, ist es gut, wenn die Lehrerin bereits ein Gedicht »in petto« hat. Allerdings darf sie mit ihrer Vorgabe im Kopf die Arbeit der Kinder natürlich nicht zu sehr gängeln.)

– Zuerst wird der Name in Silben aufgeteilt, und die einzelnen Silben werden versetzt untereinander geschrieben:
  MICHAEL
  MI
     CHA
        EL
– Im Folgenden überlegen die Kinder mit der Lehrerin, welche anderen Worte in dem Namen stecken und/oder wie neue Wörter aus den einzelnen Silben gebildet werden können:

```
                STEFAN
                STE
                    FAN              FAN    >    FAHNE
                    FAHNE
                    STEHT            STEHT  >    DREHT
                    DREHT
            SICH
            WIE
                1   FAHNE
                            PLUMS
```

– Wörter außerhalb der Buchstabenkombination des Namens stehen rechts und/oder links, »erhaltene« Buchstaben stehen immer untereinander. Dadurch wird den Kindern nicht nur bei ihrer logischen Buchstaben-/Laut-Strukturierung geholfen, dadurch bekommen die Gedichte auch optisch einen ästhetischen Wert. Buchstabenkombinationen lautlicher (SCH, EI usw.) und grammatikalischer Art (AH, PP usw.) bekommen nur 1 Kästchen.

Kolorierungen können das Entdecken von Gemeinsamem und Unterscheidendem noch unterstützen.

In den ersten Tagen oder sogar Wochen während dieser Arbeit wird die Lehrerin sehr stark ihre eigenen Ideen zur Umgestaltung der Namen einbringen müssen. Nach dieser Vorstellungsphase entwickeln die Kinder jedoch sehr schnell eigene Gedanken, denn diese Wortspielereien entsprechen dem, wie die meisten Kinder dieses Alters voller Freude und Kreativität mit Sprache umgehen. Diejenigen, die eine andere Muttersprache und nur wenig Deutschkenntnisse haben, werden sich zunächst weniger an der Entwicklung beteiligen können, sie haben jedoch nach meinen Erfahrungen ebenfalls großen Spaß an akustischen Spielereien wie Gedichte dieser Art. Der hier benutzte Wortschatz ist aufgrund der »Dichte« der Sprache für sie dann schnell zu erwerben, vor allem, wenn die Handlung der Gedichte gespielt werden kann. (Stefan steht, dreht sich, fällt um: plums). Wichtig ist natürlich, dass sich kein Kind durch den Text verletzt fühlt. Deshalb sollte das Kind nach seiner Zustimmung zu dem Inhalt gefragt werden, nachdem das Gedicht fertig ist.

Wenn der Text an der Tafel steht, endet die Arbeit für diesen Tag. Am nächsten erhalten die Kinder die einzelnen Wörter und Wortteile, die die Lehrerin auf ein Blatt mit 1,5x1,5-Kästchen wie im Buch der Kinder nebeneinander geschrieben hat. Sie erhalten die Aufgabe, den Text auseinander zu schneiden und entsprechend dem Gedicht an der Tafel in ihr Buch zu kleben. (Es empfiehlt sich, nicht mehr als 11 Zeilen und nicht mehr als 14 Grapheme nebeneinander zu haben – gemäß der Anzahl der Kästchen im Buch.)

```
STEFAN     STE FAN              ST(EH)T
F(AH)NE   DR(EH)T   SICH              DR(EH)T
SICH      DR(EH)T   SICH WIE I F(AH)NE PLUMS
```

Bei der Entscheidung, wohin die nächste Zeile zu kleben ist, beim Abgucken von der Tafel, beim Mitsprechen der »lustigen« Wörter entdecken und erfahren die Kinder vieles von dem, was sie für den Schriftspracherwerb benötigen. Diejenigen, die die Aufgabe schneller beenden, haben die Möglichkeit, die Buchstaben mit farbigen Stiften nachzuziehen und Illustrationen dazuzumalen. Zusätzlich zu den Arbeiten mit den Namen für alle Kinder können Arbeitsblätter mit den Namen als Silben- oder Kreuzworträtsel u. Ä. gestaltet werden, die die Kinder, die ihre Bucheintragungen beendet haben, ausfüllen (s. Röber-Siekmeyer 1990 und 1991).

Eine sehr große Hilfe für die Kinder beim Suchen, Erkennen, Vergleichen der Buchstaben und ihrer Beziehung zu den Segmenten ihrer Artikulation sind Spiegel, in denen Kinder die Veränderung ihrer »Sprechwerkzeuge« Zunge, Lippen und Atemorgane beim Sprechen beobachten können. Diese körperliche Wahrnehmung der Abläufe hilft ihnen, die Segmentierungen zu erkennen. Durch intensives Hervorheben der einzelnen »Idealpositionen« in ihrer Formung durch die Organe und die Besetzung der Segmente innerhalb der Silbe mit Buchstaben erhalten die Kinder eine Hilfe für das eigene Abhören ihrer Artikulation, wenn sie unangeleitet schreiben. L. Blumenstock hat in seinem »Handbuch der Leseübungen« einen vollständigen Überblick über Formen der Wahrnehmung körperlicher Veränderungen beim Artikulieren zusammengestellt (Blumenstock 1989, S. 46–49). Um die Kinder wirksam auf die Veränderungen beim Sprechablauf aufmerksam zu machen – was am besten in kleinen Gruppen geschehen kann – empfiehlt es sich für die Lehrerin, die Beobachtungen vorher bei sich selbst gemacht zu haben.

Unter der Überschrift »Substitution« (Ersetzung) empfiehlt M. Schwander, dessen Didaktik in weiten Bereichen »wortbezogen« ist, der jedoch mit einigen Spielen Strukturierungsanregungen in Anlehnung an M. Dehn (1977) aufnimmt, folgende Inhalte zum Austausch von Buchstaben/Lauten: Die Kinder untersuchten Verbotsschilder wie »Rauchen verboten« und verändern sie zu »Hauchen verboten«, »Raufen verboten«, »Rauben verboten« usw. oder bastelten entsprechend dem Substitutionsprinzip neue Slogans wie »Sauft Saft!«, »Keine Butter ohne Mutter!«, »Keine Katze ohne Tatze!«, »Lieber schwatzen als schwitzen!« usw. Da Texte dieser Art m. E. von den meisten Kindern erst zu einem späteren Zeitpunkt als am Lese-Schreibanfang erstellt werden können, dienen sie eher der *Anwendung* bereits gewonnener Erfahrungen. Diese müssen vorher jedoch entsprechend der hier gegebenen Anregung an »normalen« Texten, die nicht allein durch den Witz der Substitution wirken, gemacht werden.

3.9 Arbeiten zur Strukturierung des Silbenaufbaus

Entweder noch während der Arbeit an dem Klassen-Buch mit den Namen, die von verschiedenen Übungen und Handlungen zum Einprägen der Buchstabenformen ergänzt werden mussen, oder bald anschließend erfolgt der nächste Schritt auf dem Weg, eine Beziehung zwischen der mündlichen Sprache der Kinder und der Schriftsprache herzustellen: *Das Kennenlernen der Strukturen des Silbenaufbaus in systematischer Form.*

Einen genauen Zeitpunkt hierfür anzugeben, ist in einem offen geführten Unterricht zum einen nicht nötig, weil kein äußerlich gegebenes Ziel wie das Ende der Fibel die zeitliche Planung fremdbestimmt, ist zum anderen auch nicht möglich, weil Grundschulklassen bekanntlich entsprechend ihrer unterschiedlichen Größe und der unterschiedlichen Kinder unterschiedlich schnell arbeiten. Dieses zuzulassen ist ja gerade Ursache und Ziel der Öffnung des Unterrichts.

»Namensgedichte« aus der Klasse 1b (unten auf den Seiten stehen die Lieblingswörter der Kinder, die oben beschrieben sind)

NADINE
NA DINE
NA DIE
NA DIE IST TOLL
DIE
NA DINE

JESKO ★★★★★

MAREN
MA REN
FAHREN
MAREN
WILL FAHREN   WOHIN?
WILL FAHREN   NACH
              A
              ME
              RI
              KA

WILDKATZE

MANFRED
MAN FRED

EIN MANN DREHT
MAN FRED
            PLUMS

LIEBE

Ein Spiel mit Anlauten aus der Klasse 1b von M. Bitter:

Nachdem die Kinder vor Weihnachten ausführlich an ihren Namen gearbeitet hatten, sammelten sie bald nach den Ferien in Kleingruppen an der Tafel Tiernamen, die wie der jeweilige Namen anfangen:

SELINA	*KATHRIN*
SAURIER	KATZE
SALAMANDER	KAMEL
SEELÖWE	KATER
	KROKODIL

Jedes Kind hatte so ein Klappspiel mit eigenem Namen und Tier nach Wahl, und jedes Kind schrieb das Wortpaar jedes Kindes in ein extra dafür angelegtes Heft. Wenn beides im »kleinen Stuhlkreis« (eines Teils der Klasse) vorgelesen war, kreuzten die Kinder ihre Ergebnisse als »geschafft« auf der Klassenliste an.

Jedes Kind wählte daraus das Tier aus, das es am liebsten mochte, und fertigte damit ein Spiel an (nach Rütimann, Die Lesestadt, Bern 1989, S. 71): Ein Streifen festes Papier wurde so geknickt, dass das eine Ende länger war als das andere. Deckt man beide Teile nach dem Knicken aufeinander, steht auf dem unteren der Anfangsbuchstabe, auf dem oberen der Rest des Wortes. Dreht man den Streifen um, steht dort wieder unten der – gleiche – Anfangsbuchstabe, oben der Rest des anderen Wortes.

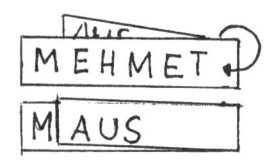

MEHMET	D ARIA
M AUS	D ROSSEL

Anschließend verzauberten sie die Tiernamen in einem neuen Buch mit bunten Blättern (der Zauberstab auf der Titelseite war ein angemalter Zahnstocher): Sie schnitten den kopierten Tiernamen aus, schnitten den Anfangsbuchstaben ab und ersetzten ihn (nach Wahl oder nach Vorgabe der Lehrerin – ganz nach Wunsch) durch einen anderen, sodass »lustige Tiere« entstanden. Alles – auch der abgeschnittene Buchstabe und der Name – wurden auf eine bunte Buchseite geklebt:

ST|EFAN	J|ANA	P|AUL
ST|EINBOCK	J|AGUAR	P|APAGEI
B|EINBOCK ST	ST|AGUAR J	L|APAGEI P

Wie bereits dargestellt, hat der Silbenaufbau im Deutschen das komplexe Schema: konsonantischer Rand – vokalischer Kern – konsonantischer Rand (wobei die Ränder wegfallen können: *Pfei-fe*, *Ei-mer*). Alle drei Teile sind in sich in einem überschaubaren Maße variabel (s. S. 69–72). Anhand einer Menge von fünf bis zehn Wörtern mit Konsonantenhäufung am Silbenanfang, die die Kinder in ihren Gedichten kennen gelernt haben (DREHT z. B.) oder die ihnen mündlich beim Vorlesen usw. begegnet sind, die die Lehrerin jetzt an die Tafel geschrieben hat, die sie dann vorlesen oder vorgelesen bekommen, sammeln die Kinder gemeinsam »schwierige«, »zungenbrecherische« usw. Anfänge.

Die gebräuchlichsten Konsonantenhäufungen am Silbenanfang:

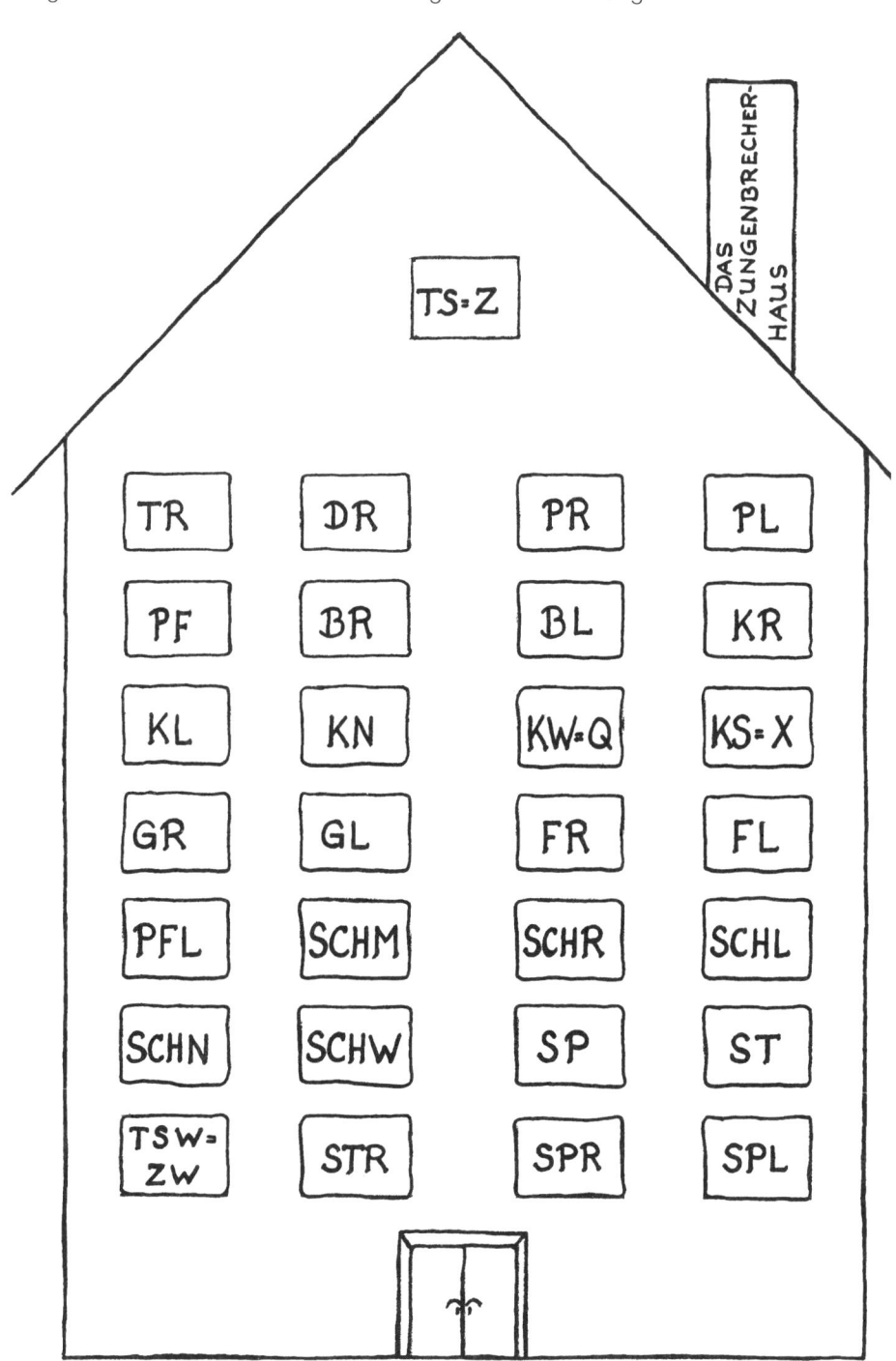

DAS ZUNGENBRECHER-HAUS

TS=Z

TR	DR	PR	PL
PF	BR	BL	KR
KL	KN	KW=Q	KS=X
GR	GL	FR	FL
PFL	SCHM	SCHR	SCHL
SCHN	SCHW	SP	ST
TSW=ZW	STR	SPR	SPL

(Wie sie dieses oder ein anderes Phänomen, das die Lehrerin ihnen durch eine Auswahl wie hier die Wörter mit Konsonantenhäufung am Silbenanfang vorgibt, bezeichnen, ist gänzlich ihnen überlassen. Ein Begriff, der von den Kindern hierfür gebraucht wird und der die Sache passend beschreibt, ist dann der Begriff, der »klassenüblich« wird und der den Kindern als ihre »Erfindung« mehr hilft als die Abstrakta der Sprachlehre wie hier Mitlaut/Selbstlaut oder Konsonant/Vokal. Diese als Vorbereitung auf die Erwartungen der folgenden Schulen am Ende der Grundschulzeit zu erfahren ist früh genug.)

Das Herstellen eines Zungenbrecher-Buches

Zum Entstehen des Grundwortschatzes der Klasse

Anhand von bekannten Zungenbrechern wie »Fischers Fritze fischt frische Fische« oder »Zwischen zwei Zwetschgenzweigen zwitschern zwei Schwalben« kann den Kindern vorgeschlagen werden, *ein Buch mit Zungenbrechern* anzulegen, in das (vielleicht wöchentlich an jedem D-Tag: dienstags, donnerstags) ein neuer Vers eingetragen wird. Hierfür eignet sich z. B. ein großes Tapetenbuch (das kostenlos in jedem Tapetengeschäft erhältlich ist). Der Zungenbrecherreim wird gemeinsam an der Tafel erarbeitet – drei oder vier Wörter aus einer Menge Wörter mit gleichem Beginn, die die Lehrerin auf Zuruf der Kinder an der Tafel gesammelt hat, reichen völlig, wichtig ist, dass sie vorwiegend von den Kindern kommen und von allen inhaltlich verstanden werden. Dann schreibt ein Kind ihn in das dicke Buch ab, oder es kleben ihn mehrere ein. Wenn sie mögen, können die Kinder in ein speziell dafür angelegtes Heft die Zungenbrecher für sich selbst auch sammeln (evtl. als Herstellung eines Geschenkes).

Um den Kindern den Vers zum *Symbol für die Laut-/Buchstaben-Kombination* werden zu lassen, sollten sie ihn auswendig zu lernen versuchen. Eines der Wörter jedes Verses wird mit farbig markierter Konsonantenkombination und evtl. mit der bildlichen Darstellung seines Inhalts an einer bestimmten Stelle des Raumes befestigt: *So entsteht allmählich der Grundwortschatz der Klasse als Sammlung von Wörtern mit orthographisch relevanten Merkmalen.* Auch diese Texte können wieder durch Zeichnungen illustriert werden.

An einem der ersten Tage dieses neuen Abschnittes hat die Lehrerin Wörter mit den häufigsten in der deutschen Sprache möglichen Konsonantenhäufungen am Silbenanfang (s. S. 85) unsortiert an die Tafel geschrieben. Die Kinder sortieren sie – vielleicht entsprechend den Anfangsbuchstaben – und setzen sie dann zu einem »Zungenbrecherhaus« (oder einem anderen Bild entsprechend der Wahl der Klasse) zusammen. Es hängt neben dem Buchstaben*baum* in der Klasse, und die Kinder markieren von Zeit zu Zeit die Buchstaben-/Laut-Kombinationen, die sie schon zu Versen verarbeitet haben.

Zungenbrecher von Erstklässlern

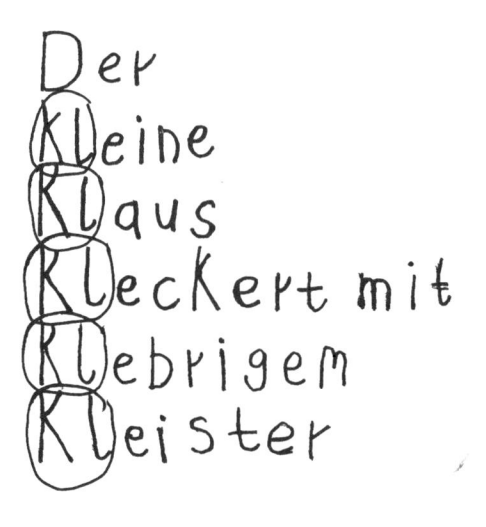

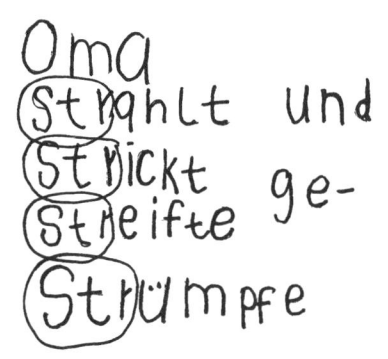

**Blaue
Blumen
blühen
bunt**

Der
kleine
Klaus
kleckert mit
klebrigem
Kleister

Oma
strahlt und
strickt ge-
streifte
Strümpfe

M. Schwander schlägt vor, die Einzelwörter auf einzelne Wortkarten zu schreiben und die Kinder mit ihnen puzzeln zu lassen, um immer wieder neue Sätze herzustellen (Schwander 1984, S. 130).

Das Dichten der Verse geschieht in der Klasse im gemeinsamen »Brainstorming«. Damit die Lehrerin selber einige Wörter parat hat, empfiehlt es sich für sie, sie vorher aus einem Lexikon herausgeschrieben zu haben.

Wenn die Kinder beauftragt werden sollen, zusätzlich Wörter aus einem Wörterbuch zu suchen, eignet sich wegen der Darstellung der Wortfamilien

Darstellung der im Deutschen gebräuchlichsten Vor- und Nachsilben als Plakat für den Klassenraum. Es kann evtl. im 3. Schuljahr durch die Silben ent- und -ig, -ich, -ung ergänzt werden.

145

besonders ein Wörterbuch wie »Grundwortschatz-ABC« (erarbeitet von H. Balhorn, H. Seifert und H. Wiese, Hamburg [vpm] [5]1991).

Generell ist es nicht nötig, die Wörter auf die offiziellen Grundwortschätze zu beschränken. Denn es kommt hier ja nicht darauf an, dass die Kinder sich »Wortbilder« einprägen und darum nur mit einer reduzierten Anzahl von Wörtern konfrontiert werden dürfen. *Vielmehr müssen sie schriftliche Strukturen erkennen, üben, automatisieren, die sie mit ihrer mündlichen Sprache in Verbindung bringen und an die sie sich wieder, wenn sie ohne schriftliche Vorlage schreiben, erinnern. Sie müssen sie also entsprechend ihrer mündlichen Sprache abrufen können.*

Auch hier hat das Beobachten der körperlichen Vorgänge beim Artikulieren im Spiegel und mit Kerze oder Wattebausch eine hilfreiche Funktion.

Das Herstellen eines Reime-Buches

Entweder parallel zu der Arbeit mit den Zungenbrechern (jetzt beispielsweise an jedem M-Tag: montags, mittwochs) oder anschließend entsteht *ein zweites Gedichte-Buch: mit Reimen*, das heißt den in der deutschen Sprache verbreitetsten Konsonantenhäufungen am Ende der Silben (plus Silbenkern). Hier sollte wieder eine systematische Zusammenstellung als »Reime-Zug« o. Ä. zu Beginn der Arbeit mit den geläufigen Kombinationen entstehen, an dem sich wieder die Klasse systematisch vorarbeiten kann.

Hilfe beim Suchen von Reimwörtern kann G. Sennlaubs Zusammenstellung eines »Reimlexikons« bieten (in: »… und mittendrin der freche Hans«. Gedichte für Grundschulkinder, Berlin [Cornelson-Verlag] [5]1991).

Die reimbildende Arbeit ist neben der detaillierten Betrachtung der Konsonantenhäufung am Silbenende auch geeignet, die Kinder die von der mündlichen Sprache abweichende Schreibung der *unbetonten Silben -e, -en, -em, -er, -es, -in* entdecken zu lassen. Auch für sie lässt sich eine einfache Skizze, die immer wieder Systematik zeigt und Reflexion ermöglicht, herstellen.

Als zusätzliche Sprachspiele bieten sich an, entweder die einzelnen Zeilen der Verse (falls das Gedicht aus Sätzen besteht) oder die Reimwörter auf Streifen bzw. Wortkarten zu schreiben und sie die Kinder wieder zu Reimen zusammenzufügen zu lassen (vgl. Schwander 1984, S. 128–129).

Gerade die Übungen zu den Konsonantenhäufungen werden bei vielen Kindern, vor allem bei Kindern mit anderer Muttersprache, dazu führen, dass der Erwerb der schriftlichen Sprache Rückwirkungen auf ihre mündliche Artikulation hat. Das trifft vor allem auf die Kinder mit türkischer Muttersprache, in der es so gut wie keine Konsonantenhäufungen gibt, zu (vgl. Cimilli/Liebe-Harkort 1976).

Bei vielen ausländischen, aber auch vielen deutschen Kindern dieses Alters sind gerade im Bereich der Konsonantenhäufung zahlreiche Schreibfehler festzustellen: »Punt« statt *Punkt*, »fenst« statt *fängst* usw. Während die Ursache bei den deutschen Kindern in aller Regel in der schriftsprachlichen Wiedergabe liegt, haben viele ausländische Kinder hier auch artikulatorische Schwierigkeiten.

Sprachspiele um die Silbenkerne

Nachdem mit den Verse-Büchern die Aufmerksamkeit auf die Silbenränder gelegt wurde – oder auch während dieser Phase, wenn sich das durch die Kinder ergibt –, müssen die Kinder Gelegenheit bekommen, *die Silbenkerne* ge-

IN der Luft.
ist ein süßer Duft.
Der trifft
mich im Lift.

Ein doller Kampf
macht viel Dampf

In der Nacht
nach halbacht
bin ich aufgewacht
und habe gelacht

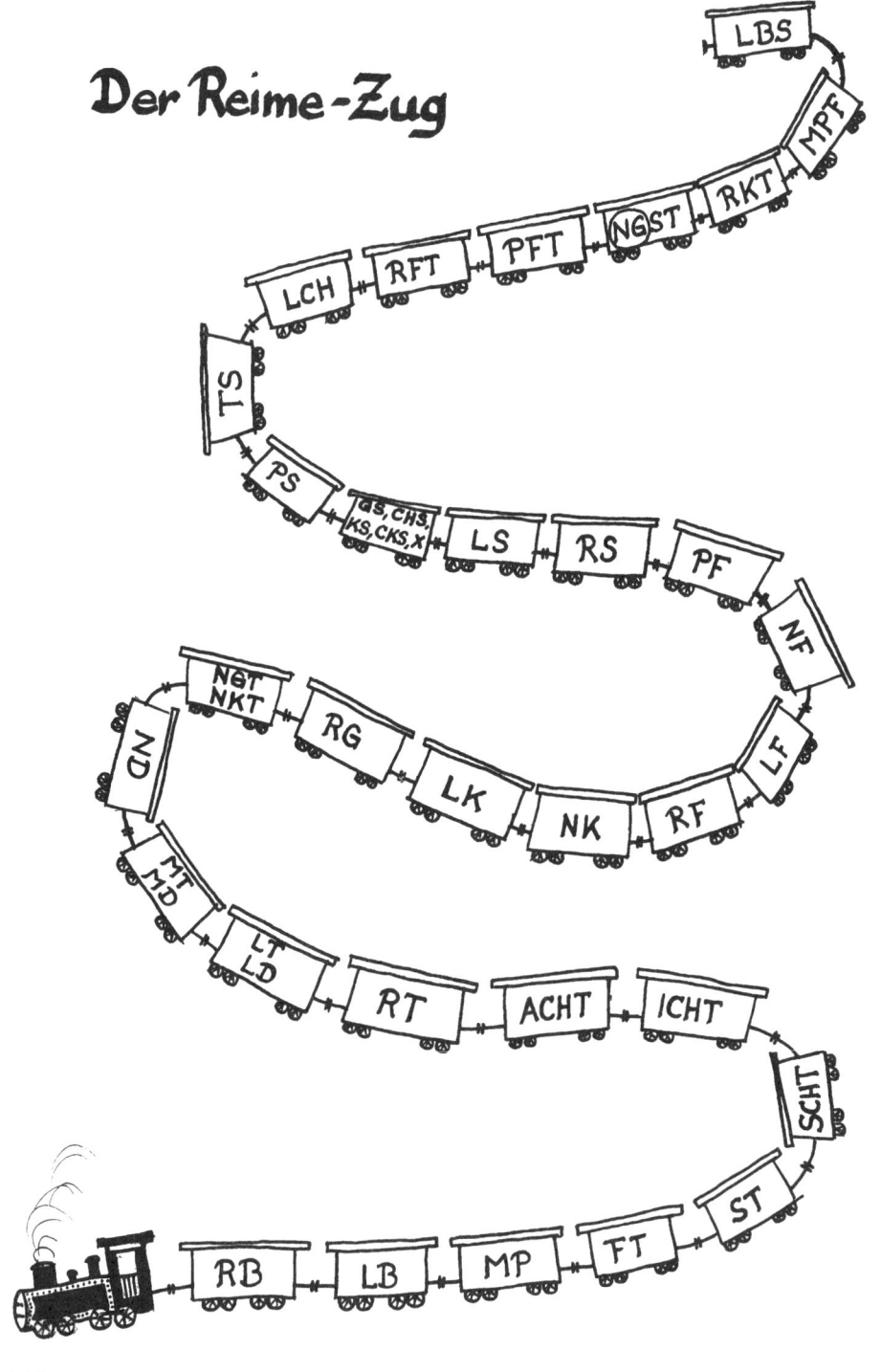

Die häufigsten Konsonantenfolgen am Silbenende:

Der Reime-Zug

LBS, MPF, RKT, NGST, PFT, RFT, LCH, TS, PS, chs/chs/ks/cks/x, LS, RS, PF, NF, LF, RF, NK, LK, RG, NKT/NGT, ND, MT/MD, LT/LD, RT, ACHT, ICHT, SCHT, ST, FT, MP, LB, RB nauer zu betrachten. Um den Kindern bei der akustischen Analyse und der Verschriftung der »fallenden Diphthonge« mit r hinter dem Vokal/Umlaut zu helfen, sollten sie hier als Silbenkern mit vorgestellt werden: T*or*te, Pf*er*d, G*ur*ke, K*ir*sche, G*är*tner, Sch*ür*ze, F*ör*ster. Auch hier stellen die Kinder die Möglichkeiten wieder zu einem Bild oder zu einer Liste zusammen.

Sprachspiele um den Silbenkern, das heißt um die Vokale/Umlaute/Diphthonge in der Silbe, kennen einige Kinder vielleicht durch das Lied »Drei Chinesen mit dem Kontrabass«, bei dem sie die Vokale (nur der betonten Silben!) austauschen. Ein anderer Kindervers, der in diesem Zusammenhang passt und sehr schön den Silbenschnitt (Erwachsenen und Kindern) deutlich macht, ist das Lied »Meine Mi-, meine Ma-, meine Mutter schickt mich her, ob der Ki-, ob der Ka-, ob der Kuchen fertig wär ...«.

Zu ähnlichen Spielen, an denen die Kinder sämtliche Möglichkeiten des Bildens von Silbenkernen ausprobieren können, eignen sich z.B. Gedichte von E. Jandl, die die Kinder umformulieren (evtl. nach der Lektüre des Kinderbuches »Die Löwenkinder« von J. Wilkon/Janosch, Ravensburg):

die mutter und das kind
üch
wüll
spülen   spül düch
                meun Künd
aus: E. Jandel, Ottos Mops hopst, Ravensburg (Maier), o.J., S. 10

das kalb und die kuh	das löwenkind und die löwenmama
ach	öch
wall	wöll
spalen	spölen
spal dach	spöl döch
man kand	mön könd
das hundekind und die hundemama	das rehkitz und die rehmama
uch	ech
wull	well
spulen	spelen
spul duch	spel dech
mun kund	men kend
das füchschen und die fuchsmama	das meisenkind und die meisenmama
üch	eich
wüll	weil
spülen	speilen
spül düch	speul deuch
mün künd	mein keind
das pfauenkind und die pfauenmama	das eulenkind und die eulenmama
auch	euch
waul	weul
spaulen	speulen

	spaul dauch		speul deuch
	maun kaund		meun keund
das lämmchen und das schaf		das hirschkind und der hirsch	
äch		irch	
wäll		wirl	
spälen		spirlen	
	späl däch		spirl dirch
	män känd		mirn kirnd
das storchkind und die storchmama		das pferdekind und die pferdemama	
orch		erch	
worl		werl	
sporlen		sperlen	
	sporl dorch		sperl derch
	morn kornd		mern kernd

Für gleiche Spielereien eignet sich auch der bekannte Mops (Jandl, S. 5)

ottos mops	Annas Katze tanzt
ottos mops trotzt	Fritz Tier friert
otto: fort mops fort	
ottos mops hopst fort	
otto: soso	
otto holt koks	
otto holt obst	
otto horcht	
otto: mops mops	
otto hofft	
ottos mops klopft	
otto: komm mops komm	
ottos mops kommt	
ottos mops kotzt	
otto: ogottogott	

Viele ansprechende Texte zum Variieren des Silbenkerns finden sich bei H. Manz, Die Welt der Wörter. Sprachbuch für Kinder und Neugierige, Weinheim u. Basel (Beltz & Gelberg). Weitere Sprachspielereien um Vokale, also um Silbenkerne, hat M. Schwander in seine Sammlung »Spielen im Deutschunterricht« (1984) aufgenommen: Bei einem Ratespiel werden in einzelnen Wörtern (»Raller«, »molen«) oder in kurzen Sätzen (»Poter goht on do Schole«) die Vokale der betonten Silben vertauscht (würden Zusammenstellung aller möglichen Silbenkerne auch die der unbetonten Silben hinzugenommen, veränderte sich die Betonung: »Rillir«, »gohon«, und die Kinder würden verwirrt, weil sie die unbetonten Silben nicht als Silben sprechen: gehn, laufn usw.). Bei einem anderen Spiel werden Wörter mit dem gleichen Vokal in der betonten offenen Silbe ausgeschnitten und nach dem Vokal geteilt. Danach werden die Silben zu Fantasiewörtern zusammengesetzt: »Ro-se, Jo-chen, Fo-to, Mo-ped« zu »Jo-se, Ro-to, Mo-chen, Fo-ped« (Schwander 1984, S. 96–98). Sehr schön lassen sich auch Piktogramme mit den Buchstabenformen herstellen (vgl. Schwander 1984 nach Manz, S. 161).

Zusammenstellung aller möglichen Silbenkerne

DIE REGATTA

Zusammenfassung:

Am Ende dieser langen, intensiven Phase des systematischen Erarbeitens der im Deutschen möglichen phonetischen und schriftsprachlichen Strukturen könnten/sollten in der Klasse fünf große Plakate hängen:

– der »Buchstabenbaum« mit allen Graphemen,
– das »Zungenbrecherhaus« mit den gebräuchlichen
  Konsonantenkombinationen am Silbenanfang,

Beispiele um Spielereien um die Silbenkerne:

Mitteilungen an die Eltern werden »verzaubert«

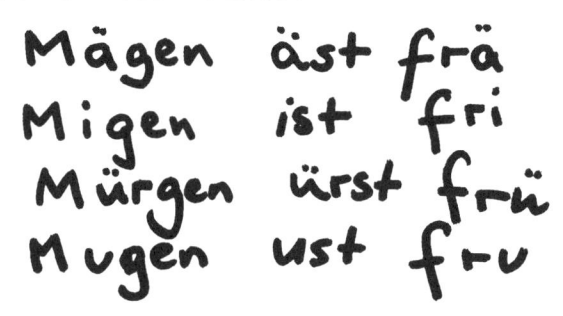

> Mägen äst frä
> Migen ist fri
> Mürgen ürst frü
> Mugen ust fru

Die Namen der Lehrerinnen in der Schule werden »verzaubert«

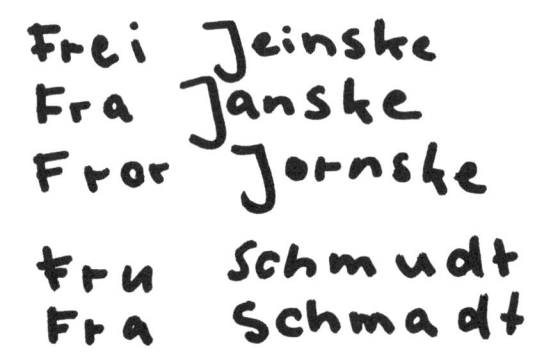

> Frei Jeinske
> Fra Janske
> Fror Jornske
>
> Fru Schmudt
> Fra Schmadt

Schreibungen von Zweitklässlern, die deren Schwierigkeiten mit Konsonantenhäufungen zeigen:

> Scheweßda   Stif Grang
>
> gesbilt   diH (dicht)   schparsgemacht   schleit (schleicht)
> Püncklich

»Scheweßda« ist offensichtlich von einem Kind mit türkischer Muttersprache geschrieben worden: Die Schreibung weist auf die für die türkische Sprache typische Konstruktion des »Sprossvokals« zwischen zwei Konsonanten hin, da es im Türkischen so gut wie keine Konsonantenhäufung gibt. Türkische Muttersprachler setzen den Sprossvokal auch in der mündlichen Sprache ein. Die abgebildete Verschriftung zeigt also, dass das Kind noch versucht zu schreiben, »wie es spricht«. Die gezielte Arbeit an Konsonantenhäufung ist für Kinder mit nicht deutscher Muttersprache besonders wichtig, weil sie erst durch die Schriftsprache eine Regulierung ihrer mündlichen Sprache erfahren, die bei den meisten deutschen Muttersprachlern bereits vorhanden ist.

– der »Reimezug« mit den Konsonantenkombinationen am Silbenende,
– die »Bäucheparade« mit den häufigsten Vor- und Nachsilben,
– die »Regatta« mit allen möglichen Silbenkernen.

*Spiele zur schriftsprachlichen Automatisierung
der Segmentschreibungen*

Nachdem die Kinder Hilfen zur Strukturierung von Silben kennen gelernt haben, müssen sie Gelegenheit bekommen, mit ihnen handelnd umzugehen, um sie auf diese Weise im Sinne Aeblis (s. S. 38–40) zu automatisieren und zu verinnerlichen. Zahlreiche Anregungen für ein handelndes Umgehen mit sprachlichen Segmenten enthält das Buch »Die Lesestadt« von H. Rütimann (Zytglogge-Verlag, Bern 1989), eine perfekte Anleitung zur Herstellung perfekter Materialien, mit denen Kinder handelnd schriftsprachliche Elemente kennen lernen und anwenden können. Zwar liegt ihm eine andere linguistische Theorie als die hier dargestellte zugrunde, jedoch hat es einen hohen Wert durch das Bemühen, die Kinder mit Hilfe vielseitig anregender Formen zum Handeln mit Wortelementen, damit zum Experimentieren mit Strukturen anzuregen. Sie lassen sich teilweise in ihrer Methodik auf die hier vorgestellten linguistischen Schwerpunkte übertragen. Die Objekte, mit denen die Kinder synthetisierend und analysierend hantieren, sind aus Holz hergestellt. Ihre Imitation wird trotz der konkreten Arbeitsanleitungen im Buch sehr viel Mühe machen, wenn es nicht professionelle und tatkräftige Helfer im Kollegium oder in der Elternschaft gibt. Einige Spiele lassen sich jedoch auch mit Papier oder Pappe nachmachen (s. S. 142, 157).

Vom Inhalt her ähnliche Anregungen wie bei H. Rütimann finden sich bei H. Triebel/ W. Maday, Handbuch der Rechtschreibübungen (Beltz-Praxis, Weinheim und Basel [4]1991). Im Gegensatz zu der »Lesestadt« entsprechen sie jedoch in ihrer Methodik den herkömmlichen Sprachübungen mit Papier und Stift und geben den Kindern keine Gelegenheiten zu manuellen Handlungen, die auf dieser Altersstufe so wichtig zur Unterstützung der geistigen sind. Als Quelle zur Vorbereitung der Spiele/Übungen für die Lehrerin sind sie jedoch aufgrund seiner inhaltlichen Sortierungen, auch wenn sie auf dem Konzept der Duden-Kasuistik basieren, und der großen Menge an Beispielen eine gute Hilfe für die Vorbereitung offenen Sprachunterrichts.

Im Folgenden stelle ich einige Beispiele anhand der Rütimann-Methoden vor, bezogen auf die dargestellte strukturierende Spracharbeit: Die Durchführung eines »Klappstreifenspiels« in der Klasse könnte so gestaltet sein, dass jedes Kind mindestens ein Exemplar jedes Spiels anfertigt. Es entscheidet sich aus seinem Zungenbrecher-Repertoire für ein Wortpaar (oder findet neue hinzu)

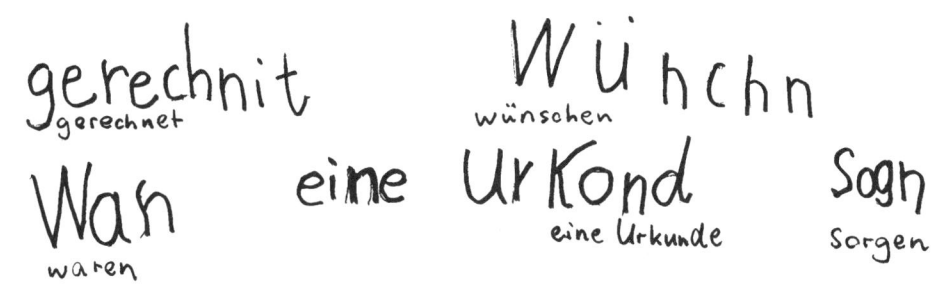

Schwierigkeiten von Zweitklässlern mit Nachsilben

gerechnit (gerechnet)   Wünchn (wünschen)
Wan (waren)   eine Urkond (eine Urkunde)   Sogn (sorgen)

Ein Würfelspiel mit den Morphemen -en, -es, -el, -er, -e, -in zum Üben des grammatikalischen Erkennens und der Schreibung von Nachsilben:

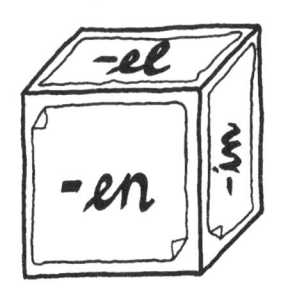

En|k_ _   Bäu|r_ _   Bä|ck_ _
Ei|m_ _   Schau|f_ _   tan|z_ _
kau|f_ _   Pfer|d_   Köl|ch_ _
Schür|z_   grü|n_ _   A|ff_

und schreibt es mit Bleistift auf die beiden Seiten des geknickten Papierstreifens. Wenn die Lehrerin mit der Lesbarkeit einverstanden ist, zieht es die Schrift mit farbigem Stift nach. Nachdem alle Spiele (und noch einige weitere, die die Lehrerin angefertigt hat und die die Kinder nehmen können, wenn es »Engpässe« in der Klasse gibt) fertig geworden sind, erhält jedes Kind ein Heft, in das es die Wörter der einzelnen Kinder einträgt. Dafür geht es in der Klasse von Kind zu Kind und schreibt dessen zwei Wörter auf, dem Namen des Autors zugeordnet:

TIM
KNALL KNOCHEN
MARIE
BLUT BLASE

Vielleicht mögen einige Kinder auch zwei Ergänzungen zu einem Silbenanfang schreiben. Natürlich »klappt« das auch für die Reime. Wichtig ist wegen der Beziehungsherstellung zwischen Mündlichkeit und Schriftlichkeit, dass sie die Wörter lesen – sie können sie zur Not ja von den Autoren erfragen –, und täglich lesen einige Kinder ihre neuen Eintragungen im Stuhlkreis vor. Anschließend kreuzen sie zur eigenen Buchführung (und der der Lehrerin) die Namen der Kinder, deren Wörter sie gerade vorgelesen haben, auf einer großen vorbereiteten Liste an und wissen, wessen Streifen sie noch bearbeiten müssen (»selbst organisiertes Lernen«).

Nach dem gleichen Schema, das – vielleicht wegen der Selbstbestimmungs- und Kommunikationsanteile – bei Kindern sehr beliebt ist, wird das Wörter-Puzzle durchgeführt: Jedes Kind hat in einer Schachtel mit Deckel (z. B. von »Philadelphia-Käse«; frühzeitig zu sammeln anfangen!) die Teile von mindestens sechs *Wörtern, die zwei Gruppen mit je den gleichen* – groß und rot geschriebenen – *Silbenkernen bilden:*

B		CH	B		N
Z	U	G	FL	EI	SCH
T		CH	SCHW		N

Die Aufgabe für jedes Kind besteht darin, die Wortgruppen der anderen Kinder zu puzzeln und sie wieder in ein eigens dafür angeschafftes – weil bedeutsamer – Heft zu schreiben. Für Kinder, die langsam arbeiten, kann im Förderunterricht zusätzliche Zeit zur Verfügung gestellt werden.
Ein weiteres Spiel wird mit zwei Würfeln gespielt.

Leichte Plastikwürfel in vier Farben mit der Seitenlänge 6 cm sind für 0,50 DM zu bestellen bei H. Kraft, 48167 Münster, Eichendorffstr. 28. Die Seiten werden mit beschrifteten Etiketten beklebt, die immer wieder abgelöst werden können, um inhaltlich neue Spiele mit ihnen zu gestalten.

Auf einem Würfel stehen sechs Silbenanfänge, auf einem anderen Kern und Silbenende (oder der Kern steht mit auf dem ersten Würfel), und die Kinder müssen je Spiel sechs sinnvolle Wörter bilden. Hier bietet es sich an, dass die Kinder in Gruppen arbeiten, um gemeinsam das »Sinnvolle« zu besprechen (»Bland, gibt es das«?). Allerdings schreibt jeder für sich die gefundenen Wörter auf und liest sie vor, und die Arbeiten jedes Kindes werden in die Liste eingetragen entsprechend der Zahl des Spiels, die auf jeder Seite des Würfelpaares geschrieben ist.

Wenn die Lehrerin den Eindruck hat, dass einige Kinder Hilfen zum Verschriften der *unbetonten Vor- und Nachsilben* brauchen, kann auch dafür ein Würfelspiel hergestellt werden: Auf ihm sind die Silbenteile -e, -en, -er, -el, -es, -in geschrieben, und die Kinder suchen aus Listen, auf der die Lehrerin

»Wendewörter« auf Pappstreifen (aus: H. H. Rütimann, Die Lesestadt, Basel [Zytglogge] 1989, S. 71)

Spiele zur Strukturierung von Silben

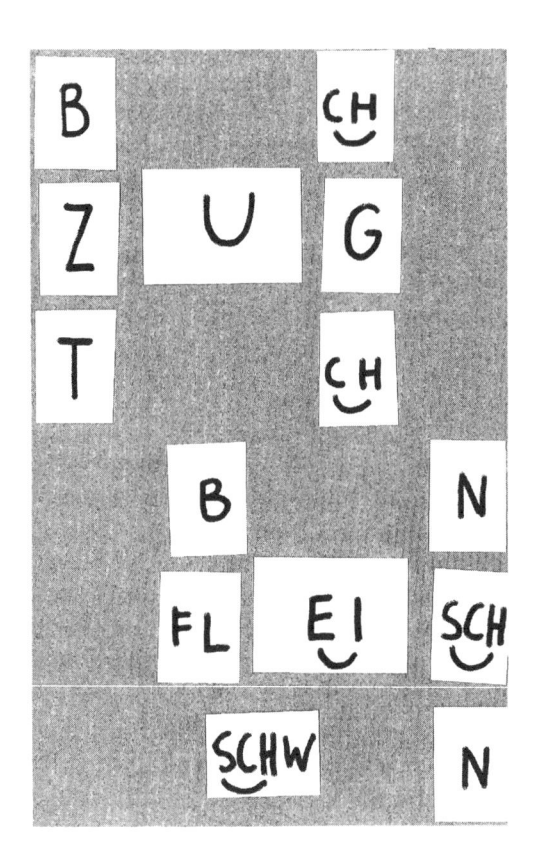

Würfel, mit denen die Kinder Wörter mit komplexen Silbenrändern bilden und üben können. (Sehr hilfreich zum Beschriften der Würfel sind die Zusammenstellungen von Konsonantenhäufungen am Silbenanfang und -ende in Triebel/Madey, Handbuch der Rechtschreibübungen, Beltz-Praxis, [4]1991.)

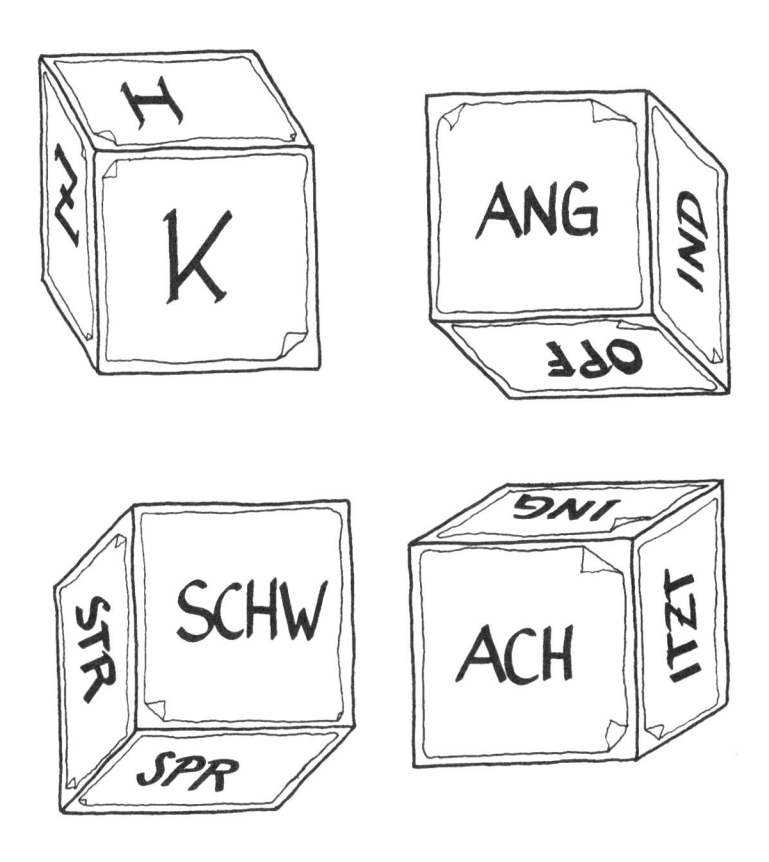

eine große Anzahl von Wörtern mit diesen Endsilben ungeordnet zusammengestellt hat, ohne die Endbuchstaben mit aufzunehmen (Tevll-, Füvll-, Tavf-), nach jedem Würfeln drei der Wörter heraus, die auf die gewürfelte Nachsilbe enden, und schreiben sie auf. Insgesamt wird 5mal gewürfelt. Für den Fall, dass sie alle 5mal die gleiche Endung erwürfeln, müssen die Listen also von jeder Gruppe 30 Wörter enthalten. Die Listen sollten mit den Kindern zusammengestellt werden, weil beim Nachdenken über die Wörter und dem Zugucken, wenn die Lehrerin sie an die Tafel schreibt, schon sehr viel analytische Arbeit geleistet wird.

Kinderbücher zum Verändern und Nachmachen

Ein Kinderbuch, das sich im Rahmen der strukturierenden Betrachtung von Sprache als anregende Lektüre eignet, ist »*Otto Risotto*« von B. Grabe (Annette Betz-Verlag, München und Wien 1987). Allein der Name des Helden eignet sich zur handelnden Sprachreflexion (Emma Risemma, Mimmi Risimmi usw.), und viele von Ottos Erlebnissen, wie z. B. die mit dem Wort der Leuchtreklame, bei dem plötzlich Buchstaben ausgehen, lassen sich an anderen Beispielen nachempfinden. Vielleicht haben die Kinder Lust dazu, ein Buch mit Emma Risemma oder Ugur Risurgurs Abenteuern nach dem Muster von Otto Risottos Erlebnissen zu gestalten.

Ein anderes, wortanalytisch arbeitendes Kinderbuch ist »*Das Schwokodil*« von Wilfried Blecher (Meisinger-Verlag, München 1988). Die Seiten dieses Buches sind dreigeteilt: Durch das unterschiedlich weite Blättern in der Gruppe des 1., 2. oder 3. Streifens kommen die seltsamsten ein- und zweisilbigen Tiernamen und -bilder zustande, die die Kinder zum Lesen anhand der bekannten Silben-Bausätze auffordern.

Ein ähnlich gestaltetes Buch gibt es in der »Regenbogen-Lesekiste« (vom vpm-Verlag, Hamburg), die ohnehin ein hervorragendes Begleitmaterial für Kinder in den ersten Klassen darstellt.

Es ist für Kinder sicher sehr motivierend, sich selbst so ein Buch anzufertigen. Didaktisch kann es – im Gegensatz zum »Schwokodil« – dem Ziel dienen, weiterhin mit den Silbenstrukturen umzugehen:

M/au/s, B/ä/r, L/ö/w (!), W/a/l, Schw/ei/n, Fl/o/h, R/e/h, K/u/h, (das h ist hier keine Dehnungsmarkierung, sondern entspricht der Stammschreibweise Flö/he, Re/he, Kü/he, s. S. 107), H/ir/sch, K/i/tz, Sp/e/cht, D/a/chs, L/au/s, H/ai/, S/au, G/au/l, St/or/ch usw.

Die Illustration könnten die Kinder selber machen. (Da die Kinder bei der Herstellung des Buches sicherlich einige Hilfen Erwachsener brauchen, empfiehlt es sich hier besonders, diese Arbeit in Kleingruppen, das heißt mit Hilfe mehrerer Erwachsener im Raum, oder im Förderunterricht durchzuführen.)

Materialien aus Lehrmittel-Verlagen

Von Lehrmittelverlagen werden – soweit mir bekannt – Arbeitsmittel, die Silben in den Mittelpunkt rücken, im Schwann-Verlag, in der Agentur Dieck und im C. A. M. Enderli-Verlag angeboten. Die Silben in diesen Spielen sind jedoch alle einfach (Konsonant/Vokal/evtl. weiterer Konsonant) strukturiert, sodass ihr Wert primär in der

Verschriftung bzw. dem Erlesen als Koartikulation liegt. Im Gegensatz zu dem hier vorgestellten Weg, der den Kindern schon früh bei der auditiven und visuellen Analyse *aller* Wörter helfen will, steht hier wieder das Prinzip »einfach vor schwierig« mit seiner zwangsläufigen »dadaistischen« Auswirkung (Pregel) didaktisch im Vordergrund.

Der »Silbentrainer« von H. E. Kasten (Schwann-Verlag, Düsseldorf) mit dreigeteilten Seiten für die Silbenränder und den -kern ist nur dann für den Unterricht empfehlenswert, wenn die rechten Seiten mit Konsonantenhäufung herausgelöst werden, weil sie im Zusammenhang mit den Diphthongen und markierten langen Vokalen im Silbenkern (uh, ie, oh usw.) der deutschen Orthographie widersprechen (z. B. »fl/uh/ll«, »fl/ee/nn« usw.).

Einen variationsreichen spielerischen Umgang mit einfachsten Silben ermöglichen die Silbenkarten »Lilalu« von U. Bausch (Agentur Dieck, Heinsberg), für den die Autorin im Begleitheft reichhaltige Anregungen gibt. Ihr großer Wert wird eben in ersten Segmentierungen der Koartikulation am Schulanfang liegen, auf der Synthese (beim Lesen) und Analyse (für das Schreiben) basieren.

Ein umfassendes Programm für den Schriftspracherwerb mit Hilfe von Silben hat W. Enderle (»Okapi«, C. A. M. Enderle-Verlag, Freiburg i. Br.) geschaffen. Es enthält Kopiervorlagen, die die Kinder beschriften und bekleben, ein erstes Wörterbuch und einige Spiele. Zwar bestehen auch hier die Silben zu Beginn nur aus Konsonant und Vokal (»Anlautsilben« genannt), sodass die Texte den bekannten »dadaistischen« Charakter der Fibelsätze haben, es liegt jedoch aufgrund der fehlenden chronologischen Festlegung an der Lehrerin, in welcher Form sie die einzelnen Seiten einsetzt. Der gravierende Unterschied dieses Lehrmittels im Vergleich zu anderen Erstlesematerialien und damit sein didaktischer Vorteil ist darin zu sehen, dass Buchstaben nicht isoliert eingeführt werden, sondern dass sie lange Zeit koartikuliert vorkommen und erst relativ spät operational aus silbischen Zusammenhängen herausgelöst werden. Deshalb ist dieses Lehrwerk für diejenigen, die gern zusätzlich zu den mit den Kindern erstellten Materialien Übungen anbieten wollen, sehr zu empfehlen.

3.10 Erste didaktische Begegnung mit der grammatikalischen Eigenständigkeit von Schriftsprache

Die Stammschreibweise

Die Stammschreibung (morphologische Konstanz) ist, wie auf den Seiten 110 bis 114 ausgeführt, die Basis der deutschen Orthographie. Sie in ihren einzelnen Auswirkungen den Kindern darzustellen, ist Aufgabe der ersten drei, vielleicht aller vier Jahre. Dabei müssen schon früh Übungen zum Erkennen der Wortfamilien gemacht werden.

Im Anfangsunterricht ist es wichtig, den Kindern *erste Einblicke in das Prinzip der Stammschreibung* zu ermöglichen – natürlich auch wieder über den Weg des Entdecken- und Erkennenlassens, nicht über Regelformulierungen. Ein Weg, der sich hier anbietet, ist das Herstellen von Bilderbüchern, deren inhaltliche sprachliche Auswahl semantisch Stammschreibweisen erfordert oder begünstigt. Zum einen wäre das ein Buch über Berufe, da hier mehrere Nomen bzw. Nomen und Verb morphologisch gleich sind und daher die Stammschreibweise gut veranschaulichen können:

Bäcker – backen	Verkäuferin – verkaufen	LKW-Fahrer – fahren
Arzt – verarzten	Schornsteinfeger – fegen	Lokomotivführer – führen
Koch – kochen	Maler – malen	Tänzer – tanzen
Schmied – schmieden	Bauer – bebauen	Fußballspieler – spielen
Lehrerin – lehren	Sänger – singen/sang	Richter – richten
Frisör – frisieren	Tischler – Tisch	Fleischer – Fleisch
Schneider – schneide(r)n	Maurer – Mauer	Schlosser – Schloss
Gärtner – Garten		

Den Ausgang für eine schriftsprachliche Arbeit dieser Art könnte ein *Bilderbuch über Berufe* (wie z. B. Chr. Merz/H. Schmidt: Nimm mich mal mit. Kinder entdecken Berufe, Freiburg [Herder]) sein, in dem drei Berufe, Schornsteinfeger, Hufschmied, Bäcker, anschaulich vorgestellt werden. Es könnte auch mit dem Besuch einer Mutter oder eines Vaters in der Schule beginnen, die/der über ihre/seine Arbeit berichtet. Ein anderer Beginn wäre ein Besuch der Kinder in einem Handwerksbetrieb. Alle diese Anfänge können dann zu einem Buch der Kinder über Berufe führen, in dem sie auf je einer Seite die Darstellung eines Berufs zeichnen oder kleben und sie mit einem Satz, der die Stammschreibung aufzeigt, beschriften (schreibend oder von der Lehrerin Vorgeschriebenes klebend):

DER BÄCKER BACKT, WEIL ER SO GUT BACKEN KANN
DER KOCH KOCHT, WEIL ER SO GUT KOCHEN KANN usw.
oder:
DER MAURER MAUERT VIELE MAUERN
DER FLEISCHER VERKAUFT VIEL FLEISCH
DER BÄCKER BACKT GEBÄCK
DER TISCHLER TISCHLERT VIELE TISCHE

(Kinder die mögen, schreiben natürlich noch viel mehr dazu.)

Das Erarbeiten dieser Sätze, von denen zumindest zwei oder drei an der Tafel stehen sollten, gibt die Möglichkeit, die Kinder auf die Stammschreibung durch Einkreisen oder andere Hervorhebungen aufmerksam zu machen. Nichts anderes ist Funktion dieser frühen grammatikalischen Übungen: *Die Kinder, die schon zu ersten Regelbildungen in der Lage und bereit sind, haben hier ebenso wie bei den Übungen zu den Silben Chancen, schriftsprachliche Erfahrungen zu machen und Erkenntnisse zu gewinnen.* Diejenigen, die noch nicht so weit sind, sie in ihren kognitiven Horizont aufzunehmen, werden sich vielleicht später, wenn ihnen die Strukturen wieder begegnen, an diese ersten Konfrontationen erinnern.

Eine andere Möglichkeit, morphologische Konstanz erfahrbar zu machen, ist mit der *Pluralbildung von Verben und Nomen* gegeben. Hier bietet sich inhaltlich z.B. ein Tierbuch an: Evtl. nach einem Zoo- oder Bauernhofbesuch oder dem Besuch eines Tieres in der Klasse zeichnen die Kinder Bilder von Tieren oder schneiden sie aus und kleben sie ein. Sie werden mit Sätzen in folgender Art beschriftet:

EINE KUH BRÜLLT. VIELE KÜHE BRÜLLEN GANZ LAUT.
EIN SCHWEIN GRUNZT. VIELE SCHWEINE GRUNZEN GANZ LAUT.

Dass solch Arbeiten, falls eine fachbezogene Sortierung gewünscht wird, auch in den Sachunterricht hineinreichen, dass sie durch Lieder wie die deutsche Übersetzung von »Old McDonald has a farm« und passende Gedichte begleitet werden können, sei hier nur am Rande bemerkt.

In Übungen dieser Art können die Kinder einzelne Phänomene der morphologischen Konstanz, den »Familiensinn« (Erichson) der Wörter, entdecken: Umlautbildungen (Bäcker – backen, Kuh – Kühe, Bock – Böcke), Auslautverhärtung (Hund – Hunde, singt – singen), silbentrennendes h (Kuh – Kühe), Schärfung und Dehnung (brüllt – brüllen). Für den letzten Bereich der Vokalquantität brauchen sie, um hier differenzieren zu können, jedoch weitere Hilfen, die später exemplifiziert dargestellt werden.

Der Bereich der morphologischen Konstanz ist mit diesem ersten Entdecken ihrer orthographischen Existenz sicher nicht ausreichend angesprochen. Seine Relevanz für die Rechtschreibung liegt ja, abgesehen von der relativ schnell automatisierten Realisierung dieses Prinzips bei Umlautbildung und Auslautverhärtung in der Festlegung der »Stützform« für die Dehnungs- bzw. Schärfungsmarkierung (s. S. 102–110). Der hiermit verbundene relativ komplexe Übungsbereich, der eben auch ein bereits recht differenziertes Sprachwissen voraussetzt, gehört für die Mehrzahl der Kinder nach meinen Erfahrungen eher in die beiden letzten Klassen der Grundschule (s. Kap. 4).

Übungen zur Differenzierung der Vokalquantität kurz/lang
als Grundlage von Schärfung und Dehnung

Kindern, die in der hier angeregten Weise lernen, Sprache, vor allem Schriftsprache, als Gegenstand zu betrachten, wird bald auffallen, *dass es wiederkehrende graphemische Phänomene gibt, die sie sich nicht erklären können, weil sie nicht »hörbar« sind* (und das ist zunächst ihr Erklärungsmuster für Verschriftungen): das Dehnungs-h, Doppelkonsonanten, vielleicht auch Doppelvokale. Einige Kinder werden die Lehrerin nach dem »Warum« dieser Schreibweisen fragen – eine Situation, die sich eignet, sie zum Thema für die gesamte Klasse zu machen.

Wie »sachanalysiert« dargestellt (s. S. 104–110), sind lange Vokale beliebig dehnbar und die Differenzierung kurz/lang kann nur in der silbischen Opposition erkannt werden: Anhand der Gegenüberstellung eines Wortpaares mit dem Unterschied kurz/lang in der offen betonten Silbe, »Minimalpaar« genannt, können die Kinder die auditiven Bedingungen für die Schärfung erkennen. Da die Dehnungsmarkierung differenzierter Analysen bedarf, können im Anfangsunterricht in aller Regel ausschließlich die Graphien der Dehnung gesammelt und kann lediglich auf ihre quantitativen Anteile verwiesen werden. Die Arbeit dient also vorwiegend der auditiven Differenzierung anhand der Minimalpaare, die im Folgenden dargestellt werden, dann der Festlegung der Schärfungsgraphie – der Dehnung nur insoweit, als dass eben keine Verdoppelung des Konsonantenzeichens vorgenommen wird.

Der Unterricht zu diesem Thema könnte in folgender Weise ablaufen: Nachdem in der Klasse die Frage aufgekommen ist, weshalb ein Wort, z.B. Anne, mit Konsonantenverdopplung geschrieben wird, schreibt die Lehrerin den entsprechenden »Partner« und ein weiteres Paar mit an die Tafel

Anne – Sahne
Panne – Fahne

Sie fordert die Kinder auf, Wörter zu suchen, die ähnlich klingen, um sie einer der beiden Gruppen zuzuordnen: Wanne, Dame, Kanne, kamen, Name usw. Entweder die Kinder oder die Lehrerin ordnen auch Wörter mit den anderen Silbenkernen zu, sodass eine Liste von Kontrasten entsteht. Bei der anschließenden Betrachtung der Gegensätze ist es vielleicht möglich, dass das eine oder andere Kind in der Weise wie der von U. Maas beispielhaft genannte Erstklässler Jochen versucht, den Unterschied begrifflich zu fassen (mit der Schärfungsgraphie müsse der Vokal »gebremst« werden). Auf eine Beschreibung kann jedoch, wenn die Kinder sie nicht bringen, durchaus verzichtet werden, weil es primär auf die auditive Differenzierung und ihre Zuordnung zur Schärfungsschreibweise ankommt: *Die Kinder müssen erfahren, dass die Vokallänge bedeutsam für die Schreibweise ist und dass sie im Vergleich zu anders bzw. zu ähnlich klingenden Wörtern gemessen/überprüft werden kann.*

Spiele zur Differenzierung kurz/lang

Die Festigung dieser Erkenntnis durch den spielerischen Umgang mit Minimalpaaren kann mit Hilfe von *Spielformen*, die den Kindern bekannt sind, geschehen: Nachdem die Klasse eine Reihe von mindestens 12 Minimalpaaren gesammelt hat, werden sie entweder

– als *Memory* auf Kärtchen geschrieben oder
– zum *Domino* verarbeitet, bei dem immer ein Teil des Minimalpaares ans andere angelegt werden muss, oder
– zum *Lotto* gestaltet: ein Teil des Paares wird mit fünf anderen auf eine Karte mit sechs Feldern geschrieben, der andere Teil kommt auf ein kleines Kärtchen. Das Spiel wird für mehrere Spieler hergestellt, bei dem jeder eine Karte erhält. Der Spielleiter liest die Wörter auf den Kärtchen vor, und wer den »Partner« des Wortes auf seiner Karte hat, bekommt das vorgelesene Kärtchen. Sieger ist, wer zuerst alle 6 Felder belegt hat.

Wenn die Kinder mit der Lehrerin viele Wörter gesammelt haben, können natürlich auch mehrere Spiele hergestellt werden (s. S. 164).

Hilfen zur Isolierung von Wörtern innerhalb der Texte

Jede Lehrerin weiß aus selbstständig geschriebenen Texten der Kinder, dass viele noch lange, bis in die 3. oder 4. Klasse hinein, Schwierigkeiten mit dem Setzen der Spatien (Zwischenraum zwischen zwei Wörtern), von der Erstklässlerin Britta »Loch« genannt, haben (»Ach, jetzt habe ich wieder das Loch vergessen!«): »Das kanman sehen.« »Er besuchte den Krankenfreund.« »Bei uns gibtes alle Geister der ganzen Welt zu sehen« (aus Diktaten eines 4. Schuljahres).

Kurz-Lang-Spiele
  1. Memory
  2. Domino
  3. Lotto

Wie »sachanalysiert« bereits dargestellt, zeigen Wörter die grammatikalische Strukturiertheit der Schriftsprache auf. Die Verbindung zur mündlichen Sprache ist lediglich in der Weise zu finden, dass an den Stellen der Spatien Sprechpausen gemacht werden *können.*

Durch ihre Konfrontation mit Schriftsprache beim Lesen und Schreiben bekommen die Kinder einen Eindruck davon, dass es Wortgrenzen gibt. Um diese ersten naiven, noch nicht kognitiv untermauerten Erkenntnisse zu unterstützen, vor allem, um sie generell an Spatien zu erinnern, greifen Kolleginnen zu einem guten methodischen Mittel. Sie verlangen von den Kindern während der ersten Monate ihrer Spontanverschriftungen, für ihre Sätze eine Menge kleiner Papierstreifen in *der* Anzahl zu nehmen, wie sie meinen, Einzelwörter zu hören: lange Streifen für lange, kurze für die kurzen Wörter. Die Kinder

Kurz-Lang-Spiele

1. Memory

Hütte — Hüte
Sahne — Anne
Fall — Pfahl

2. Domino

raten | Miete

Düne | Mutter | mutig | Pfanni

Fahne
rattern

3. Lotto

Teller	Dünne	Suppe
Koffer	Robbe	Tommi

Tomate, doof, Düne, Robert, super, Telefon

beschriften sie dann und kleben sie auf. Mit diesen Streifen lässt sich im Sinne der segmentierenden Operationen spielen: Mit ihnen kann »gepuzzelt« werden (Verschiebungen):

PETER GEHT IN DIE SCHULE
GEHT PETER IN DIE SCHULE
IN DIE SCHULE GEHT PETER

Es können weitere Streifen an verschiedenen Stellen hinzugelegt werden (Einschübe):

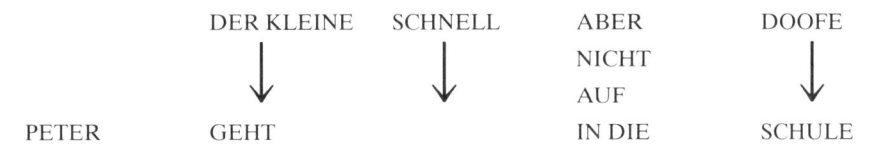

	DER KLEINE		SCHNELL		ABER NICHT AUF		DOOFE
	↓		↓				↓
PETER		GEHT			IN DIE		SCHULE

Die Wörter können durch andere ersetzt werden (Ersetzungen)

PETER	GEHT	IN		DIE	KIRCHE
MARIA	GEHT	IN		DIE	SCHULE
PETER	LÄUFT	IN		DIE	SCHULE
PETER	GEHT		ZUR		SCHULE
PETER	GEHT	IN		EINE	SCHULE

Spiele zum Erkennen von Wortgrenzen

Zum automatisierenden Üben der Wortabtrennungen können die Kinder mit vergrößerten Fotokopien der Fotos von ihnen (wenn man beim Kopieren auf DIN-A4-Format vergrößert, nimmt zwar die Qualität ab, die Kinder erkennen sich jedoch weiterhin trotzdem gut) und darunter geschriebenen Sätzen nach Wahl der Kinder Puzzles anfertigen: Die DIN-A4-Pappen sind so in Längsstreifen geschnitten, dass jeweils ein Wort auf einem Streifen steht:

DEMET | KANN | GUT | MALEN
KANN | YASMIN | LAUT | SCHREIEN? | JA.
MAG | MARIA | GERN | PIZZA? | JA.
ICH | MACHE | NICHT | GERN | HAUSARBEITEN.

Um sie hier weiterhin experimentieren zu lassen, kann die Lehrerin ihnen im 2. Schuljahr, wenn die Lesefähigkeiten schon fortgeschritten sind, kurze Sätze ohne Spatien aufschreiben, an deren Ende zunächst die Anzahl der Wörter vermerkt ist. Später fällt diese Hilfe der Zahl weg. Die Kinder erhalten dann Bilder oder Bildergeschichten, die sie ausschneiden und in ein Heft kleben, zusammen mit den wortweise auseinander geschnittenen Sätzen.

Schwierigkeiten von Kindern beim Erkennen der Wortgrenzen (2. Schj.)

Leba Harry!
Yusuf Ich y Ich heise Yusuf.
Danke, fürdns stift

k ds blt wid
kommst Du bald wieder

MUTTERHATESSENGEKOCHT.   4
DERVATERWARTETAUFSEINENSOHN.   6
ERRUFTIHN.   3

So gestalten sie sich ihr eigenes Buch mit »Geschichten vom kleinen Herrn Jakob« oder von »Vater und Sohn«.

Auf die *grammatikalische Prägung von Wortgrenzen* (Verben mit den Konjugationsendungen, Substantive mit Deklinationsendungen) weist das folgende *Wortspiel* hin, das aufgrund seines semantischen Witzes jedoch wahrscheinlich erst gegen Ende der 2. Klasse, sicherlich in der 3. und 4. Klasse gespielt werden kann: Bei einem zusammengesetzten Substantiv, dessen erster Teil ein Verb ist (KOCHLÖFFEL), wird dieser erste Teil als Verb in einem Satz genutzt und konjugiert (ich koch Löffel, du kochst Löffel, er kocht …). Für dieses Spiel werden den Kindern, nachdem sie sein Prinzip erkannt haben, sicherlich viele Beispiele einfallen. So eignen sich LESEZEICHEN, PACKESEL, REIßNÄGEL, RUFNAMEN, BADESCHUHE, FISCHGRÄTEN, KLEBSTOFFE, STUBSNASEN, FALTBOOTE, GIEßKANNEN, MAGNET (ich mag net), SPINETT (ich spinn net), RETTICH (rett ich, rettest du usw.), LATEIN (ich lad ein), ROLLMÖPSE, RAUBRITTER, GREIFVÖGEL, KNACKWÜRSTE, BILDRÄTSEL, LEGHENNEN, ZISCHLAUTE, ROLLSCHUHE, SEEROSEN (ich sehe Rosen), SEERÄUBER (ich sehe Räuber), FAHRRAD, LACHFALTEN, ZUCKERWATTE (vgl. Schwander 1984, S. 122). *Immer dann, wenn sich die Schreibweise der Wörter verändert, gibt es viele Ursachen zum Suchen und Finden von Gründen und Regeln.*

RAUBRITTER

ich raube Ritter
du raubst Ritter
sie raubt Ritter
wir rauben Ritter
ihr raubt Ritter
sie rauben Ritter

RETTICH

rette ich?
rettest du?
rettet sie?
retten wir?
rettet ihr?
retten sie?

ROLLSCHUHE

ich rolle Schuhe
du rollst Schuhe
er rollt Schuhe
wir rollen Schuhe
ihr rollt Schuhe
sie rollen Schuhe

LESEZEICHEN

ich lese Zeichen
du liest Zeichen
er liest Zeichen
wir lesen Zeichen
ihr lest Zeichen
sie lesen Zeichen

4. Fortsetzung der Aneignung orthographischer Strukturen in Klasse 3 und 4

4.1 Groß- und Kleinschreibung im Rahmen der Syntax

Grammatik im Grundschulunterricht

Entsprechend der hier mehrfach erläuterten These, dass schriftliche Texte nicht die mündliche Sprache wiedergeben, sondern festgelegte orthographische und grammatikalische Regeln repräsentieren, wird die Unterscheidung zwischen Grammatik und Orthographie als didaktische Differenzierung überflüssig: Die Regeln der Schriftsprache zeigen grammatikalische Strukturen in Form von Sätzen und Wörtern. Deren Orthographie hat sich entsprechend vorgegebener, tradierter Muster entwickelt und wird sich weiterentwickeln. Alle dargestellten Ziele des Anfangsunterrichts haben auch grammatikalischen Charakter.

Während die meisten Sprachbücher die Unterscheidung Rechtschreibung/Sprachlehre nicht mehr hervorheben, wird sie von nahezu allen Richtlinien strikt vorgenommen: Ein Kapitel erläutert die »Rechtschreibung«, ein anderes die »Sprachbetrachtung«. Während das erste vorwiegend Anmerkungen zu der Arbeit mit dem Grundwortschatz macht ohne verschweigen zu können, dass es »Rechtschreibgesichtspunkte« gibt, nach denen die Wörter erst »geordnet«, dann »geübt« werden sollen (Niedersächsische Rahmenrichtlinien/Grundschule Deutsch 1984, S. 34), geht es bei der Sprachbetrachtung und -untersuchung um Formen und Strukturen von Wörtern, Sätzen und Texten und die entsprechenden Fachausdrücke (ebd. S. 44) – *Rechtschreibung also primär mit dem Gedächtnis, Grammatik (später) mit dem Verstand*. Die vielen Querverweise vor allem vom letzten zum vorderen Teil (ebd., S. 46–48) zeigen, dass diese Trennung so offensichtlich nicht durchzuhalten ist.

So wie in der herkömmlichen Praxis des Anfangsunterrichts in aller Regel Begriffe in Form von – Buchstaben zugeordneten – »Naturlauten« vorgegeben werden, bevor die Kinder die entsprechende Beziehung entdecken können, erhalten sie vom zweiten Schuljahr an grammatikalische Begriffe wie die Differenzierung der Laute/Buchstaben in »Selbstlaute« und »Mitlaute« oder die Bezeichnungen der Wortarten (vgl. auch Spitta 1990, Scheerer-Neumann 1990b, Switalla 1988). Die Begriffe sind jedoch entsprechend der didaktischen Umsetzung der piagetschen entwicklungspsychologischen Ergebnisse durch Aebli das letzte, abstrakte Glied in der Kette Handlungen – Operationen – Begriffe, und da die drei Teile durch selbsttätiges, forschendes und entdeckendes Lernen jeweils von den Kindern erworben werden müssen, kann Lehren anhand von Begriffen nur dann effektiv sein, wenn die Schüler (in höherem Alter) ihre Deduktion entweder selber leisten können oder sie den Weg über Handlungen und Operationen gegangen sind. Beides ist im herkömmlichen Grammatikunterricht der Grundschule in aller Regel nur selten der Fall.

Sprachwissenschaftliche und -didaktische Überlegungen zur Groß- und Kleinschreibung

a) Groß- und Kleinschreibung in den Richtlinien

Die Richtlinien aller Bundesländer haben in ihren Zielformulierungen eine Anzahl grammatikalischer Begriffe aufgenommen, die die Kinder am Ende der Grundschulzeit »gelernt« haben müssen. Niedersachsen hat sogar den von der Kultusministerkonferenz festgelegten Katalog, »ein Kompromiss unterschiedlicher sprachwissenschaftlicher Standpunkte«, als »Vorgabe für den Lehrer« in die Rahmenrichtlinien aufgenommen (s. S. 52–54). Dazu gehören uneingeschränkt die vier bis fünf häufigsten Wortarten Substantiv, Verb, Adjektiv, Artikel (und Pronomina). Eine Begründung für dieses Lehrziel fehlt, es lässt sich höchstens bei einigen Erlassen aus den didaktischen Zusammenhängen schließen: *Lernziel der Klasse 2 ist das »Wissen, dass Nomen großgeschrieben werden«* (Lehrplan Schleswig-Holstein 1978, S. 74). Dieses Ziel stärker zu konkretisieren versuchen z. B. die niedersächsischen Richtlinien: Während im 1. Schuljahr ausschließlich »Bezeichnungen für Lebewesen und Dinge« großzuschreiben waren, nennen sie als »Ziele und Aufgaben« für das 3./4. Schuljahr: »Erste Abstrakta großschreiben lernen, substantivierte Verben und Adjektive großschreiben«. Dazu geben sie folgende Erläuterungen und Beispiele: »Abstrakta aus dem Erfahrungsbereich der Schüler und aus dem Erfahrungsgrundwortschatz (z. B. Freude, Wut, Liebe) …, z. B. Nomen mit der Endung -ung, -nis, -heit, -keit, -schaft« (ebd., S. 33, 35).

Auch die Grundschulrichtlinien scheinen also zu bestätigen, was K. Abels für Sekundarstufenrichtlinien festgestellt hat: »Wie Förderung des Könnens und Entwickelns des Verständnisses zusammenhängen, wird im Bildungsplan nicht erläutert. Es ist also Sache des Lehrers, den Zusammenhang herzustellen … Dabei ist er aber gezwungen, das Verständnis ›auf der Grundlage der Terminologie der traditionellen Schulgrammatik‹ zu entwickeln. Die Verfasser haben offensichtlich ein starkes Vertrauen in die Tragkraft von Terminologien … Es entspricht einer Tradition des Deutschunterrichts, dass Grammatik immer dann betrieben wird, wenn es sich aus irgendwelchen Gründen (Defizite oder Fehler der Schüler, Schwierigkeiten beim Textverstehen … usw.) als nützlich erweist« (Abels 1989, S. 13–14).

Wie erläutert man nun »Nomen« Kindern im 2. und 3. Schuljahr? Es sind natürlich – in die Grundschulsprache übersetzt – die Dinge, die man anfassen, fühlen, riechen, schmecken kann und vor die man einen »Begleiter« schreiben kann. G. Spitta (1990) zitiert hierzu eine Erstklässlerin, die sich weigert, Hund und Feuer großzuschreiben, da sie beim Anfassen böse Folgen erwartet.

b) Meine Erfahrungen mit der herkömmlichen Didaktik
   zur Groß- und Kleinschreibung

Ich hatte in meinem 2. Schuljahr in Ermangelung eines anderen didaktischen Weges als über die Wortarten die Kategorie »*wird großgeschrieben*« noch durch das Komplement »wird nicht großgeschrieben« (Verben, Adjektive) einzugrenzen versucht: Die Kinder schrieben einige Texte in »Schlumpf«-Sprache (für Unwissende: die einzige Tätigkeit, die die Schlümpfe kennen, ist das Schlumpfen: »Ich schlumpfe meine Suppe.« – »Er schlumpft heute später nach Hause.«). Anschließend setzten sie die entsprechenden Wörter ein, die dann als Verben benannt wurden. In der Folgezeit haben sie verschiedene Konjugationen gebildet und sie dann mit ihren Karteikästen geübt. Anlässlich der Beschreibung ihrer Mütter in einem gemeinsamen Buch waren Adjektive »dran« (vgl. Röber-Siekmeyer 1991c). Sie haben in Spielen die Steigerungsmöglichkeiten kennen gelernt und viel Spaß dabei gehabt, Gegensätze wie »die schnelle Schnecke« und »der langsame Tiger«, »der winzig-kleine Elefant«, »die riesige Ameise« in Geschichten einzubauen. Nomen wurden durch »chen« und »lein« verkleinert und in den Plural gesetzt.

Auch wenn ich vorübergehend den Eindruck hatte, die Arbeit wäre erfolgreich gewesen – die Groß- und Kleinschreibung der meisten Kinder war in der Mitte der 3. Klasse noch immer in meinen Augen katastrophal. Mir wurde spätestens zu dieser Zeit klar, dass der Zugang über die Wortarten, den auch die Sprachbücher wählen, nicht der richtige für (alle) Kinder dieses Alters sein kann. Diese Vermutung erhielt ich auch immer dann bestätigt, wenn ich einzelne Kinder bei der Korrektur ihrer Texte mit ihnen zusammen fragte, warum sie einzelne Wörter groß- oder kleingeschrieben hatten. Hin und wieder antworteten sie, wenn es passte: »Weil ich das anfassen kann.« Meistens zuckten sie mit den Schultern. Die einzelnen Wortarten benannten sie nur ganz selten als Begründung.

Dann gab es plötzlich den Satz in einem Buch, das sie lasen: »Nach dem Schwimmen lief Mario nach Hause ...« Yasmin, eine der wenigen, die offensichtlich Wortarten erkennen konnte, meldete sich und fragte, wieso denn »Schwimmen« großgeschrieben werde, das sei doch ein Verb, und sie hätten gelernt ... Ich habe versucht, ihr etwas von der Substantivierung von Verben und anderen Wortarten zu erzählen, aber wohl war mir dabei nicht, und ihr, ihrem ratlosen Verstummen nach zu urteilen, noch viel weniger.

In vielen Gesprächen mit Kolleginnen über diesen wichtigen Bereich der

Rechtschreibschulung in der Grundschule habe ich die Gewissheit bekommen, dass kaum eine Lehrerin andere didaktische Wege geht, als ich es bisher getan habe. Diejenigen, die sich an Sprachbüchern orientieren, beginnen in aller Regel schon sehr früh mit den Versuchen zur Wortartendifferenzierung, andere spätestens im 3. Schuljahr.

Dass dennoch einige Schüler am Ende der Grundschulzeit die Großschreibung relativ sicher meistern, einige andere hier jedoch völlig versagen, scheint die anfangs für die Rechtschreibung generell formulierte These zu bestätigen: Eine Gruppe von in vieler Hinsicht gut ausgestatteten Kindern hat gelernt, ihren Weg durch eigene orthographiebezogene Schlussfolgerungen zu gehen, anderen fehlt hierzu der Mut, das Selbstvertrauen, und sie geben schon frühzeitig angesichts der vagen und konfusen Regelangebote auf. Qualifizierende Fehleranalysen weisen nach, dass auf dem Gebiet Groß-/Kleinschreibung die Schüler äußerst hilflos sind (vgl. Friedrich 1991, S. 85).

Seitdem erneut über eine *Reform der Rechtschreibung* nachgedacht wird, steht der Punkt »Groß-/Kleinschreibung« an einer der ersten Stellen. Da jedoch gerade hier die Öffentlichkeit besonders empfindlich reagiert hat, wurden in der Abschlusserklärung der letzten »Konferenz zur Reform der deutschen Rechtschreibung« im Mai 1990 die Sprachwissenschaftler aufgefordert, »alternative Lösungen auf der Basis des Status quo und der vorliegenden Reformvorschläge weiter auszuarbeiten« (zitiert nach Zabel 1991).

Infolge der anhaltenden Diskussion hat *H. Zabel* ein Modell der »*Qualifizierten Großschreibung*« entwickelt, das zwar Bereiche in die Entscheidungsfreiheit des Schreibers abgeben will, generell jedoch bei der Kategorisierung von Wortarten bleibt und bei deren Didaktisierung herkömmliche Formen wie die Artikelprobe beibehält (»Nomina/Substantive schreibt man groß. Als Nomina/Substantive werden solche Wörter verstanden, die bei einer Eintragung in ein Wörterbuch den bestimmten oder unbestimmten Artikel nach sich ziehen ... Kleingeschrieben werden Wörter, die ihre substantivischen Merkmale eingebüßt haben und in andere Wortarten übergetreten sind«, Zabel 1991, S. 26). Das Dilemma, dass die gewählten Kategorien nicht eindeutig für Kinder (und viele Erwachsene) erkennbar sind, bleibt hier also erhalten.

Zu den Veränderungen der Rechtschreibreform

Die Ergebnisse der Reform, so wie sie jetzt vorliegen, lassen erkennen, dass von dem Versuch, die Regeln der Großschreibung an die Einteilung in Wortarten zu binden, nicht abgewichen wurde. So fasst Günther Drosdowski (1994) die Ergebnisse der Kommission in folgender Weise zusammen:

»Das Regelwerk der modifizierten Großschreibung sieht Änderungen in den folgenden Bereichen vor:

– Substantive in festen Verbindungen
– gestern, heute, morgen + Tageszeit
– Adjektiv: unbestimmte Zahlenadjektive

– Adjektiv: Ordnungszahlen
– Adjektiv: Superlative
– Adjektiv: feste Wendungen mit Verben
– Adjektiv: sonstige feste Wendungen
– Adjektiv: Farb- und Sprachbezeichnungen
– Adjektiv: Paarformeln
– Einzelfälle.«

Schon in dieser Auflistung wird das Dilemma des Ordnungsversuchs sichtbar. In dem folgenden »erklärenden« Text nimmt er geradezu paradoxe Formen an, wenn er dann Formulierungen wie »Tageszeiten« neben »Adjektiven, die inhaltlich Indefinitpronomen nahe kommen«, »Ordnungszahlen sind Adjektive«, »Farb- und Sprachbezeichnungen haben teils den Charakter von Substantiven, teils den von Adjektiven« zur Bezeichnung der einzelnen Kategorien genommen werden (Drosdowski 1994, S. 30–34). Wie lässt sich hieraus ein Regelwerk machen, das Kindern im 2. Schuljahr einen verständlichen und verlässlichen Rahmen bietet?

Entsprechend undurchsichtig ist der Hintergrund für die Einzelfälle, die in das Lexikon aufgenommen wurden. Erstaunlich ist hier vor allem die Tatsache, dass jetzt weitaus mehr als vorher großgeschrieben wird, ohne dass eindeutige Kriterien genannt werden: »Vieles gilt jetzt als Substantivierung, was früher anders gedeutet werden konnte oder musste« (Eisenberg 1996, S. 13). Die Regeln der Großschreibung bleiben aufgrund ihres Wortartenbezugs im Vagen, die Festlegungen können nur als Einzelbestimmung des Wörterbuchs geschehen, sind gedächtnismäßig, nicht in Anwendung einer Theorie systematisch erlernbar. Was bleibt, ist zu wünschen, dass sich die in diesem Buch vorgestellte satzbezogene Sichtweise als Regulierung der Großschreibung durchsetzt und die Festlegung von Einzelfällen damit irgendwann erübrigt. Die inzwischen gehäuften Erfahrungen in Klassen, die auf diese Weise unterrichtet wurden, zeigen den didaktischen Wert der satzbezogenen Regelungen.

---

c) Die sprachwissenschaftliche Konstruktion von U. Maas

Entsprechend seinem theoretischen Konstrukt, nach dem die Orthographie als Ergebnis kultureller Anstrengungen, daher als sinnvoll, nützlich und systematisch darzustellen ist, stellt U. Maas einen gänzlich neuen Zugang zur Differenzierung der Groß- und Kleinschreibung dar (vgl. Maas 1989, S. 156–174): *Sie ist nicht wortartbezogen, sondern satzbezogen zu sehen.* »Die Rechtschreibregeln sind nicht für Wörter definiert sondern für Texte; … [es] gilt, dass sie Instruktionen für den Leser sind, wie er Texte zu strukturieren hat. Großgeschrieben wird nicht ein Substantiv, sondern:

- Aus einem Spatium folgt die Information: Jetzt beginnt ein neues Wort.
- Aus einer Majuskel [= großer Anfangsbuchstabe, R.-S.] (im Satzinnern) folgt die Information: Das mit der Majuskel beginnende Wort *fungiert* als Substantiv« (S. 161).

Er leitet diese Interpretation zunächst aus der *Geschichte der Schrift* ab. Aus ihr ist nachvollziehbar, dass die Großschreibung in einer Folge mit anderen Stufen der Textgliederung (Einteilung in Abschnitte, Aufnehmen von Spatien, dann von Punkten und später anderen Satzzeichen) zu sehen ist: *Die Großschreibung dient dem Leser zur besseren Gliederung der Texte/Sätze beim Lesen.* In dieser Funktion setzte sie sich im 17. Jahrhundert nach zunächst wenig eindeutigen Festlegungen auf die Substantive im Satz durch.

Reformbefürworter weisen immer wieder gern darauf hin, dass in den meisten anderen Sprachen vorwiegend kleingeschrieben wird. Diese Tatsache zeige, dass die Großschreibung für Textverständnis generell nicht notwendig sei. Die Differenzierung zwischen den Sprachen hängt jedoch mit den unterschiedlichen historischen Sprachentwicklungen in der Ablösung von dem lateinischen Vorbild für Schriftsprache ab, die bei den germanischen Sprachen anders verlief als bei den romanischen. Hieraus sei, s. U. Maas, jedoch nicht die Frage zu entwickeln, »ob eine Klein- und Großschreibung *nötig* ist; sondern man sollte viel mehr unter der Fragestellung operieren, was mit Hilfe der Groß-/Kleinschreibung *möglich* ist und in welchem Maße sie lernbar ist« (S. 157).

Während des Unterrichts zur Groß-/Kleinschreibung im dritten Schuljahr nach den Maßgaben, die U. Maas darstellt, wurde mir und allen Kolleginnen, die ebenso gearbeitet haben, deutlich, welche Sprachschulung, welches Repertoire an operationalisierbarem Sprachwissen mit dieser Methode verbunden ist:

- die Satzgliederung in Subjekt, Prädikat, Objekte, Ergänzungen mit den entsprechenden Kasusbildungen,
- der Gebrauch von Adjektiven in ihrer Funktion zur Beschreibung von Substantiven (»Aufsatzerziehung«)
- und als Adverbien,
- die Differenzierung von Satzarten (Aussagesatz, Fragesatz),
  der Gebrauch von Fürwörtern in ihrer Stellvertreterfunktion
- die Kategorisierung und der entsprechende Gebrauch von Verben (einfache und zusammengesetzte Verben als Satzklammer, modale Hilfsverben, finite und infinite Formen),
- die Bildung der Zeiten.

Diese Ziele können, didaktisch betrachtet, als »Abfallprodukte« bei der Herstellung und Durchführung der Spiele zur Groß- und Kleinschreibung bezeichnet werden, wenn diese entsprechend der grammatikalischen Interpretation als Funktionsträger der Textgliederung unterrichtet wird.

Sachanalyse

Ein Satz gliedert sich nach der hier zugrunde liegenden Syntax in einen Verbteil und mehrere Nominalgruppen:

»Der kleine Sven will seit drei langen Tagen keinen süßen Milchbrei essen.«

Der Verbteil umfasst die Wörter »will essen«, die Nominalteile gliedern sich durch Umstellproben aus:

»Seit drei langen Tagen will der kleine Sven keinen süßen Milchbrei essen.«
»Keinen süßen Milchbrei will seit drei langen Tagen der kleine Sven essen« usw.

Die einzelnen nominalen Gruppen lauten also:

seit drei Tagen
keinen süßen Milchbrei
der kleine Sven

Die *Regel*, die jetzt Aufschluss über die Groß- und Kleinschreibung gibt, heißt: »*Der Kern jeder nominalen Gruppe im Satz wird mit einem initialen Großbuchstaben markiert*« (Maas, S. 165).

Wie lässt sich der »Kern« bestimmen? Der *Kern* ist *der* Teil in der Gruppe von Wörtern (»Satzglied«), der da sein *muss*, damit überhaupt ein »Satzglied« formal vorhanden ist (häufig ist er im Deutschen ergänzt durch einen Artikel o. Ä.):

seit Tagen
Milchbrei
(der) Sven

Die übrigen Wörter des »Satzgliedes«, Ergänzungen genannt, sind, grammatikalisch betrachtet, weglassbar oder austauschbar!

Der Großschreibung kommen also zwei Aufgaben zu: Zum einen stellt sie eine Hierarchie innerhalb der Nominalgruppe her, indem sie den Kern, der nicht wegfallen darf, von seinem grammatisch verzichtbaren, austauschbaren, erweiterbaren Komplement (Präpositionen, Adjektive) abhebt, dann dient das großgeschriebene Wort (in aller Regel, Ausnahmen bilden Adverbien, s. u.) der Abgrenzung zum nächsten Satzglied:

– Hierarchisierung: (der kleine, süße, dicke, wilde) Sven
– Abgrenzung: seit drei langen Tagen /will/ der kleine Sven /keinen süßen Milchbrei / essen.

Der Kern der Nominalgruppe steht in der deutschen Sprache in aller Regel am rechten Rand. Er wird nach links hin durch beliebig viele Expansionen erweitert (die eben auch wegfallen können. Formulierungen wie »Röslein rot« sind in Kindertexten nicht anzutreffen):

der blaue Elefant
das liebe Kind
durch das wilde Kurdistan

Diese Regel bedarf in Bezug auf zwei syntaktische Phänomene besonderer Beachtung: *Adverbia* und nachgestellte Expansionen wie *Genitivattribute* und *Mengenangaben*. Diese Satzgliedarten kommen bereits in Texten von Grundschulkindern vor, sodass sie auch auf dieser Altersstufe unbedingt Berücksichtigung finden müssen. (»Heute lief Peter das Rennen ganz schnell.« »Ich habe morgen Geburtstag.« »Er versteckt sich hinter Dirks Rücken.« »Die Frau schenkte mir eine Tafel Schokolade.«)

Während die Aufteilung des Satzes in die Verbalgruppe und die Nominalgruppen den einzelnen Worten als Teilen dieser Gruppen feste Plätze innerhalb der Gruppierungen zuweist, ist das Adverb keiner dieser Gruppen zugehörig, daher flexibel innerhalb des Satzes:

Peter lief das Rennen *ganz schnell*.
Ganz schnell lief Peter das Rennen.
Peter lief *ganz schnell* das Rennen.

Daher besteht die Gefahr, dass das Adverb, vor allem, wenn es mehrere Teile hat, von den Kindern entweder (syntaktisch zurecht) als eine Nominalgruppe oder als (linker) Kern einer Nominalgruppe gesehen wird:

»Peter lief das rennen ganz Schnell.«
»Ganz Schnell lief Peter das Rennen.«

Für die Wahrnehmungsschulung der Kinder zu dieser Problematik muss eine gezielte Hilfe konstruiert werden (s. 3. Spiel). Hierbei kann der Vergleich mit Attributen, die durch Flexionen gekennzeichnet sind (und zu Nominalgruppen gehören), hilfreich sein: Diese haben immer Endungen entsprechend dem Kern der Nominalgruppe:

Das wild*e* Mädchen schenkt dem niedliche*n* Jungen einen rote*n* Apfel.

Adverbien haben eben keine Flexionsendungen:

Ganz schnell lief Peter das Rennen.

Mit dieser analysierenden Differenzierung sind jedoch nicht alle Probleme um die Adverbien im Rahmen der Segmentierung von Nominalgruppen gelöst. U. Maas weist darauf hin, dass die sprachwissenschaftliche Einordnung dieser syntaktischen Größe generell noch nicht befriedigend geleistet ist, woraus folgt, »dass hier nicht eigentlich orthographische Probleme vorliegen, sondern bisher noch unzureichend verstandene Schwierigkeiten in unserer Grammatik, die sich in die orthographische Repräsentation vererben« (S. 173). Es wäre jedoch unangemessen, aufgrund dieser offenen Frage die gesamte Interpretation der Großschreibung als satzinterne Gliederung oder auch nur deren didaktischen Wert anzuzweifeln. Unterrichtsbezogen folgt jedoch aus diesem sprachwissenschaftlichen Problem entsprechend den zu Anfang dargelegten Forderungen eines pädagogischen Umgangs mit Schülerfehlern, dass Großschreibungen von Adverbien lange nicht als Fehler zu sanktionieren sind.

Ein zweiter, zwar sprachwissenschaftlich geklärter, aber für Kinder nicht leicht durchschaubarer Bereich sind Nominalgruppen, die Attribute zu anderen Nominalgruppen sind, als *Genitivattribut* geläufig und häufig:

Mutters Schürze gefiel ihm sehr.

Hier liegt eine Umkehr und Verkürzung von zwei Nominalgruppen vor, die deutlich werden, wenn sie anders konstruiert sind:

Die Schürze (von) der Mutter gefiel ihm sehr.

Erweiterungsprobe:

Die bunte geblümte Schürze von der kleinen, runden Mutter ...

Im gleichen Sinne lassen sich *Mengenangaben* als »Partitive Genitive« auflösen (vgl. Maas, S. 204–205):

eine Tafel Schokolade

Erweiterungsprobe:

eine dicke Tafel sahniger Schokolade

An den Beispielen wird deutlich, dass die Attribute, die aus einer neuen Nominalgruppe bestehen, im Gegensatz zu den Erweiterungen *innerhalb* der Gruppe (das dicke, fette, quietschende ... Schwein) immer *rechts* des Kerns, auf den sie bezogen sind, stehen.

Abschließend noch eine Bemerkung zu *Pronomina*, die ja auch häufig in Grundschultexten vorkommen: Da die hier vorgenommenen Segmentierungen immer von Wort*gruppen* ausgehen, ist die Tatsache, dass eine Einheit mehrere Mitglieder haben muss oder zumindest kann (Erweiterungsprobe als Kriterium der Segmentierung, Namen ausgenommen). Pronomina als »Satzglieder ohne Binnenstruktur« (S. 202) stellen also keinen Teil einer Gruppe dar, sondern repräsentieren sie und müssen daher kleingeschrieben werden (»So wäre es in gewisser Hinsicht auch konsequenter, statt von *Pronomina* von *Pro-Nominalgruppen* zu sprechen«, S. 202):

Mein lieber Vater mag gern Whisky.
Er mag gern Whisky.

Großgeschrieben werden Pronomina nur dann, wenn sie selber Kern einer Nominalgruppe sind:

Sein dominierendes Ich drängte alle an die Wand.

Für den diffizilen Bereich der Ordinalzahlen (der letzte/Letzte, die erste/Erste, der dritte/Dritte), für den die **Reform** ausschließlich die Großschreibung vorsieht und damit auf bedeutungstragende Differenzierungsmöglichkeiten verzichtet, hätte sich die Freigabe der Regularitäten empfohlen.

Möglichkeiten der unterrichtlichen Umsetzung

a) Gemeinsame Arbeit im Klassenverband zum Erkennen der Strukturen

Im Folgenden beschreibe ich den Unterricht zum Thema »Groß- und Kleinschreibung im Satz«, wie ich ihn in der 2. Hälfte des 3. Schuljahres meiner Klasse sowie als Fachlehrerin in anderen 3. Klassen auch gleich zu Beginn dieses Schuljahres durchgeführt habe.

1. Sätze zergliedern

Den beiden ersten Aufgaben für die Kinder, die Sätze zu zergliedern, diente der erste Teil des Unterrichts zu dieser Thematik ausschließlich. Ich hatte sie eingeführt, indem ich den Kindern von meiner Unzufriedenheit über ihre Schwierigkeiten beim Groß- und Kleinschreiben und meinem Vorhaben, ihnen hier intensiv in der nächsten Zeit zu helfen, erzählt hatte – sie sollten wissen, welche Ziele die einzelnen Schritte, die ich vorgab und deren Durchführung ich zunächst in relativ langen Phasen frontal steuerte, hatten.

Am Beginn stand eine lustige Geschichte, in der der Hausmeister der Schule, der große Sturm der vergangenen Nacht und ich vorkamen. Eine Begebenheit aus ihr fasste ich in zwei Sätzen zusammen und schrieb sie an die Tafel (schon in diesem Alter lachen Schüler gern über ihre Lehrerinnen):

»Die ängstliche Frau Röber sitzt in der unheimlichen Sturmnacht in ihrem klapprigen Auto. Der vorsichtige Herr Schröfel reitet kurz vor Mitternacht um die dunkle Schule.«

Anschließend fragte ich die Kinder nach einzelnen Aussagen des Satzes: »Wo saß die ängstliche Frau Röber?« Entsprechend der Beantwortung schrieb ich an die Tafel:

> Die ängstliche Frau Röber sitzt in der unheimlichen Sturmnacht in ihrem klaprigen Auto.
> (In ihrem klaprigen Auto) sitzt die ängstliche Frau Röber in der unheimlichen Sturmnacht.
> (In der unheimlichen Sturmnacht) sitzt die ängstliche Frau Röber in ihrem klaprigen Auto.

»In ihrem klapprigen Auto saß die ängstliche Frau Röber in der unheimlichen Sturmnacht.«

Nachdem ich nach dem Wann gefragt hatte, kam folgender Satz hinzu:

»In der unheimlichen Sturmnacht saß die ängstliche Frau Röber in ihrem klapprigen Auto.«

Ich hatte als Ergänzungen Adverbialbestimmungen des Ortes und der Zeit gewählt, weil sie inhaltlich für Kinder leichter als Objekte differenzierbar sind.

An dieser Stelle machte ich die Kinder darauf aufmerksam, dass *ein Satz aus verschiedenen Teilen besteht, die man voneinander offensichtlich trennen, dann wieder neu zusammenfügen kann.* Die Kinder redeten von *Abteilungen* im Supermarkt, die auch voneinander getrennt sind, und wir nannten die Satzglieder »Wer-Abteilung«, »Wann-Abteilung« usw. (Die Kinder in der Klasse meines Kollegen H. Schönfeld haben als Bezeichnung den Begriff »Baustein« gewählt.)

Die Kinder »*zerschnitten*« *die Sätze an der Tafel*, indem sie rote Längsstriche an die Schnittstellen zwischen den »Abteilungen« zeichneten. Ich schrieb dann den ersten, später auch den zweiten Satz auf *einen langen Streifen Computerpapier*, legte ihn im Stuhlkreis auf den Boden und die Kinder schnitten ihn mit der Schere an den drei passenden Stellen durch. Ein Kind bezeichnete die vielen einzeln verstreut herumliegenden Teile als *Puzzle* und begann sofort sie wieder zu einem Satz zusammenzusetzen. Andere Kinder legten ihn anders zusammen, ein Mädchen bildete sogar eine Frage, indem sie das Verb an den Anfang schob. Vier Kinder nahmen je ein Teil hoch, hielten es sich vor die Brust und liefen so lange umeinander herum, bis sie fanden, dass der Satz richtig »klang«.

Nach dieser Phase (einer Doppelstunde) setzten sich alle um die zu einem großen Tisch zusammengestellten Einzeltische und spielten nach meiner Anleitung das Spiel »*Onkel Otto sitzt in der Badewanne*«. Dafür hatte ich an jeden ein Blatt verteilt. Ich war die Spielleiterin. Sie begannen alle nach meiner Aufforderung, eine »*Wer-Abteilung*« aufzuschreiben, *die mindestens drei Worte haben sollte*. Ich nannte ihnen dafür Beispiele wie »der liebe Jan«, »die nette Frau Bitter«, »die schnelle Schildkröte« usw. Danach wurde das Blatt an den linken Nachbarn weitergegeben. Jetzt kam das *Verb* hinzu. Die Kinder hatten bei den Übungen vorher erkannt, dass es bei den Aussagesätzen immer als 2. »Abteilung« stehen muss. Ich gab es ihnen vor, da es ja zu den folgenden »Abteilungen« passen musste: »schlafen«, also schrieben sie: »schläft« (oder »schlafen« im Plural). Es folgten noch eine »*Wann-Abteilung*«, und eine »*Wo-Abteilung*«, alle mit mindestens vier Wörtern, nachdem die Zettel immer wieder weitergegeben waren. Im Gegensatz zu dem üblichen Spielmodus haben die Kinder das Blatt nicht vor jedem Weitergeben umgeknickt. Sie sollten ihren neuen Beitrag durchaus mit den bereits geschriebenen abstimmen.

Der schnelle Mogli
~~fangt~~
nach dem gemütlichen Mittagsschlaf auf deinem runden Kopf.

Als alle den Satz beendet hatten, lasen sie ihn vor und hatten natürlich viel Spaß, wenn er für sie lustig war. (Verletzungen wie »der doofe Peter« wurden von mir zurückgewiesen.) Ihre Hausaufgabe an diesem Tag bestand darin, drei »Quatschsätze« mit »Wer-, Wann- und Wo-Abteilungen« zu schreiben. (Allerdings waren nicht alle in der Lage, die Sätze entsprechend diesen Vorgaben zu formulieren, ihre Sätze waren dann oft nur »lustig«).

Bevor ich die folgende Problematik erkannt hatte, schrieben viele Kinder als »Wann-Abteilung« »drei Uhr nachts«, »fünf Uhr morgens« dabei die letzten Wörter natürlich mit Majuskel. Hier wurde die bereits angesprochene Schwierigkeit der Adverbien deutlich. Um nicht gleich zu Beginn dieser grammatikalischen Epoche zusätzlich Erschwernisse aufkommen zu lassen, habe ich autoritär erklärt, dass die »Wann-Abteilungen« mit »während« anfangen sollten. Aber auch das brachte Konfusionen, weil einige Kinder jetzt ganze

> Der liebe Herr Schönfeld
> verpaßte
> den schnellen Zug
> in dem wunderschönen Bremen
>
> ```
>   3,20        1,60        9,60
> + 0,80      + 0,80      - 4,00
> + 2,40      + 0,80      ──────
> + 3,20      + 0,80        5,60
> ──────      ──────
>   9,60        4,00
> ```

Nebensätze bauten (»während ich schlafe«). Als letzte Lösung haben wir dann an der Tafel entwickelt, wie »Wann-Abteilungen« beginnen können: in, bei, nach, vor, zwischen usw.

Der nächste Tag begann mit dem Vorlesen einiger Sätze aus der Hausarbeit, dem Puzzeln eines der Sätze, die ich wieder auf Computerpapier geschrieben hatte, und dem erneuten Spielen von »Onkel Otto sitzt …«.

Ich sammelte die Haushefte und die Sätze auf den Zetteln aus dem Spiel ein und korrigierte sie, sodass jedes Kind dann fünf »ordentliche« Sätze von mir zurückbekam, die es später für das erste Spiel brauchte.

Der erste Teil der Arbeit zur Groß- und Kleinschreibung gliederte sich also in folgende Schritte:
1. Zergliedern eines komplexen Beispielsatzes an der Tafel,
2. Zerschneiden des Satzes, nachdem er auf ein langes Stück (Computer-)Papier geschrieben wurde, im Stuhlkreis,
3. »Puzzeln« mit den einzelnen Satzteilen des Papierstreifens,
4. Durchführen des Spiels »Onkel Otto sitzt in der Badewanne« unter Leitung der Lehrerin.

2. Kerne der Nominalgruppen erkennen

Am folgenden Tag sollten die Kinder lernen, den Kern der einzelnen »Abteilungen« zu erkennen. Dafür schrieb ich im Zusammenhang mit einer neuen Geschichte einen Satz über eine Reise des Schulleiters an die Tafel: »Der liebe Herr Schönfeld verpasste den schnellen Zug in dem wunderschönen Bremen.« Ich erzählte von seiner Not, die Schule zu benachrichtigen, davon, dass ein *Telegramm* die einzige Lösung war. Da bei Telegrammen für jedes Wort bezahlt werden muss, überlegten die Kinder nun, welche Wörter in den einzelnen »Abteilungen« gestrichen werden könnten. Übrig blieb: »Herr Schönfeld – verpasste – Zug – Bremen.« (Natürlich wurde die Ersparnis errechnet.) Nach einem Hinweis von mir erkannten die Kinder, dass das die Wörter waren, die, abgesehen vom Verb, großgeschrieben wurden. Ich konnte ihnen daraufhin die Regel der Großschreibung des Kerns einer expandierten Nominalgruppe nennen: »Das Wort, das ihr in einer Abteilung nicht weglassen könnt, wird großgeschrieben.«

Natürlich hatten das noch nicht alle sofort verstanden. Aber sie hatten während der folgenden Spiele noch viel Zeit, in immer wechselnden Methoden das Herausfinden des Kerns einer »Abteilung« und damit die Großschreibung zu erproben.

An den nächsten Tagen wurden gemeinsam neue Telegramme erstellt. Jeder Tag endete wieder mit »Onkel Otto ...« Dabei achteten die Kinder bereits darauf, welches die »Telegrammwörter« (ihre Bezeichnungen für die Kerne) waren. An anderen Tagen zerschnitten die Kinder Sätze ohne Majuskel, klebten sie »in Abteilungen« auf und schrieben die Kerne groß.

Der zweite Teil des Unterrichts gliedert sich also in folgende Schritte:
1. Anfertigen eines »Telegramms« aus einem komplexen Satz, das heißt das Herausfinden der Kerne als nichtweglassbarem Teil eines Satzgliedes,
2. Spielen von »Onkel Otto ...« mit dem Hervorheben der Kerne,
3. Zerschneiden »kleingeschriebener« Sätze, Aufkleben »in Abteilungen« und farbiges Großschreiben der »Telegrammwörter«.

---

b) Das erste Spiel: Operieren mit den »Abteilungen« und Bestimmung der Kerne

Das *erste Spiel*, das die Kinder dann zur Anwendung dieser Regel anfertigten, entstand aus den Sätzen der Kinder aus ihren »Onkel-Otto-Spielen«, die ich korrigiert hatte. Ich brachte ihnen zur Anschauung ein Muster mit, das ich selber mit »lustigen« Sätzen angefertigt hatte. Es bestand aus einer weißen Pappe in DIN-A4-Format, auf die ich am linken Rand fünf blaue, fünf rote, fünf

> | Die riesige maus

> | (schläft)

> | in der großen pause

> | in meiner neuen schultasche

grüne und fünf gelbe Streifen, alle fünf hintereinander liegend, angeheftet hatte. Die fünf blauen Streifen hefteten ganz oben, darunter waren die fünf roten, dann die fünf grünen und ganz unten die fünf gelben. Auf die fünf blauen Streifen hatte ich fünf »Wer-Abteilungen« – wieder mit mindestens drei Wörtern – geschrieben, auf die roten fünf Verben, auf die grünen fünf »Wann-Abteilungen«, auf die gelben fünf »Wo-Abteilungen«. Ich machte den Kindern vor, wie man durch Auswahl unter den fünf Alternativen möglichst lustige Sätze bilden konnte. Einen schrieb ich an die Tafel – dabei erhielten alle Wörter *kleine Anfangsbuchstaben*, ebenso wie ich sie auf die farbigen Zettel des

Spiels geschrieben hatte. Die Kinder fanden schnell raus, *dass es jetzt ihre Aufgabe war, selbst zu entscheiden, welches Wort großgeschrieben werden musste. Sie markierten die Großbuchstaben farbig.*

Eine Kollegin, die befürchtete, dass sich das Kleinschreiben der Kerne der Nominalgruppen bei den Kindern einprägt, hat insgesamt große Druckbuchstaben gewählt. Diese Sorge habe ich nicht: Das Ziel ist ja gerade die Auseinandersetzung mit der Schreibweise der Anfangsbuchstaben, also das Provozieren kognitiver Entscheidungen. Dort, wo »Wortbild«-Einprägen und stures Erinnern gewünscht und erhofft wird, könnte das Sehen falscher Schreibungen möglicherweise fehlleiten.

Ich verteilte jetzt die weißen Pappen an die Kinder und alle erhielten den Auftrag, *die fünf korrigierten Sätze mit den großgeschriebenen Kernen*, die einzelnen »Abteilungen« untereinander, daraufzuschreiben (die Seite wurde die *Rückseite des Spiels*):

Meine liebe Oma   Der flotte Herr Schönfeld
 (tanzt)   (schläft)
nach dem leckeren Mittagessen   in der großen Pause
unter dem runden Tisch   in meiner bunten Schultasche

Die Verben wurden hier wie in allen folgenden Spielen farbig eingekreist, um sie als nicht zu den Nominalgruppen gehörend hervorzuheben.

Die nächste Aufgabe war *die einzelnen »Abteilungen« auf die farbigen Streifen* zu schreiben: Jedes Kind übertrug die fünf Wer-Abteilungen seiner korrigierten Zettel entsprechend dem Vorbild meines Spiels auf fünf blaue Streifen, die fünf Verben auf rote usw. – nun aber *ohne Großbuchstaben* (was einigen Kindern erst schwer fiel).

Ab jetzt spielten die Kinder für viele Wochen ihr erstes »Groß- und Kleinschreibungs-Spiel«: Jeder nahm das Spiel jedes Kindes, bildete fünf »lustige« Sätze, markierte die Großbuchstaben farbig und legte den Zettel in einem dafür bestimmten Korb ab. Vor dem Abgeben hatte jeder die Möglichkeit, seine Ergebnisse mit den »richtigen« Sätzen auf der Rückseite zu vergleichen. Ich korrigierte die Sätze, und wenn sie weniger als einen Fehler in der Großschreibung hatten, war das Spiel »gewonnen«, und das Kind konnte auf einer Tabelle die entsprechende Stelle ankreuzen. Auf dieser Tabelle standen alle Kindernamen am linken Rand untereinander und am oberen Rand nebeneinander. Wenn Sascha Yusufs Spiel geschafft hatte, fuhr er in der Reihe mit seinem Namen so weit nach rechts, bis er in Yusufs Spalte angekommen war. Dort setzte er sein Kreuz hin.

Die Übungen mit den Spielen machten den Kindern sehr viel Spaß. Fast jeden Tag baten die Kinder bei der morgendlichen Erstellung des Tagesplans um Zeit zum »Spiele machen«. Sicherlich waren es hier wie auch bei den anderen orthographischen Spielen die gleichen Faktoren, die sie so sehr motiviert arbeiten ließen: die sie ansprechenden

Inhalte der Sätze, die Möglichkeit in Ruhe allein oder mit einem Freund zu arbeiten, die Aussicht, entsprechend der eindeutigen Regel, die alle nach einigen Fehlversuchen am Anfang bald verstanden hatten, eine große Chance auf richtige Ergebnisse zu haben. Sicherlich hat auch die Tabelle hier wieder eine große Bedeutung: Die Kinder sehen in der Zunahme ihrer Kreuzchen auf der Tabelle den zumindest quantitativ zunehmenden Erfolg ihrer Arbeit. Natürlich kam es auch zu Vergleichen unter den Mitschülern – es hatte jedoch jedes Kind die Möglichkeit, in eine echte Konkurrenz zu den anderen zu treten, da die Erfüllung der Aufgaben von vergleichbaren Startbedingungen ausging.

In der Tat war es bei diesem Spiel, genauso wie bei den beiden im Folgenden beschriebenen, jeweils ein (anderer) türkischer Junge, der als Erster fertig wurde. Die Immigrantenkinder hatten teilweise den Förderunterricht mit für die Spiele genutzt, teilweise welche mit nach Hause genommen. Für sie lag vermutlich der Reiz der Spiele mehr noch als für die meisten deutschen Kinder in deren Berechenbarkeit und eindeutigen Strukturierungshilfe für das, was ihnen sonst oft als undurchschaubarer sprachlicher Dschungel vorkommen muss. Vielleicht waren sie auch durch den Zwang häufig zwischen mindestens zwei Sprachen wechseln zu müssen, stärker als die deutschen den verobjektivierend-reflektierenden Umgang mit Sprache gewohnt.

c) Das zweite Spiel: Neue »Abteilungen« und modale Hilfsverben

Das zweite Spiel stellte ich mit den Kindern her, als der größte Teil der Klasse alle Sätze des ersten Spiels geschrieben hatte. Mit diesem Spiel verfolgte ich neben dem Umgang mit der Groß- und Kleinschreibung zwei weitere Absichten: Ich wollte zum einen die Verbgruppe erweitern und gleichzeitig für die türkischen Kinder den Gebrauch der modalen Hilfsverben, die es so in ihrer Muttersprache nicht gibt, üben und dann Nominalgruppen mit einer anderen Funktion als im ersten Spiel anbieten: als Objekte.

Die Einführung dieses Spiels begann ich im Förderunterricht mit den Immigrantenkindern, da sie eine ausführlichere Betrachtung der modalen Hilfsverben brauchten. Anhand der Sätze, die ich an die Tafel geschrieben hatte, fanden sie sehr schnell heraus, dass die Verbgruppe aus zwei Wörtern bestand und diese eine Klammer um (mindestens) einen Nominalteil bilden mussten:

»der schicke Jan will meiner Puppe einen flotten Porsche schenken«
»ein großes Eis soll der schnelle Frank der netten Frau Jonske kaufen«

Außerdem unterhielten wir uns darüber, was die einzelnen modalen Hilfsverben inhaltlich ausdrücken. Anschließend spielten wir wieder das beliebte Spiel »Onkel Otto sitzt …«, bei dem ich ihnen diesmal Modalverb im Infinitiv plus Vollverb vorgab. Die Verben hatte ich so ausgewählt, dass sie zwei Objekte erforderten: *schenken, kaufen, geben, basteln, machen, herstellen.* Die Kinder mussten selber die finiten Formen der Hilfsverben bilden: von *müssen, können, dürfen, sollen, wollen, möchten.*

Die Würfel des 2. Spiels

Die Seiten *eines* Würfels werden mit sechs Varianten einer »Abteilung« beklebt. Alle sechs Seiten aller Würfel erhalten den **gleichfarbigen Punkt**, um die Würfel, deren Texte zusammengehören, als zusammengehörend erkennen zu können. Die Kinder würfeln, und die »Abteilungen«, die oben liegen, werden zu einem Satz zusammengefügt. Beim Aufschreiben markieren die Kinder die *großen Anfangsbuchstaben*.

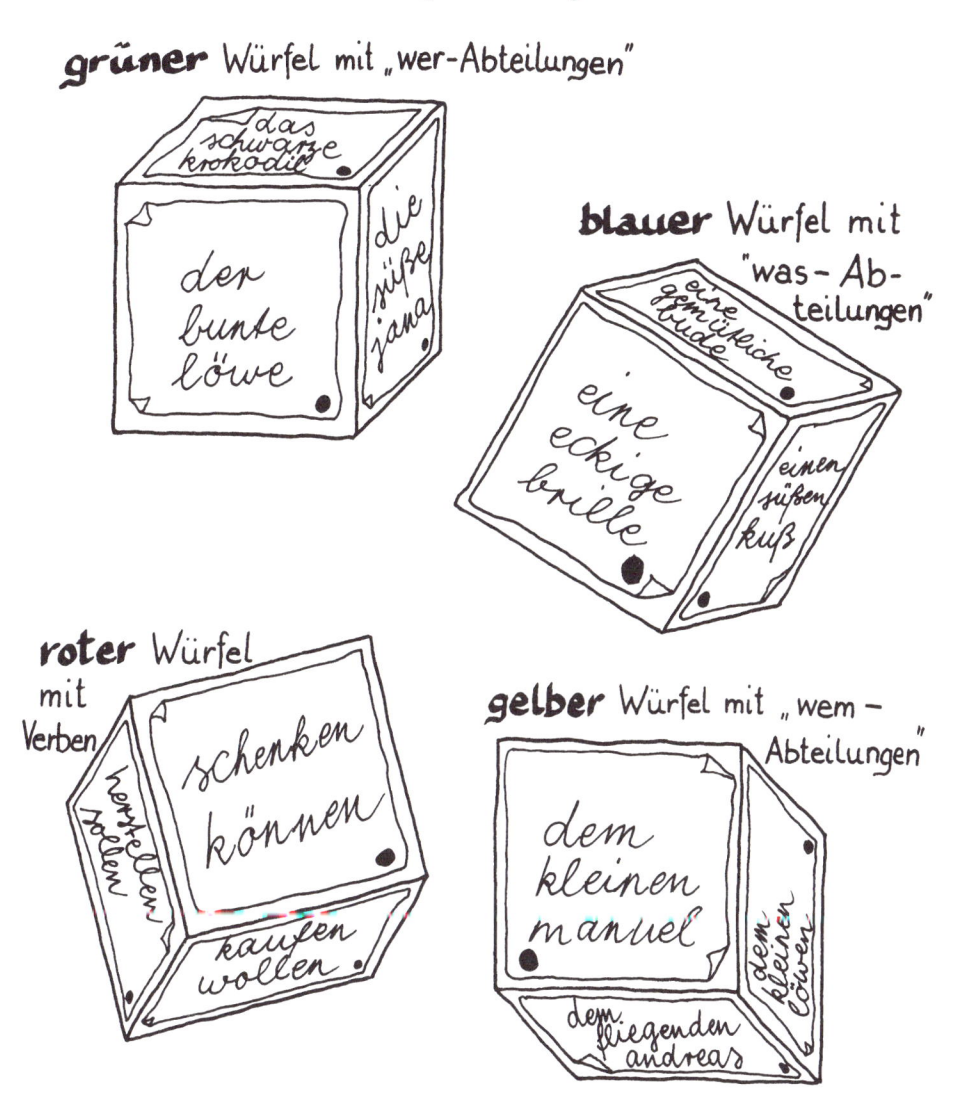

grüner Würfel mit „wer-Abteilungen"

- das schwarze krokodil
- der bunte löwe
- die süße jana

blauer Würfel mit "was-Abteilungen"

- eine gemütliche bude
- eine eckige brille
- einen süßen kuß

roter Würfel mit Verben

- herstellen wollen
- schenken können
- kaufen wollen

gelber Würfel mit „wem-Abteilungen"

- dem kleinen manuel
- dem kleinen löwen
- dem fliegenden andreas

Am nächsten Tag informierten die Immigrantenkinder die übrigen Kinder der Klasse über das, was sie gelernt hatten. Alle zusammen spielten wieder »Onkel Otto sitzt ...« mit modalen Hilfsverben und zwei Objekten als Nominalgruppen neben dem Subjekt.

Das zweite Spiel wurde ein Spiel mit Würfeln. Ich hatte mir aus einem Lehrmittelverlag (Heide Kraft, 48065 Münster, Eichendorffstr. 28) 20 Plastikwürfel mit einer Kantenlänge von 6 cm (à 50 Pf) in vier Farben schicken lassen. Zu einem Spiel gehörten ein roter, ein gelber, ein grüner und ein blauer Würfel. Vier Spiele entsprechend den vier Tischgruppen in der Klasse und ein Reservespiel für »Engpässe« wurden hergestellt: Nachdem wir durch »Onkel Otto ...« genug lustige Sätze gesammelt hatten, begannen die Kinder, die einzelnen »Abteilungen« auf weiße Aufkleber (»Vielzweck-Etiketten« aus dem Schreibwarenhandel), die ich nach der Größe der Würfelseiten zurechtgeschnitten hatte, aufzuschreiben und auf die Seiten zu kleben. Natürlich waren wieder alle Wörter kleingeschrieben. Zu jedem Spiel gehörten also entsprechend der Seitenzahl des Würfels sechs »Wer-Abteilungen«, sechs »Wem-Abteilungen«, sechs »Was-Abteilungen« und sechs Verbgruppen mit modalem Hilfsverb im Infinitiv und Vollverb: *schenken können, kaufen wollen, geben müssen, basteln dürfen, machen mögen, herstellen sollen.* Zur Unterscheidung der fünf Spiele hatten die vier Würfel, die zu einem Spiel gehörten auf alle sechs Seiten der vier Würfel einen gleichfarbigen Punkt bekommen. Demnach gab es »das grüne Spiel«, »das rote Spiel«, »das blaue Spiel«, »das gelbe Spiel« und »das schwarze Spiel«, zu dem jeweils vier Würfel gehörten.

Die Kinder spielten das Spiel so, dass sie mit den vier Würfeln würfelten und aus den Satzteilen, die dann auf der oberen Fläche standen, ihre Sätze bildeten. Auch hier gab es wieder eine Tabelle, in die für richtige Sätze Kreuze eingetragen wurden.

d) Das dritte Spiel: Adverbien und zusammengesetzte Verben

Mit dem *dritten Spiel*, das die Kinder nach einiger Zeit anfertigten, habe ich versucht, ihnen Hilfe bei einem Problem zu geben, das anfänglich bei den »Onkel-Otto«-Spielen immer wieder aufgetaucht war: die Groß- und Kleinschreibung von Adverbien. Hin und wieder hatten sie Sätze geschrieben wie:

»der freche Löwe / schnarcht / am frühen Morgen / im klo ganz Laut«

Dabei hatte das Kind bereits für sich festgelegt, dass das letzte Wort in einer »Abteilung« großzuschreiben ist. Allein durch die Tatsache, dass Adverbien keine feste Stellung in einem Satz zugewiesen werden kann, scheinen sie einige Kinder bei der Anwendung der gelernten Regel zu verwirren.

Deshalb gab ich ihnen, als wir für das dritte Spiel Sätze bildeten, als Verbgruppe ein zusammengesetztes Verb (als Übung für die Immigrantenkinder,

> **Das rosa Spiel**
>
> **1**
> - ⚀ der dicke martin
> - ⚁ die dünne yasmin
> - ⚂ das süße baby
> - ⚃ der freche sechund
> - ⚄ die gelbe demet
> - ⚅ der liebe cünayt
>
> **2**
> - ⚀ hinterhältig — klauen
> - ⚁ kuschelig — tragen
> - ⚂ langsam — ausziehen
> - ⚃ endlich — kaufen
> - ⚄ schnell — wegwerfen
> - ⚅ sorgfältig — zumachen
>
> **4**
> - ⚀ . eine karierte latzhose
> - ⚁ . einen kuscheligen pullover
> - ⚂ . eine lange schürze
> - ⚃ . ein schickes hemd
> - ⚄ . einen langen bademantel
> - ⚅ . ein altes nachthemd
>
> **3**
> - ⚀ beim leckeren mittagessen
> - ⚁ unter der kalten dusche
> - ⚂ im stinkenden klo
> - ⚃ im bitterkalten winter
> - ⚄ in der kuscheligen küche
> - ⚅ in der schönen schweiz

die noch immer große Schwierigkeiten mit der Nachstellung des ersten abtrennbaren Bestandteils des Verbs am Ende des Satzes hatten) mit einem Adverb: *gewaltig anbrüllen, gierig austrinken, böse angucken* usw. Während der Betrachtung der ersten Mustersätze an der Tafel hatten die Kinder feststellen können, dass die Adjektive als Adverbien »am Ende« immer gleich bleiben, im Gegensatz zu Adjektiven als Attributen (und Verben) also keine Flexionsendungen haben.

der flotte Yusuf macht *schnell* die schwere Tür auf
die *schnell*e Demet spuckt die saure Gurke aus

Der Reiz dieses Spiels lag für die Kinder wieder in seinem veränderten Spielmodus: Sechs Sätze, erneut Ergebnisse des »Onkel-Otto-Spiels«, waren wieder in vier »Abteilungen« zerlegt, und alle gleichen Satzteile standen untereinander auf einem Blatt. Vor jeder der sechs »Abteilungen« war ein Würfel mit je einer anderen Punktzahl gezeichnet. Alle vier Blätter hatte ich zusammen auf eine farbige Pappe geklebt und mit den Ziffern 1–4 versehen. Die Kinder machten sich zu Beginn des Spiels eine Tabelle, würfelten und trugen die entsprechenden Punkte für die einzelnen Blattnummern ein:

1 2 3 4

Aus den zu den gewürfelten Punktzahlen gehörenden Alternativen bildeten sie ihren Satz. Es gab jedoch noch die Zusatzaufgabe, ihn zu einem Fragesatz zu verändern. Wenn in beiden Sätzen erneut weniger als zwei Fehler waren, konnten sie wieder ein Kreuz machen, pro Spiel also sechs, bei sechs Spielen also 6 × 6 Kreuze für insgesamt 72 Sätze.

Da die Kinder außer dieser grammatikalischen Arbeit im Fach Deutsch auch noch andere Aufgaben ausführten, zog sich die Arbeit über mehrere Monate hin. Nur bei ganz wenigen Kindern gab es Ermüdungserscheinungen, die meisten genossen weiterhin das selbstbestimmte Arbeiten über eine längere Zeit des Tages.

e) Zusätzliche Aufgaben

Als die ersten Kinder fertig waren, schrieb ich ihnen einige Bandwurmsätze mit ausschließlich kleingeschriebenen Wortanfängen auf. Ihre Aufgabe war es nun, die Sätze in »Abteilungen« zu zerschneiden und diese untereinander neu aufzukleben. Dabei mussten die Großbuchstaben der Kerne wieder farbig markiert werden. Schwierigkeiten für die Kinder waren hierbei ausschließlich, die beiden Teile der Verbalgruppe nebeneinander zu kleben. Bei der Herauslösung der Nominalgruppen und der Groß- und Kleinschreibung gab es kaum noch Fehler.

Als eine Schülerin in einem Text einen Fehler bei einer Genitivkonstruktion machte (»Ich habe mir Silkes rad geliehen«), nahm ich das zum Anlass, den Kindern die »versteckte Abteilung« (sie nannten sie »Von-wem-Abteilung«, mein Angebot der »Wessen-Abteilung« lehnten sie ab) zu zeigen:

Silkes Rad
das Rad von Silke
das grüne Rad von der lieben Silke
Yusufs Anspitzer
der Anspitzer von Yusuf
der gelbe Anspitzer von dem großen Yusuf
usw.

Gleich im Anschluss daran zeigte ich ihnen, dass auch Mengenangaben »versteckte Abteilungen« sind

ein Liter Milch
ein ganzer Liter von der sauren Milch
eine Tafel Schokolade

eine quadratische Tafel von der süßen Schokolade usw.

Tarzan und Jane
(müssen)
eine eckige Brille
dem kleinen Manuel
(machen).

Die süße Melanie
(kann)
einen süßen Kuß
der riesigen Ameise
(basteln).

Das schwarze Krokodil
(mag)
eine eckige Brille
der kleinen Spinne
(kaufen).

Der springende Elefant
(kann)
eine gemütliche Bude
dem kleinen Löwen
(basteln).

Der liebe Hund
(soll)
ein altes Radio
dem kleinen Andreas
(geben).

Der bunte Löwe
(soll)
eine rostige Schraube
dem fliegendem Martin
(geben).

1. Die lustige Melanie
   trinkt
   heiße Cola
   in der Schulbar
   genig aus.

2. Die alte Oma
   saugt
   saure Milch
   in der Disco
   genüsslich ein.

3. Der liebe Yusuf
   trinkt
   einen angebrannten Kakao
   im Altenheim
   cool runter.

4. Der gute Temel
   nippt
   eisigen Kaffee
   in der Disco
   schluckweise aus.

5. Der süße Michael
   schüttet
   ein kaltes Bier
   um 12⁰⁰ Uhr
   hastig hinein.

Trinkt
die lustige Melanie
heiße Cola
in der Schulbar
genig aus?

Saugt
die alte Oma
saure Milch
in der Disco
genüsslich ein?

Trinkt
der liebe Yusuf
einen angebrannten Kakao
im Altenheim
cool runter?

Nippt
der gute Temel
eisigen Kaffee
in der Disco
schluckweise aus?

Schüttet
der süße Michael
ein kaltes Bier
um 12⁰⁰ Uhr
hastig hinein?

1	∴
2	∷
3	·
4	∷

braunes
Spiel
Michael

Bandwurmsätze zum Zerschneiden, Aufkleben und Markieren der Großbuchstaben

Melanie will dem lieben herrn schönfeld einen stacheligen kaktus schenken

Jessica darf oben auf dem spitzen dach einen zuckersüßen lutscher lutschen

Michael muß mitten in der nacht zwischen zwei rostigen autos eine geschichte mal

Hakan kann mit seinen starken armen zwei dicke eisenstangen auseinanderbiegen.

sascha soll ganz früh am morgen mitten

Hierfür gab es aber kein eigenes Spiel mehr, und ich hatte den Eindruck, dass die Kinder meine erklärende »Instruktion« nach den langen Vorarbeiten schnell verstanden.

Es ist für mich nicht eindeutig quantifizierbar, in welchem Maße die Rechtschreibleistungen im Bereich Groß- und Kleinschreibung besser geworden sind. Natürlich machten die Kinder in ihren freien Texten auch in diesem Gebiet noch immer Fehler, einige sogar zahlreiche Fehler. Aber auch diesen Kindern habe ich durch die Übungen helfen können. Denn ich habe ihnen einen Maßstab gegeben, nach dem sie ihre Fehler jetzt selber erkennen können: »Wir haben mit Frau Hockemeyer einen kuchen gebacken.« – »In welche Abteilung gehört ›Kuchen‹?« – »In ›einen Kuchen‹. Ach ja, ›Kuchen‹ wird großgeschrieben«. Im Gegensatz zu meinen Fragen nach den Wortarten können mir die Kinder jetzt Antworten geben, und die Rechtschreibregel muss nicht zu großen Teilen »geglaubt« werden, sondern sie ist erkennbar und operationalisierbar.

4.2 Die Stammschreibweise (morphologische Konstanz)

Ihre sprachwissenschaftliche und -didaktische Einordnung

Die hier dargestellten Interpretationen der Rechtschreibsystematik in der deutschen Sprache bauen – wie ausführlich dargelegt – darauf auf, *die wenigen vorherrschenden Charakteristika der Orthographie hervorzuheben und unter sie die einzelnen Phänomene zusammenzufassen.* Zu diesen charakteristischen Kategorien gehört neben dem Silbenaufbau das Prinzip der morphologischen Konstanz, der Bestimmung also, dass (fast) alle Formen einer Wortfamilie von der Form abgeleitet sind, die aufgrund ihrer mündlichen »Fundierung« eine bestimmte Graphie erfordert. Folgende orthographische Phänomene gehören zu dieser Kategorie:

1. Auslautverhärtung (*Hund – Hunde, gräbst – graben*)
2. Schreiben des »silbentrennenden h« (*Reh – Rehe, geht – gehen*)
3. Schreibung des x-Lautes (*denkst – denken, montags – Montag*)
4. »Dehnungs-r« hinter a (*Garten – Gärtner, arm – ärmer*)
5. Umlautbildung (*Blatt – Blätter, Bauch – Bäuche*)
6. Schärfung (*geschafft – schaffen*)
7. markierte und unmarkierte Dehnung (*Bohne, Rose*)
8. Schreibung des s-Lautes (*Haus – Häuser, Fuß – Füße, bläst – blasen*)

Die didaktische Aufgabe, die mit dieser Sachanalyse verbunden ist, hat zwei Ebenen: *Zum einen muss den Kindern das Prinzip der Stammschreibweise als konstituierendes Prinzip der Orthographie bewusst werden, zum anderen muss ihr materiales Sprachwissen, ihr Wortschatz, in der Weise erweitert werden, dass sie dieses Prinzip möglichst oft nutzbringend anwenden können.*

Gerade an dieser Stelle wird die didaktische Idee des Grundwortschatzes als quantitative Reduktion mit dem Ziel, das Rechtschreiblernen zu erleichtern, fragwürdig. Keine Anleitung zur Arbeit mit dem Grundwortschatz kann sich und will sich daher über alle vier Schuljahre ausschließlich auf das Auswendiglernen von »Wortbildern« beschränken, alle beginnen irgendwann – in der Regel schon im 2. Schuljahr –, zusätzlich orthographische Prinzipien darzustellen:

»1./2. Schuljahr: Durch Formbildungen den Schreibwortschatz allmählich erweitern, z. B. ruft/gerufen …, Wörter mit einfachen Umlauten richtig schreiben … 3./4. Schuljahr: Gleich klingende Konsonanten am Wortende richtig schreiben können … Schreibweise für lange Vokale kennen lernen/Wortfamilien zusammenstellen …« (Niedersachsen, Rahmenrichtlinien für die Grundschule, Deutsch, S. 33–34).

Wenn diese Aufträge ernst genommen werden, spiegeln sie den elementaren Widerspruch zwischen der Ausrichtung auf »Wortbilder« einerseits und dem

Ein gegliederter Bandwurmsatz

Der lachende Andreas

(ist) (gefallen)

wegen der wackeligen Leiter

vor zwei Wochen

aus dem dritten Stock

in eine Sahnetorte.

Hervorheben von Strukturen andererseits – wenn auch nur als beschreibendes Sammeln – wider: Entweder ist das Vorhandensein von Strukturen, Regeln, Systematiken zu leugnen und die Kinder werden deshalb angehalten »Wortbilder« auswendig zu lernen, oder aber es werden die Strukturen als Orthographie bedingend anerkannt und sind den Kindern somit als »Rechtschreibbausteine« zu vermitteln. Dann reicht das verlangte Sammeln und Ordnen allerdings nicht aus:

»Die Besonderheiten der Rechtschreibung dürfen nicht losgelöst von der Arbeit mit dem Grundwortschatz behandelt werden. Rechtschriftliche Einsichten, die als Merkhilfen formuliert werden können, ergeben sich beim Ordnen des Grundwortschatzes nach Rechtschreibbesonderheiten.« (Bayrische Lehrpläne für die Grundschule 1983, S. 53)

»Konsonantenverdoppelung als Zeichen für vorausgehenden Kurzvokal kennen lernen/Ordnen von Wörtern des Rechtschreibgrundwortschatzes mit Doppelkonsonanten (vor allem: ll, mm, nn) …« (Niedersachsen, S. 34).

Auch das Prinzip »Vereinfachung und Effektivierung durch Reduktion eines Grundwortschatzes« kann eben nicht mehr gelten:

»Wortfamilien zusammenstellen (z. B. fahren, fuhr, gefahren, Fahrer, Fahrt; lieb, lieb haben, Liebe, Lieblingsfarbe)« (Niedersachsen, S. 34).

Diese Aufgabe stellt vielmehr eine Ausweitung des Wortschatzes dar, sie ist – wie gesagt – auch notwendig, um den Kindern kognitiv und materiell die Anwendung des Prinzips der morphologischen Konstanz, dem »Zusammenstellen von Wortfamilien« (nds. RRL), effektiv zu ermöglichen.

Die hier vorgeschlagene Arbeit stellt also didaktisch wieder die Strukturen der Schriftsprache in den Vordergrund. Ihr gravierender Unterschied zu der in westdeutschen Richtlinien und Sprachbüchern anzutreffenden Systematik liegt eben in der anderen sprachwissenschaftlichen Analyse. So ermöglicht sie Kindern, nicht nur gleich aussehende Einzelfälle zu sammeln und zu sortieren, sondern die orthographische Begründung für die jeweiligen Phänomene zu entdecken (»Warum haben viele Wörter zwei gleiche Buchstaben?« usw.).

Die derzeit vorherrschende Didaktik stellt in ihrer vereinzelnden Blickweise die morphologische Konstanz als eine Regel unter vielen dar, die primär in Bezug auf Auslautverhärtung und Umlautbildung anzutreffen ist. Im Gegensatz dazu erhält die Stammschreibweise hier eine zentrale Funktion: Die Kinder müssen lernen, bei jeder denkbaren Unsicherheit in der Schreibung nach einer »Stützform« (Maas) in der Wortfamilie zu suchen, die ihnen Aufschluss über die Schreibung geben kann. Hatten die Kinder nach dem hier entwickelten Lehrgang die Stammschreibweise im 1. und 2. Schuljahr vorerst nur als existent, in allerersten Formen als begründend für einzelne Phänomene wie die Auslautverhärtung und die Beibehaltung von Dehnung und Schärfung auch bei einsilbigen Wörtern erkennen können

(»Ein *Hund* bellt. Viele *Hunde bellen*.« »Der *Maler malt*, weil er so schön *malen* kann« usw., s. S. 136–139),

kommt es also jetzt darauf an, den Begründungszusammenhang auszuweiten und ihnen bei der Suche der »Stützform« zu helfen.

Dieses ist ein sprachreflektierender Vorgang, der, anders als in den ersten beiden Schuljahren, vergleichbar der Arbeit zur Groß- und Kleinschreibung sprachliche Phänomene in ihrem orthographischen Begründungszusammenhang bewusst machen will. Entsprechend den hier vertretenen grundschuldidaktischen und lerntheoretischen Erkenntnissen soll das Phänomen der morphologischen Konstanz mit den Kindern isoliert, losgelöst von kommunikativen textlichen Zusammenhängen »erforscht« und dann in Wiederholung und Automatisierung ermöglichenden Spielen angewandt werden.

Das Herstellen eines Spiels

a) Seine einzelnen Teile

Als Vorlage für ein die sprachlichen Details umfassendes Spiel, das die Kinder natürlich aus den bekannten Gründen wieder selber herstellen sollten, kann das im Veritas-Verlag, Linz, erschienene Spiel »Rechtschreibkönig« von

Schicksalskarten (blau)

Nenne drei Baumarten!
Kiefer, Fichte, Tanne, Linde, Eiche, Buche, Ahorn, Birke
richtig: 3 vor   falsch: 3 zurück

↓ Horrorkarten (gelb)

Du hast im Mathetest mal und geteilt verwechselt.

5 zurück

Wie heißt der Junge im Dschungelbuch?
Mogli
richtig: 3 vor   falsch: 1 zurück

→ Quizkarten (weiß)

Geld — singt
1. Wie schreibst Du Geld am Ende? Warum?
richtig: 1 vor   falsch: 1 zurück
2. Wie schreibst Du sie singt? Warum?
richtig: 2 vor   falsch: 2 zurück

Staub — Welt
1. Wie schreibst Du Staub am Ende? Warum?
richtig: 1 vor   falsch: 1 zurück
2. Wie schreibst Du Welt am Ende? Warum?
richtig: 2 vor   falsch: 2 zurück

Pramper/Hammerschmidt genommen werden. Seine Grundlage ist eine 50 × 50 cm große Pappe, auf die ein Spielfeld entsprechend den bekannten Würfelspielen gezeichnet ist: ca. *60 pfennigstückgroße Punkte, die durch eine Linie von »Start« bis »Ziel« miteinander verbunden sind.* (An zwei Stellen sind zur Erhöhung der Spannung Abkürzungen vor Kurven eingezeichnet, die die

Kinder nehmen können, wenn sie auf den Punkt, bei dem die Abkürzung beginnt, kommen.) Solche Pappen gestalten Kinder dieses Alters nach meiner Erfahrung gern selbst und verschönern sie oft mit eigenen Malereien (Weg durch den Zoo, durch einen Gruselwald, über den Jahrmarkt, über den Spielplatz, durch ein Süßigkeitengeschäft usw.).

Die Kinder marschieren auf dem Weg mit ihren »Mensch-ärgere-dich-nicht-Männchen« o. Ä. entsprechend den Punktzahlen, die sie würfeln.

Die Mehrzahl der eingezeichneten Kreise ist bei der Spielvorlage gelb, jeder 4., 6. oder 7. Punkt ist rot, dazwischen sind noch einige graue Punkte. Für jeden Punkt gibt es Ereigniskärtchen, sodass die Kinder nach jedem Würfeln in der Weise agieren müssen, wie der rechte Nachbar von einem Kärtchen vorliest. Da die Lösungen immer unten auf dem Kärtchen stehen, haben die Spielpartner die Kontrollmöglichkeiten.

Zu den roten Punkten gehören rote Karten, sie sind in dem Spiel »Rechtschreibkönig« die »Schicksalskarten«:

»Du hast Glück; der Lehrer ist krank und die Schularbeit entfällt. 3 vor.« – »Du hast eine Deutschaufgabe abgegeben, ohne sie vorher auf Fehler durchzusehen. 3 zurück.«

Zu den grauen Feldern gehören die grauen »Horrorkarten«, beispielsweise mit folgenden Texten:

»Schreib die Fremdwörter auf! *Krawatte, Schokolade.* falsch? dann 5 zurück.« – »Zu welcher Wortart gehört das Wort *Tiere*? falsch? dann 5 zurück«. – »Nenne die 4 Fälle im Singular (Einzahl) und im Plural (Mehrzahl) von *Baum*! falsch, dann 5 zurück!«

Hier wird deutlich, dass es in dem Spiel aus dem Veritas-Verlag wieder um »Wortbild«-Training geht.

Für die vielen gelben Felder (ca. 35) stehen »Quizkarten« zur Verfügung. Hier können die Kinder zwischen drei Schwierigkeitsstufen wählen. Bei richtiger bzw. falscher Antwort kommen sie dann 3 Punkte vor bzw. zurück. Dabei gibt es mehrere Aufgaben auf einer Karte, und die Kinder müssen sich vorweg einigen, welchen Aufgabentyp sie für diesen Durchgang wählen wollen. Die Lösungen befinden sich hier zur Kontrolle auf der Rückseite. Ein Beispiel aus dem »Rechtschreibkönig«:

»Bilde mit folgenden Buchstaben Wörter! Sp…, st…, K…, p… und ur. 2. u oder uh? Schn…r, St…l, Sp…le, bl…ten. 3. Bilde zu den folgenden Verben die Form des Präteritums (Mitvergangenheit), und schreibe sie auf! schlagen, fahren, laden, schaffen, tragen.«

Auch hier lässt sich wieder die herkömmliche Didaktik der »Wortbild«-Aneignung erkennen, sodass entsprechend dem hier dargestellten sprachwissenschaftlichen und -didaktischen Ansatz zwar die Methodik des Spiels, nicht aber seine Inhalte zu übernehmen sind. Diese können so umgestaltet werden, dass sie Prinzipien und Formen der morphologischen Konstanz aufzeigen und anwenden lassen.

Die »*Schicksals-*« *und/oder* »*Horrorkarten*« als spaß- und spannungserzeugende Aufmunterer können m. E. das Thema Rechtschreibung völlig außer Acht lassen, sie können im Sinne der beliebten Fragespiele knifflige oder lustige Fragen zum kindlichen »Allgemeinwissen« beinhalten:

»Wie heißt der reichste Verwandte von Donald Duck?« – »Wo wohnt Pippi Langstrumpf?« – »Was kostet eine Lila Pause?«

oder sie thematisieren die Lehrerinnen der Schule oder andere nette Persönlichkeiten:

»Frau Meyer hat wieder ihre Brille vergessen. Darum musst du die Rechenaufgaben vorlesen. Dafür darfst du 5 vorrücken.« – »Michael Jackson hat sich bei einem tollen Sprung den Fuß verknackst. Darum musst du 3 zurück.«

Nach meinen Erfahrungen entwickeln Kinder beim Beschriften solcher Ereigniskärtchen (Lehrziel: »Textproduktion!«) großen Humor, dessen Witz zwar für Erwachsene teilweise nicht nachvollziehbar ist, von den meisten Kindern der Klasse jedoch mit viel Beifall aufgenommen wird. Da diese Kärtchen nach dem Verlesen immer wieder unter den Haufen geschoben werden und Kinder sich auch an Wiederholungen erfreuen können, reicht es, wenn 10–15 vorhanden sind. Da der didaktische Schwerpunkt eben im Umgang mit der morphologischen Konstanz liegen soll, wird dieses Prinzip in seinen unterschiedlichen Erscheinungen auf den ca. 20 »Quizkarten« für die ca. 40 gelben Punkte thematisiert.

Natürlich ist es wichtig, den Kindern mitzuteilen, dass es in diesem Spiel darum gehen soll, Wortfamilien und ihren Einfluss auf die Rechtschreibung zu erkennen – das verlangt nicht nur das pädagogische Redlichkeitsgebot, das die alten methodischen Tricks wie den »Einstieg« oder ähnliche »Motivierungstechniken« ad acta legen ließ, das ist geradezu die Voraussetzung dafür, dass die Kinder die Kärtchen überhaupt beschriften können: Davon ausgehend, dass die Kinder den Orthographieerwerb als Ziel unterrichtlicher Lehrgänge akzeptiert haben, wird ihre Motivation und intensive Mitarbeit erneut im *Produzieren* dieses Spiels liegen, das wieder eine Phase relativ stressfreien, lustigen Agierens in der Klasse in Aussicht stellt.

b) Die orthographiebezogenen Inhalte

Entsprechend dem im projektbezogenen Unterricht üblichen Vorgehen bestimmt also das Produkt die Beschäftigung mit der Theorie: »Auf den Quizkarten sollen Fragen und Aufgaben zur Rechtschreibung stehen, die man lösen kann, wenn man nach Verwandten in der Wortfamilie sucht.« Diese Aufgabe fungiert als Problemstellung im Sinne Aeblis, die dann die Kinder als »Forscher« darangehen lässt nachzuforschen, wann »Schwierigkeiten«, Auffälligkeiten bei der Schreibung einzelner Wörter anzutreffen und wie sie zu erklären und zu beseitigen sind.

Die Kollegin K. Winkler hatte den Kindern ihres dritten Schuljahres (im Januar) zuerst einen Spielplan vorgestellt, den sie angefertigt und bemalt hatte. Als Ziel der Arbeit hatte sie genannt, dass die Kinder »die Klingel im Kopf« trainieren sollten, die immer dann angehen muss, wenn es bei einem Wort etwas zu überlegen gäbe. (Birte: »Damit wir in Diktaten unsere Fehler selber finden ...«) Die Kinder hatten die Methode des Spiels mit den Punkten, den »Männchen« und den Schicksalskarten sofort verstanden. Sie teilten sich in Sechser- und Vierergruppen auf. Einige begannen den Spielplan zu zeichnen, andere Sätze für die Schicksalskarten zu formulieren: »Nenne den Vornamen des katholischen Pastors in unserer Gemeinde!« »Du hast Kaugummi an den Türgriff vom Lehrerzimmer geschmiert ...«

Am nächsten Tag stellte Frau Winkler, bevor die Kinder hieran weiterarbeiteten, einige Quizkarten vor: »Wie schreibst du *Hund* am Ende? Warum?« Daraufhin sammelten die Kinder an der Tafel viele Wörter, die »anders« geschrieben werden, »als sie sich anhören«: »*Platz* schreibe ich immer falsch!« »Und ich *Fahrrad*!« »Gestern habe ich *glaubt* falsch geschrieben.«

Die Lehrerin hatte die Tafel entsprechend den acht Rechtschreibkategorien (s. S. 164) in acht Felder aufgeteilt. Sie fasste beim Anschreiben die Wörter gleich in die Felder zusammen, fragte die Kinder nach dem »Problem« und unterstrich die »schwierige Stelle«:

– glau*b*t, Hun*d*, Pfer*d*, schrei*b*t
– Fu*ß*, Flu*ss*, Mau*s*, Schlü*ss*el

usw. Wörter mit pf, v, y und th, die die Kinder nannten, schrieb sie außerhalb der Felder auf.

Als die Aufmerksamkeit der Kinder nach ca. 10 Minuten nachließ, beendete sie die Frontalarbeit, und die Kinder setzten die Gestaltung des Spielplans und der Schicksalskarten fort. In diesem Rhythmus liefen einige der nächsten Tage ab. Als zwei Gruppen so weit waren, ihre Quizkarten beschriften zu wollen, guckten sie sich die Tafel noch einmal an, und Frau Winkler begann die Felder zu füllen, in denen bisher noch kein Wort stand: das silbentrennende h und der x-Laut.

Die Kinder bekamen die Aufgabe, »Namen« für die einzelnen Felder zu suchen: »das schlimme b/d/g«, »die Zwillings-Abteilung«, »die Abteilung, wo man schnell was vergisst« (Dehnung) usw.

Sie einigten sich darauf, mit der Auslautverhärtung zu beginnen. Die Kinder nahmen am nächsten Tag ihre Wörterbücher vor und stellten Listen mit b/d/g-Wörtern zusammen. Dann formulierten sie die Beschriftungen der Quizkarten erst auf Vorschreibzetteln, ließen sie korrigieren und übertrugen sie am nächsten Tag auf die Karten. Als nach ca. zwei Wochen alles für die erste Runde fertig war, konnte das Spiel beginnen.

Der Überblick über die Detailfragen des Komplexes »morphologische Konstanz« zeigt, dass nahezu alle Bereiche der Rechtschreibung in der Grundschule unter ihm subsumiert werden können. Die Erarbeitung wird natürlich einen langen Zeitraum, möglicherweise vom Beginn der 3. bis zum Ende der 4. Klasse umfassen. Dementsprechend bleibt auch das Spiel über diese lange Zeit in Funktion: Immer wieder, wenn ein neuer orthographischer Bereich erarbeitet wird, wird er als Frage(n) angefügt, entweder auf *neuen* »Quizkärtchen« oder als Zusatz unter die übrigen Fragen auf den bereits gestalteten.

Viele Kolleginnen, die gewohnt sind, den Kindern häufig neue Themen und damit neue Methoden zu präsentieren, werden Zweifel daran haben, ob die Motivation der Kinder durch ein einziges Spiel über so lange Zeit anhält. Nach meinen Erfahrungen reicht der Atem der Kinder häufig weitaus länger als der der Lehrerinnen. So hat sich eine Klasse von mir von Weihnachten der 2. bis Weihnachten der 3. in verschiedenen Formen mit dem »Dschungelbuch« beschäftigt, und auch sonst waren sie immer wieder zur Aufnahme bekannter Inhalte und Methoden bereit.

Da für Kinder häufig äußere Formen von großer Bedeutung sind, kann ihnen natürlich, falls ihnen die Gestaltung des Spiels »von damals« nicht mehr gefällt, Möglichkeiten zum Neuschaffen gegeben werden. *Die Methode des Spiels bleibt gleich. So unterstützt es die Erkenntnis: Es ist orthographisch immer das gleiche Prinzip.* Die Lehrerin sammelt, nachdem sie das Spiel vorgestellt hat, Wörter mit orthographischen »Auffälligkeiten«, die die Kinder nennen, an der Tafel. Eventuell vermehrt sie sie durch eigene Beispiele, sodass fast alle Kategorien vorhanden sind. Anschließend werden sie unter Überschriften, die die Kinder suchen können, gruppiert (wobei die Reihenfolge beliebig ist).

Wahrscheinlich muss die Lehrerin hier stärker leiten, denn vielen Kindern wird die orthographische Problematik noch nicht bewusst sein. Sie muss darauf hinweisen, dass diese Graphien in dem »Familiensinn« der Wörter begründet liegen – und dass sie das in den nächsten Tagen/Wochen/Monaten beweisen wird.

Auslautverhärtung
(zuzüglich -ig, -ich)

Zu Beginn der Arbeit stehen Phänomene, denen die Kinder bereits begegnet sind: Auslautverhärtung (u. Ä.) und Umlautbildung: Anhand bekannter Sätze, die durch andere ähnliche ergänzt werden, können sich die Kinder erinnern. (Das Finden von Beispielen zu den einzelnen »verhärteten« Konsonanten erleichtert der »Schülerduden. Übungen zur deutschen Rechtschreibung I. Die Schreibung schwieriger Laute«, Mannheim 1973.)

Ein Hun*d* bellt. Viele Hun*de* bellen.
Ein Pfer*d* wiehert. Viele Pfer*de* wiehern.
Ein Kal*b* blökt. Viele Käl*ber* blöken.
Ein Kor*b* ist schwer. Viele Kör*be* sind noch schwerer.
Ein Schla*g* tut weh. Viele Schlä*ge* tun schrecklich weh.
Ein We*g* ist lang. Viele We*ge* sind noch viel länger.
Eine Gan*s* frisst viel Gra*s*. Viele Gän*se* fressen viele Grä*ser*.
Eine Mau*s* ärgert die Katze. Viele Mäu*se* ärgern sie noch mehr.
Eine Schnu*r* ist stramm. Viele Schnü*re* sind noch strammer.
Ein Cho*r* singt laut. Viele Chö*re* singen viel lauter.

In den nächsten Stunden/Tagen kommen Adjektive hinzu. (Sie können natürlich, wenn die Kinder sie im Zusammenhang der Substantive bringen, hier mit aufgenommen werden, weil das Prinzip des Erkennens der Stammschreibweise, die »Verlängerung«, bei beiden Wortarten gleich ist.)

Mein Hamster ist wil*d*. Ich habe einen wil*den* Hamster.
Ich esse meine Pizza hal*b*. Ich esse eine hal*be* Pizza.
Manchmal bin ich bö*s*. Aber Erwachsene sind manchmal noch bö*ser*.
Ich bin schwe*r*. Mein Bruder ist noch schwe*rer*.
Opas Nase ist lan*g*. Pinocchios Nase ist noch län*ger*.

In diesen Bereich können auch die in Sprachbüchern beliebten Gegenüberstellungen von Wörtern mit der *Nachsilbe -ig und -lich* aufgenommen werden. Dabei scheint es, abweichend von der üblichen Kennzeichnung (-lich, -ig), geeigneter zu sein, die Unterscheidung als -ig und -ich zu differenzieren, da das die Endsilbe einleitende l auch zum Stamm gehören kann: ne-be-lig, meh-lig, schu-sse-lig, krü-me-lig usw.

Immer, wenn es wie hier um das Erkennen von Prinzipien und Strukturen, also um orthographische Abstraktionen geht, habe ich mit den Kindern zu Beginn der Erarbeitung Sätze gebildet, um denjenigen, die das brauchten, die entsprechenden Wörter in semantischen Zusammenhängen vorzuführen, da diese im Rahmen der Wortfamilienbildung eine wichtige Rolle spielen.

Von grundlegender Bedeutung dafür, dass die Kinder den Sinn dieser Arbeitsphase verstehen, ist das Erkennen des Unterschieds zwischen mündlicher und schriftlicher Sprache: Bei *Hund* ist ein *t* am Ende zu hören, geschrieben wird aber ein d usw. Ihnen muss deutlich werden, dass die Schreibung der »Familie« folgt und dass sie daher bei jedem Wort, bei dem man am Ende ein *t, p* usw. hört, einen »Verdacht« entwickeln müssen (»kriminalistische« Arbeit).

In einigen *Dialektregionen*, auch in der Umgangssprache einiger Kinder, führt die »Verlängerungsprobe« nicht oder nicht immer zu den orthographisch richtigen Ergebnissen. Für diese Gruppe der Kinder gilt wieder Lernen anhand des Vorbilds der Schriftsprache: Ihnen muss Gelegenheit gegeben werden, durch zahlreichen gezielten Umgang mit Geschriebenem die hochsprach-

Memory zur Auslautverhärtung, bei dem gesprochen werden muss

Es dient – vor allem Dialektsprechern – der akustischen (hochsprachigen) Differenzierung der Konsonanten – anhand des schriftsprachlichen Vorbilds.

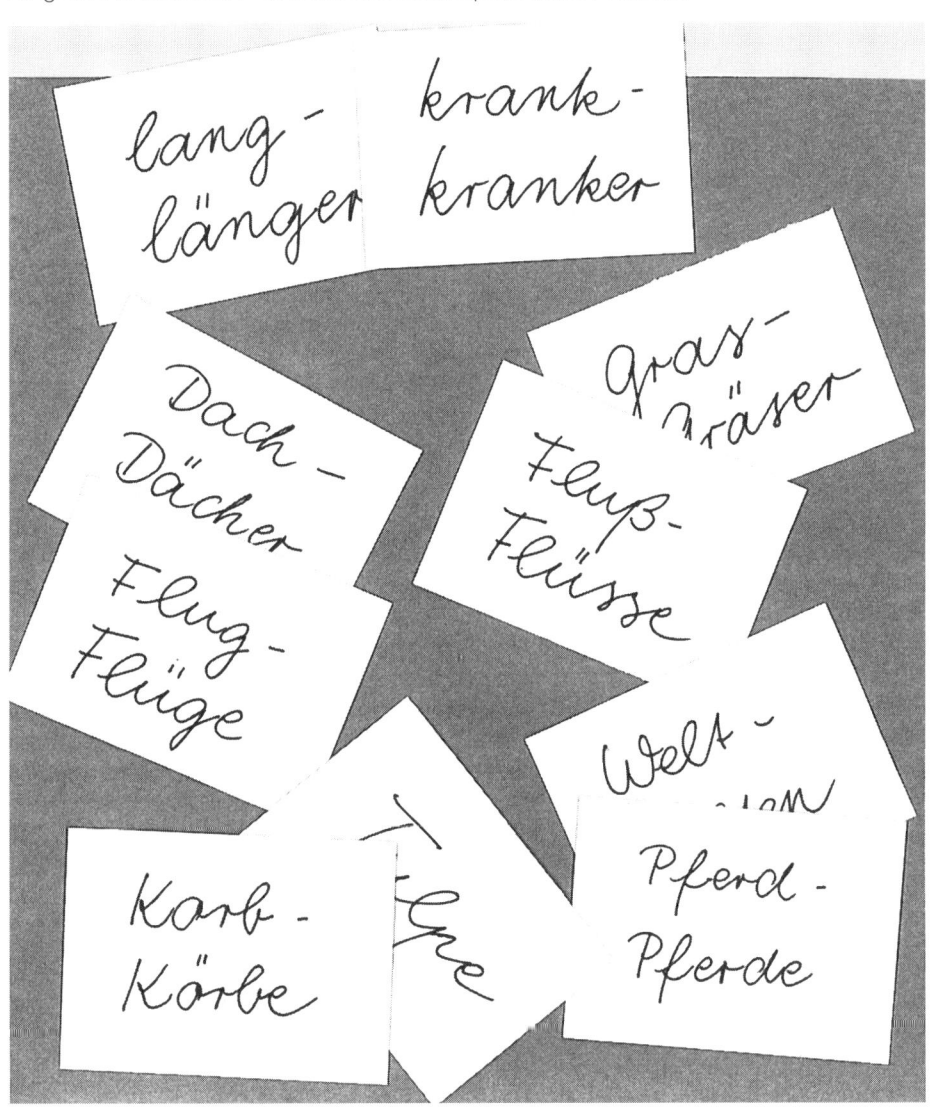

(Abbildung: handgeschriebene Kärtchen mit Wortpaaren: lang – länger; krank – kranker; Dach – Dächer; Gras – Gräser; Fluß – Flüsse; Flug – Flüge; Welt – ...; Korb – Körbe; Töne; Pferd – Pferde)

lich korrekte Artikulation kennen zu lernen. Dem gilt das Spiel, zu dem diese theoretische Arbeit führen wird und bei dem sie in zahllosen Situationen die hochsprachlich korrekte Artikulation kennen lernen und anwenden können.

Die Bildung von Minimalpaaren kann auch hier die Wahrnehmung der einzelnen Spezifika erleichtern (Herstellung eines Memorys oder Dominos, evtl. im Förderunterricht, bei dessen Durchführung die Kinder sprechen sollten):

Hund/Hunde – Bett/Betten
Kalb/Kälber – Typ/Typen
Schlag/Schläge – Bach/Bäche
oder je nach Dialektregion: Bank/Bänke
Haus/Häuser – Fuß/Füße

(Falls die Kinder Wörter mit einem Kurzvokal vor ß nennen – Schloss, Kuss usw. – brauchen sie den Hinweis, dass die zwei ß – als Zeichen für den stimmlosen s-Laut, der als Schärfungsschreibung zu doppeln ist – bei der Verschriftung zu zwei s werden, da Doppellaute wie das historisch gewachsene ß (sz) nicht noch einmal gedoppelt werden, s. S. 221–231).

Der letzte Schritt unter der Überschrift »Auslautverhärtung/Verlängerung« betrifft die Schreibweise von Verben: Bei einsilbigen Formen der b/g/s-Schreibung geben die zweisilbigen Formen Aufschluss:

du gräbst – graben
er trägt – tragen
er liest – lesen

Mit einem d im Stamm habe ich lediglich das Wort laden – du lädst gefunden. *Baden, radeln, rodeln, verwandeln* usw. haben keine einsilbigen Formen: er badet, sie radelt usw. Bei *senden* und *wenden* ist vielleicht der Hinweis auf das *d* und das *t* bei den Imperfekt- und Partizipformen nötig, die sich aus Stamm plus Endung ergeben; *er sand/te, er hat gesand/t; er wand/te, gewand/t, verwand/t.*

Um die Geduld der Kinder, die das Spiel spielen wollen, nicht zu sehr zu strapazieren, könnten sie während oder nach dieser Erarbeitungsphase daran gehen, ihre Spielfläche zu gestalten (evtl. eines pro Tischgruppe oder zu zweit herzustellen).

Die Aufgaben zu dem Komplex »Auslautverhärtung« werden ganz oben auf die »Quizkarten« geschrieben (falls *eine* Karte für alle Detailprobleme gestaltet werden soll), sodass für die weiteren Bereiche, die später dazukommen, darunter Platz bleibt. (Natürlich können – wie gesagt – bei jeder folgenden Erweiterung neue Kärtchen beschriftet werden.) Die Kinder sollten wegen der Spannung mindestens 20 Kärtchen (DIN-A5-Format) beschriften. (Etwas festeres Papier gibt es in jeder Papier- oder Cartonage-Fabrik – zu finden in den »Gelben Seiten« der Bundespost – für sehr wenig Geld oder sogar kostenlos.)

Die Fragen könnten folgendermaßen formuliert sein:

»Wie schreibst du *Wand* am Ende? Warum?«
»Wie schreibst du *rund* am Ende? Warum?«
»Wie schreibst du *er sagt*? Warum?«

Die Antworten und die Konsequenzen für den Spieler stehen unten auf der Seite:

Wand – Wände, richtig: 2 vor, falsch: 2 zurück
rund – runde, richtig: 2 vor, falsch: 2 zurück
er sagt – sagen, richtig: 2 vor, falsch: 2 zurück

Für diesen Fragekomplex lassen sich zur Erhöhung der Vergleichbarkeit mit »richtigen« Spielen zwei Schwierigkeitsgrade festlegen: In die 1. Frage werden nur stimmhafte Konsonanten (*b, d, g, s*) am Ende der einsilbigen Wörter aufgenommen, sodass die Kinder hier lediglich nach dem Aufschluss gebenden »Familienmitglied« suchen müssen, in der 2. Frage sind auch die stimmlosen sowie r am Stammende dabei, und die Kinder müssen den mehrsilbigen »verlängerten Verwandten« suchen und von ihm auf die Stammschreibweise schließen:

Welt, Geld, Grab, Schnaps, Schuss, Glas usw.

Für das Beschriften der Kärtchen sollten die Kinder reichlich Zeit bekommen, um mit Hilfe ihrer Wörterbücher Listen von Wörtern zusammenstellen zu können, bei denen die entsprechenden Phänomene anzutreffen sind.

Hier sind Wörterbücher, die bei jedem Wort seine orthographisch relevanten »Verwandten« mit angegeben haben wie »Grundwortschatz – ABC«, Hamburg (vpm) ^{5}1991, sehr nützlich.

Eventuell »bearbeiten« jeweils zwei Kinder eine begrenzte Buchstabengruppe, um diese Phase doch nicht allzu lange auszudehnen. Die Ergebnisse der Kinder sammelt die Lehrerin ein und stellt aus ihnen eine vollständige Liste zusammen, aus der die Kinder für die Beschriftungen auswählen können – es wird deutlich, zu welchem intensiven operationalen Umgang der Kinder mit Orthographie die Herstellung so eines Spiels führt.

»Silbentrennendes h«

Die rechtschreibliche Anwendung betreffend, gehört das so genannte *Silbentrennende h* in die gleiche Kategorie wie die Auslautverhärtung: Es wird (kognitiv) als zum Stamm gehörend erkennbar durch die »Verlängerung« des Wortes; *es blüht – blühen, er geht – gehen, der Schuh – die Schuhe*.
   Im Gegensatz zur Auslautverhärtung (*Hund – Hunde*) wird es jedoch dadurch nicht hörbar. Daher brauchen die Kinder hier folgende Zusatzinformation:

– Wenn eine Silbe mit einem Vokal endet,
– wenn eine Nachsilbe vorhanden ist bzw. vorhanden sein kann (*Schuh/Schuhe, froh/frohe*) oder aus grammatischen Gründen vorhanden sein muss (wie bei Verben im Infinitiv: *gehen* wie *kommen*),
– wenn die Nachsilbe mit einem Vokal beginnt,

dann wird das »silbentrennende h« dazwischengeschoben.

ge – h – en
ho – h – e
Kü – h – e
nä – h – en

In Analogie zu anderen Verben, Substantiven/Adjektiven können die Kinder erkennen, dass der Stamm immer nach dem *h*/vor dem Endungsmorphem aufhört:
riech/en, also *geh/en*; *Hund/e*, also *Schuh/e*
Also gehört auch das h zum Stamm, bleibt also bei der Bildung anderer Wörter erhalten:

weih/en – Weih/nachten
Müh/e – müh/sam
näh/en – Näh/maschine
dreh/en – Dreh/stuhl
zieh/en – Zieh/harmonika
näh/en – Nah/t

Die Anzahl der Wörter (29) ist zwar relativ gering, da sie jedoch häufig gebraucht werden, sollte ihnen auch eine Frage auf den »Quizkärtchen« gewidmet werden:

»Wie schreibst du *Weihnachten*? Warum?«
»Wie schreibst du *Leihauto*? Warum?«

Der ks-Laut

Der ks-Laut wird in den seltensten Fällen als x, also ähnlich dem *z* (*ts*) als ein Graphem für einen Doppellaut (*ks*) geschrieben (vgl. Maas 1989, S. 287):
    Axt, Praxis, Text, Lexikon, Taxi, mixen, Hexe, Boxer.
    Abgesehen von der chs-Schreibung, die als für Kinder (und Lehrerinnen) nicht ableitbare Unregelmäßigkeit über die »Liste unregelmäßiger Wörter« zu lernen ist (die immer in der Klasse hängt), ist der x-Laut in seiner »abweichenden« Schreibung dann morphologisch begründbar, wenn er als grammatikalische Kombination eines Stammabschlusses mit *k (ck)* oder *g* und der Morphemendung *s* im Genitiv/im Plural von Substantiven (seltener) oder *st* der 2. Person Singular bei Verben (häufiger) gebildet wird:

des Volks	(Volksschule)	du denkst
die Tanks		du trinkst
des Decks		du springst
des Glücks		du guckst
des Zwergs		du backst
des Bergs		du sagst

Fehleranalysen zeigen, dass hier eine relativ geringe Fehlerquelle für Grundschulkinder liegt, vermutlich zum einen, weil der Genitiv sehr selten von ihnen mit *s* gebildet wird und die Pluralbildung mit *s* nur bei Fremdwörtern und Abkürzungen anzutreffen ist (Keks, Koks, Loks, Tanks), zum anderen, weil den allermeisten die flektierte Verbform mit st schon früh bekannt ist. Lediglich die relativ häufigen adverbialen Veränderungen von Substantiven durch *s* am Ende kann häufiger Schwierigkeiten machen:

montags	rings (herum)	unterwegs
neuerdings	halbwegs	halbtags

Ob es jedoch für diesen Problembereich notwendig ist, eine Frage auf die »Quizkärtchen« aufzunehmen
   »Wie schreibst du den x-Laut bei *du backst*? Warum?«
müssen Lehrerin und Kinder selber entscheiden, wenn sie – evtl. aus gegebenem Anlass – durch Fehler oder Fragen nach einer Unsicherheit diesen Komplex analytisch bearbeitet haben.

Das a mit dem »Dehnungs-r«

Wie bereits ausgeführt, hat das Graphem r hinter Vokalen und Umlauten lautlich eine eigenwillige Bedeutung: Es bildet mit *e, i, o, u, ä, ö, ü* einen so genannten öffnenden Diphthong, sodass es (didaktisch) zum Silbenkern hinzugenommen werden sollte. Das trifft jedoch nicht für das r hinter dem a zu, hier hat es in vielen Dialektregionen »Dehnungsqualität«: *Garten, Bart, Harke*. Obwohl hier eine häufige Fehlerquelle liegt, habe ich in keinem der Sprachbücher für die Grundschule oder Sekundarstufe, die mir zur Verfügung standen, die Hervorhebung dieser Graphie gefunden.

Feiks/Krauß, a. a. O., S. 13, erwähnen entsprechende Wörter lediglich folgendermaßen: »Merke: Viele Wörter mit lang gesprochenem a oder ä werden ohne Dehnungs-h geschrieben. Achte besonders darauf, dass ... Fremdwörter im Wortinnern stets nur mit a geschrieben werden (... Arkade, ... Altar, ... Archivar ...)«.

Das nicht Hörbare wird wahrnehmbar, wenn es »wortfamiliär« zu einem (hörbaren) Teil eines (fallenden) Diphthongs umgewandelt wird:

Alarm – lärmen	Markt – Märkte
Arm – Ärmel	Paar – Pärchen
arm – ärmer	scharf – schärfer
Arzt – Ärzte	starb – sterben (!)
Bart – Bärte	stark – stärken
darfst – dürfen	warb – werben (!)
Garten – Gärten	warf – werfen (!)
hart – härter	warten – Wärter
Karte – Kärtchen	zart – zärtlich

Bei folgenden Wörtern wird das r durch Verlängerung hörbar:

Fahrt – fahren	Januar – Januare
sie gart – garen	sparsam – sparen
Haar – Haare	wahr – bewahren
Jahr – Jahre	

Keine Ableitung ist jedoch für Kinder (und Lehrerinnen) bei den deutschen (und »eingedeutschten« Fremd-)Wörtern zu finden:

Art (artig)	Marmelade
Artikel	marschieren
Gardine	parken
Garn	Partei
Kartoffel	
Karton	Quark
Margarine	Start
Mark	Warnung

Diese letzte Wortgruppe ist wieder in eine Liste aufzunehmen und dann »wortbildartig« zu lernen, sodass den Kindern sinngemäß die Anwendungsregel (allerdings in *ihrer* Sprache formuliert) genannt werden kann: »Die meisten Wörter mit langem a werden nicht mit r markiert. Wenn du nicht sicher bist, suche einen Verwandten, bei dem ein r hörbar werden könnte! Gucke außerdem in die Liste!«

Da diese ar-Wörter relativ oft anzutreffen sind und – wie gesagt – eine größere Fehlerquelle darstellen, sollten die Kinder sie zur gezielten Anwendung mit ihrem Spiel auf die »Quizkärtchen« aufnehmen, zunächst wieder ausschließlich mit ableitbaren Wörtern, dann mit Alternativen zum Aufpassen:

1. »Wie schreibst du *Bar*? Warum?«
   »Wie schreibst du *wahr*? Warum?«
2. »Wie schreibst du *Kanal*? Warum?«
   »Wie schreibst du *er warf*? Warum?«

Sicherlich wird das bekannte Phänomen, dass Kinder eine Rechtschreibweise, die sie in Konzentration kennen gelernt und geübt haben, für eine Zeit an allen möglichen und unmöglichen Stellen anwenden, auch mit dieser Übungsmethode nicht gänzlich verhinderbar sein. Durch die didaktische Zielrichtung, ihnen Kriterien der kognitiven Entscheidung zu vermitteln, sie also zum Nachdenken anzuhalten, ist jedoch die Chance der Richtigschreibung auch hier eher gegeben als mit der Aufforderung, alle – immerhin – 56 Wörter, die hier aus dem »Grundwortschatz ABC« zusammengestellt sind, in ihrem »Wortbild« auswendig zu lernen.

Umlautbildung (ä, äu)

Da die Umlautungen u/ü (kurz – Kürze) und o/ö (Horn/Hörner) unproblematisch sind, brauchen sie wahrscheinlich nur erwähnt, aber kaum für einen längeren übenden Umgang in das Spiel aufgenommen zu werden.

Der ausführlich zu bearbeitende Bereich betrifft die Umlautbildung a/ä und au/äu. Nachdem die Kinder festgestellt haben, dass e und ä lautlich nicht zu unterscheiden sind und die Bedingungen der Umlautbildung gemäß der Regel »Gibt es ein Familienmitglied mit a oder au, brauchen die anderen ein ä oder ein äu« erkannt haben, sammeln sie wieder aus ihrem Wörterbuch Beispiele, um sie auf ihre »Quizkärtchen« zu übertragen. Aus ihnen können erneut zwei Fragen entstehen, einmal ausschließlich mit Umlautbildung, dann mit und ohne Umlautbildung zur Entscheidung;

1. »Wie schreibst du *Häuser*? Warum?«
2. »Wie schreibst du *heute*? Warum?«

Wenn die Kinder ein Wörterbuch (wie das »Grundwortschatz ABC«) verwenden, bei dem zu jedem Stichwort ein Teil der »Wortfamilie« aufgenommen ist, werden ihnen die Auswahl ebenso wie die Formulierung der Antworten unten auf der Seite nicht schwer fallen. Besonders leicht ist die Begründung der Umlautbildung durch die Pluralbildung (*Bank – Bänke, Haus – Häuser*), sodass sie den geringeren Teil der aufzunehmenden Wörter ausmachen sollte. Schwieriger sind häufig Verben und Adjektive, die oft ein längeres Suchen erfordern, da den meisten Kindern ihre semantischen Bezüge unbekannt sind:

ändern	plätten
ängstlich	Säugling
anständig	schämen
ärgerlich	hässlich
äußern	Häuptling
beschäftigen (schaffen)	krächsen
beschränken (Schranke)	Lähmung
gebräuchlich	täuschen
Gedächtnis	zärtlich
drängeln	hochnäsig
Erkältung	Rätsel
erklären	schäbig
erzählen	schwärmen
Fähre	häufig
ergänzen	klären
Geräusch	kräftig
mächtig	lästig
nächste	abwägen
nähen	

Diese Wörter sollten, damit sie übend angewandt werden können, hauptsächlich in das Spiel aufgenommen werden.

Zusätzlich gibt es Wörter, deren »Familien« nicht (mehr) auf den Ursprung des Umlauts hinweisen:

bestätigen	dämmern
fähig	gähnen
Gerät	mähen
März	Käfig
Käse	säen
sägen	Träne

Diese Gruppe, ergänzt durch die Wörter *Mädchen* und *Märchen* mit ihren ebenfalls nicht mehr bekannten Ableitungen sowie die häufig gebrauchten Fremdwörter *Diät*, *Präsident* und *Qualität*, sollte wieder eine »Liste« bilden, von der die Kinder wissen, dass ihre Schreibung »wortbildartig« auswendig zu lernen ist. Zur Erleichterung hängt diese Liste wie die übrigen auch ständig sichtbar in der Klasse.

Schärfung

Der nächste Fragenkomplex betrifft erst ausschließlich die Schärfung, dann (als erhöhter Schwierigkeitsgrad) alternativ Schärfung und – unmarkierte – Dehnung. (Die Markierung der Dehnung mit *h/e* folgt später).

Hierfür ist es nötig, mit den Kindern zunächst – zusätzlich zu der im Anfangsunterricht vorgenommenen Differenzierung der Kurz- und Langvokale in Minimalpaaren – in einem »Zwischenspiel« eine *genauere Bestimmung dieser orthographischen Phänomene vorzunehmen*, bevor sie in der Stammschreibweise als konstituierend für die Schreibung angewandt werden kann:

1. Dehnung und Schärfung betreffen ausschließlich die betonten Silben.

Schüler können das erkennen, wenn die Lehrerin die ihnen aus dem Anfangsunterricht bekannte Regel »Nach kurzen (gebremsten, gequetschten, schnellen, kaputten o. ä.) Vokalen (oder Silben) wird der nächste Buchstabe gedoppelt« auf Wörter mit mehr als zwei Silben so anwendet, dass die Schärfung nach einer *unbetonten* Silbe stattfindet: »Bannane«, »Tommate«, »Flammingo«, »Girraffe«, »Sallammander«.

(Die alte Sorge, dass sich eine falsche Schreibung optisch einprägt und daher nie an der Tafel erscheinen darf, ist hoffentlich seit den Erfahrungen mit kindlichem schriftsprachlichen Experimentieren durch »Spontanschreibungen« und ihren positiven Folgen ausgeräumt.)

Nach meinen Erfahrungen erkennen viele Kinder im 3. Schuljahr bereits, dass diese Wörter »falsch geschrieben« sind. Einige wissen auch, dass *Banane* nur mit einem *n* nach dem ersten *a* geschrieben wird usw. Da für sie bisher Orthographie jedoch noch nie mit der unterschiedlichen Betonung von Silben in Verbindung gebracht wurde, haben die Kinder, die ich unterrichtet habe, die Abhängigkeit der Schärfung von der Betonung immer erst erkennen können, wenn ich, nachdem sie die Silbenschnitte mit Längsstrichen gemacht hatten, beim Vorlesen die unterschiedliche Betonung der einzelnen Silben mit dem Stampfen der betonten Silbe begleitet habe. Vor allen Dingen die Gegenüberstellung mit den Wörtern, in denen korrekterweise nach der betonten Silbe geschärft wird (Mitte, Ratte, Hütte usw.), ließ sie die Bedeutung der Betonung erkennen. Es dauerte für einige Kinder jedoch noch eine längere Zeit, bis sie auf den mehrsilbigen Wörtern, die ich ihnen aufgeschrieben hatte, das Betonungszeichen – ein Querstrich über der Silbe – richtig setzten, und viele stampften dabei weiterhin unterstützend mit dem Fuß.

2. Dehnung und Schärfung betreffen ausschließlich offene Silben.

Die zweite Bedingung für die Schärfung nach kurzem Vokal ist also das Fehlen eines konsonantischen Abschlusses der Silbe. Auch hier habe ich die Kinder durch die uneingeschränkte Anwendung der Regel »geschärft wird nach kurzem Vokal in betonter Silbe« in die Irre geführt:
»Hunnde«, »Hammster«, »Gännse«, »Pinnguin«, »Rinnder«, »Schwallben«.
Ebenso wie in Bezug auf die Betonung wussten die meisten Kinder sofort, dass da etwas nicht stimmte, und beim Vergleich mit »ihren« korrekt geschärften Wörtern aus dem Spiel der ersten Schuljahre gab es in jeder Klasse einzelne Kinder, die mit Hilfe der optischen Unterstützung durch die Schrift den Unterschied auf ihre Art zu beschreiben wussten:

»Hunn/de«   wir bru/mmen
»Hamm/ster«   wir schwa/mmen
»Gänn/se«   wir re/nnen
»Rinn/der«   wir schwi/mmen

»Bei *Hunde* ist noch was hinter dem *u* und bei *brummen* nicht.« Hiermit haben die Kinder die Regel der Schärfung erkannt.

Wahrscheinlich wird vielen Didaktikern und Praktikerinnen, vor allem denjenigen, die ohnehin Vorbehalte beim Lernen durch Regelwissen haben, diese (sprachtheoretisch notwendige) Differenzierung als entschieden zu komplex für Grundschulkinder erscheinen. Darum sei hier noch einmal an Aeblis didaktisches Axiom erinnert, dass Operationen nur dann erlernt und automatisiert werden können, wenn sie ihrerseits als Handlungen erkannt und jederzeit in diese zurückgeführt werden können. Es geht hier also weniger um das »Herunterrattern« von Regeln entsprechend einer alten Didaktik als vielmehr um das Erkennen der Bedingungen für ein bestimmtes Phänomen, letztlich um die Möglichkeit, im Zweifelsfall das »Gefühl« für eine Schreibung kognitiv abzusichern. Der folgende, in Spiele eingebundene Umgang mit dem Phänomen macht den gravierenden »atmosphärischen« Unterschied zu einer Didaktik des »Einschleifens« deutlich.

Ein »Zwischenspiel«: Der »Zwillings-Straßenplan«

Vielleicht ist es für einige Klassen oder einige Gruppen von Kindern im Förderunterricht oder während anderer Differenzierungsmaßnahmen angebracht, die Schärfungsregel – und mit ihr ihr Komplement, die Dehnung (allerdings noch unmarkiert) – spielerisch anzuwenden, bevor sie als morphologisches Prinzip »verfremdet« (rannte, Pfannkuchen) erkannt und genutzt werden kann.

Um zu beweisen, dass das Erlernen »des notorisch schwierigen Bereichs der Rechtschreibung ... Dehnung und Schärfung« über den »abstrakten analytischen Zugang für Grundschulkinder ›spielend‹ möglich ist«, hat U. Maas mit seinem 9jährigen »Mitautor« Konrad ein Brettspiel entwickelt (Maas 1990), bei dem Konrad zur Schreibung schwieriger Wörter mit einem kleinen Auto auf Straßen herumfährt und dabei ständig von Verkehrsschildern aufgehalten wird, bei denen er über Einzelheiten der Schreibung entscheiden muss.

Da an dieser Stelle im Rahmen des hier entwickelten Lehrgangs lediglich die Schärfung thematisiert wird, eignet sich die reduzierte Übernahme dieses Spiels mit einer Auswahl von Wörtern zur Anwendung *dieses* orthographischen Prinzips. Die Auswahl geschieht spielmethodisch durch die Bereitstellung von Abbildungen – z. B. aus Schulbüchern zum Bereich »Deutsch als Zweitsprache« oder aus dem »Schnippelbuch« des AOL-Verlags –, deren Begriff die Kinder orthographisch untersuchen.

Abweichend von dem Vorbild-Spiel von U. Maas und Konrad, bei dem jeder Laut eines Wortes einzeln »erfahren« und in seiner Stellung innerhalb der Silbe analysiert wird (was meine Schüler im 4. Schuljahr nach kurzer Zeit in Bezug auf die »unbedenklichen« Laute so schnell vollzogen, dass ich die Differenzierung in Einzellaute dann als unnötig empfand), habe ich das Spiel auf die wesentlichen Merkmale für Dehnung/ Schärfung begrenzt. (Da die Auswahl der Wörter durch die Methode, sie den Kindern in Form von Abbildungen zu geben, manipulierbar ist, fällt hier auch der grammatikalische Vorspann von Konrads Spiel – die Aufforderung, zusammengesetzte Wörter zu trennen und »Stützformen« zu suchen – weg.)

Die *Abbildungen* zeigten z. B.:

Me/sser	Fens/ter	Ro/se
Lö/ffel	Bän/der	Fe/der
Schli/tten	Win/ter	Na/se
Glo/cke	Kas/ten	Tu/be
Ta/sche (schsch → sch)	Hun/de	Be/sen

Ka/tze (zz → tz)
Schlü/ssel (ßß → ss, ß als Zeichen für den stimmlosen s-Laut)

Zur Vorbereitung des Spiels, das ich wegen der »Durchsichtigkeit« und dem besseren Verständnis natürlich mit den Kindern zusammen an der Tafel entwickelt habe, *wurden zunächst die Bedingungen der Schärfung als Verkehrszeichen* auf der Straße aufgestellt (Beispielwort: *GIRAFFE*).

1. Die *Silbenschnitte* bestimmen die Alternative Dehnung/Schärfung: »Mache für jede Silbe einen Strich!«
2. Nur in *betonten Silben* werden die Prinzipien Dehnung und Schärfung angewandt: »Zeichne den Betonungsstrich ein! Schreibe die Silben hin, die nicht betont sind!« (Denn diese Silben sind unproblematisch.) *GI ____ FE*
3. Dehnung/Schärfung hängt von der Länge oder Kürze des *Vokals* ab: »Ist der Vokal in der betonten Silbe schnell (kurz)?«
4. Dehnung/Schärfung sind nur in offenen Silben anzutreffen. »Gehört der Konsonant hinter dem schnellen Vokal zur selben Silbe?«, das heißt, ist die Silbe geschlossen?
»Nein: Doppeln!« *GI RAF FE*

Die Formulierungen auf den Verkehrszeichen stammen von meinen Schülern (Ende der 3. Klasse), ebenso ihr Wunsch, die Konsequenzen der Antworten bei 3. und 4. (»Wenn ja …, nein …«) mit auf die Verkehrszeichen zu schreiben, sowie die Wahl der Ampeln dann, wenn erst etwas getan werden müsse, bevor es »grün« wird, sowie der STOPP-Schilder, wenn lange zu überlegen sei.

Gespielt haben sie – zunächst zusammen an der Tafel, dann allein oder zu zweit auf ihrem eigenen Spiel, das sich jedes Kind entsprechend dem Vorbild an der Tafel hergestellt hatte. Zusätzlich hat jedes die 30–40 Bilder, die ich für die drei Kategorien »kurz und geschärft (Löffel)«, »kurz und nicht geschärft (Fenster)«, »lang (Rose)« zusammengestellt und kopiert hatte, ausgeschnitten und auf Pappkärtchen geklebt. Während dieser manuellen Tätigkeiten sprachen viele die Wörter aus und versuchten bereits, die Merkmale deutlich zu machen.

Da Bilder nie eindeutig sind, und um sicherzustellen, dass alle Kinder den beabsichtigten Begriff kannten und gebrauchten, hatten sie zunächst alle Bilder einzeln benannt. Danach verfuhren sie entsprechend der Spielanleitung und »parkten« ihre Wörter in (auf zwei unterschiedlichen Blättern) oft wunderschön gestalteten Parkplätzen mit ca. 20 Einstellplätzen:

Schärfungs-Spiel

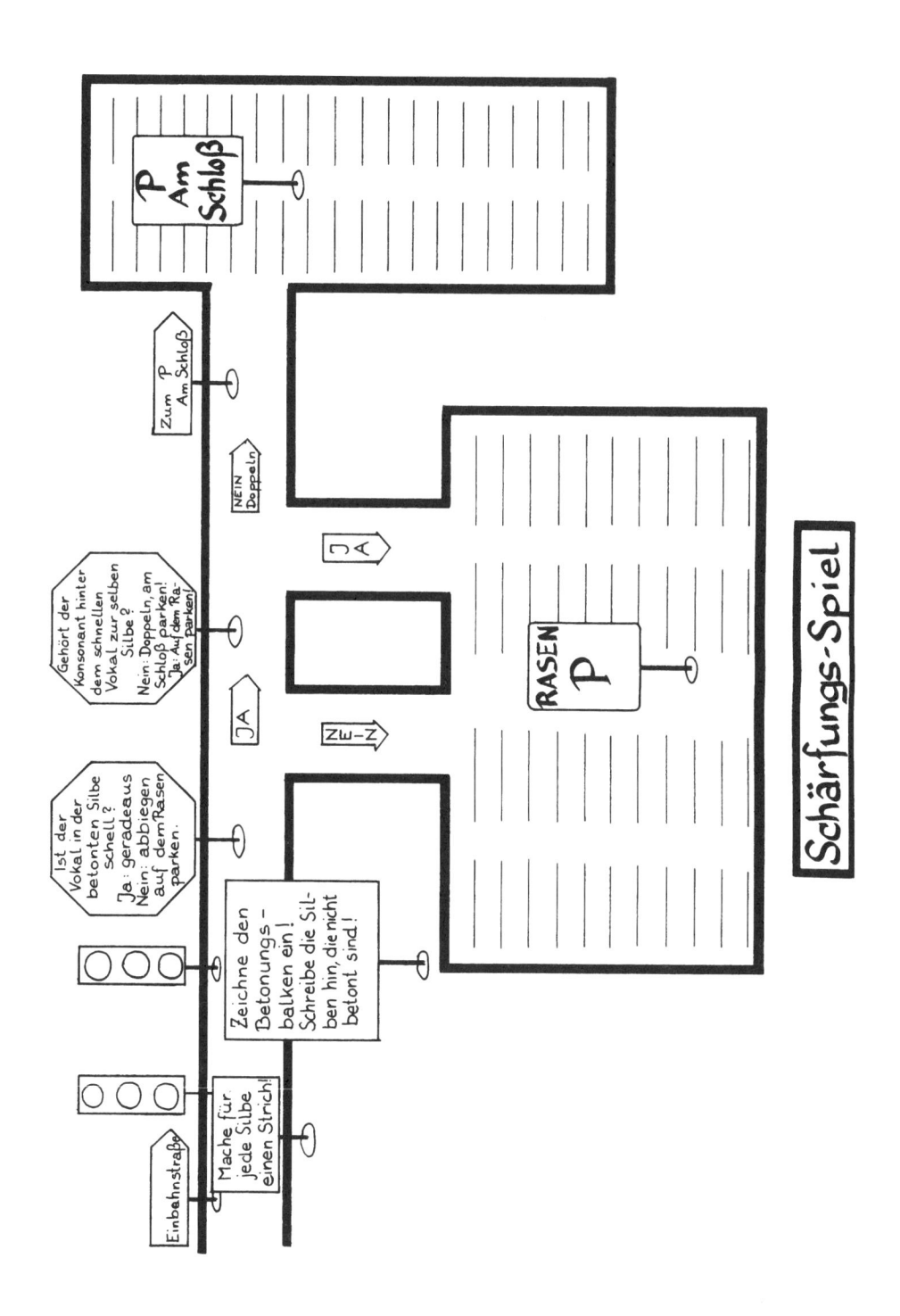

Einbahnstraße

Mache für jede Silbe einen Strich!

Zeichne den Betonungs-balken ein! Schreibe die Silben hin, die nicht betont sind!

Ist der Vokal in der betonten Silbe schnell?
Ja: geradeaus
Nein: abbiegen auf dem Rasen parken.

Gehört der Konsonant hinter dem schnellen Vokal zur selben Silbe?
Nein: Doppeln, am Schloß parken!
Ja: Auf dem Rasen parken!

Zum P Am Schloß

NEIN Doppeln

JA

JA

ZW-Z

P Am Schloß

RASEN P

1. Parkplatz		2. Parkplatz	
Adler	Lama	Affe	Quelle
Amsel	Leopard	Dackel	Ratte
Elefant	Löwe	Forelle	Robbe
Esel	Pelikan	Gazelle	Schnecke
Flamingo	Pinguin	Giraffe	Spinne
Hamster	Salamander	Gorilla	Flosse
Hase	Schlange	Grille	Drachen
Hering	Wespe	Katze	Messer
Igel	Fenster	Mücke	Löffel
Kamel	Rose	Muschel	Schlitten
Besen	Feder	Glocke	Netze
Krähe	Bänder	Tasche	Schlüssel
Tube	Kasten		
Krokodil	Hunde		
Nase			

Dass sich beim Schreiben auf die Striche für die einzelnen Silben und dem Doppeln der Konsonanten nach dem Vokal in der offenen Silbe (*GI RAF FE*) die Duden-Trennung ergibt, weil die Kinder die Dopplung auf dem Strich für die betonte Silbe vornahmen, ist quasi ein Zufall, der nicht verhindert zu werden braucht, der aber auch nicht beabsichtigt ist: Die Kinder nehmen entsprechend dem, was sie im Anfangsunterricht gelernt hatten und was hier zum Regelerkennen von konstituierender Bedeutung ist, den Silbenschnitt in offenen Silben nach dem Silbenkern vor (GI/RA/FFE, HU/MMEL).

Sehr gut kann den Kindern bei dieser Schreibung deutlich werden, dass auf einen Kurzvokal immer zwei Konsonanten folgen. Das formulierte einmal ein Drittklässler, indem er laut vor sich hindachte: »Entweder höre ich schon zwei verschiedene oder nicht. Und wenn ich sie nicht höre, muss ich eben zwei gleiche schreiben.«

Während der gemeinsamen Arbeit am Anfang dieses Spiels an der Tafel erkannten sie auch die Sonderformen der Schärfungsgraphien:

kk wird zu ck (»Schnekke« → *Schnecke*)
zz wird zu tz (»Kazze« → *Katze*)
ßß wird zu ss (»Floßße« → *Flosse*) (ß steht generell für das stimmlos gesprochene *s*, s. S. 221–231)
schsch wird zu sch (»Muschschel« → *Muschel*)
chch wird zu ch (»Drachchen« → *Drachen*)
ngng wird zu ng (»Ringnge« → *Ringe*)

Nachdem sich alle Kinder oder ein Teil der Klasse ausführlich mit den Bedingungen für die Schärfung – und damit auch für die Dehnung – beschäftigt hat, kann sie entsprechend dem Muster der bisherigen Bereiche in ihrer Funktion im Rahmen der Stammschreibweise auf die »Quizkarten« des großen Spiels aufgenommen werden. Auch hier ergeben sich wieder zwei Fragequalitäten, zwischen denen die Kinder sich entscheiden können: Einmal ausschließlich mit Wörtern, bei denen die Konsonantenverdopplung durchzuführen ist, dann als Entscheidung, ob sie notwendig ist oder nicht (wobei diese Frage den Inhalt des Straßenspiels wieder aufnimmt):

1. »Wie schreibst du *er rennt*? Warum?«
   »Wie schreibst du *Ball*? Warum?«
   »Wie schreibst du *Pappschachtel*? Warum?«
2. »Schreibst du *Hunde* mit Zwillingen?
   Warum oder warum nicht?«
   »Schreibst du Krokodil mit Zwillingen?
   Warum oder warum nicht?«
   »Schreibst du *Abschleppdienst* irgendwo mit Zwillingen?
   Wo und warum oder warum nicht?«

Markierte und unmarkierte Dehnung

In den sachanalytischen Darstellungen zum Bereich Dehnung wurde bereits deutlich: Die Markierung bei der Schärfung wird uneingeschränkt durchgeführt, also auch dann, wenn sie, gemessen an der »Fundierung« des Mündlichen, nicht nötig ist (»rante« statt *rannte* würde ausreichen). *Bei der Dehnung wird sie nur dann vorgenommen, wenn sonst Formen der Wortfamilie dem Fundierungsverhältnis des Mündlichen widersprechen würden: lehnen*, weil *lehnte*, sonst »lente« wie *Ente*. Der Verzicht der Markierung bei den Wörtern, die ihrer nicht bedürfen, um »lang gesprochen« zu werden, hat – wie gesagt – dazu geführt, dass laut C. L. Naumann 88% der Wörter mit langem a, 86% der Wörter mit langem e, 88% der Wörter mit langem o, sogar 97% der Wörter mit langem u unmarkiert, aber hingegen 78% der Wörter mit langem i (mit e) markiert sind.

Sicherlich mag es für die ersten Schuljahre ausreichen, den Kindern zu empfehlen, jeweils dem verbreitetsten Prinzip zu folgen und evtl. wie W. Eichler darauf zu hoffen, dass der Rest sich nach dem »Gefühl« ergibt. Da, wie U. Maas darstellt, jedoch auch für diesen Bereich eine morphologische Systematisierbarkeit, die für ca. 80% der Fälle zutrifft, aufzuzeigen ist, kann hier ebenfalls den Kindern die Möglichkeit des Regelerkennens angeboten werden.

Wenn der bisherige Unterricht der Kinder in einigen Punkten dem hier beschriebenen Modell gefolgt ist, haben sie das Prinzip der morphologischen Konstanz bereits in mehreren Formen kennen gelernt und sie wissen, dass ein – mündlich notwendiges – Phänomen einer Form die Schreibung der übrigen Formen in aller Regel mitbestimmt.

Eine Möglichkeit, auf die Dehnungsmarkierung in der Klasse zu sprechen zu kommen, kann wieder die Präsentation von Fehlern, die in dieser Klasse vorgekommen sind (und die die Lehrerin über einen Zeitraum gesammelt hat), sein:

»Klaus *bezalt* die Briefmarken.«
»Sie *beschlißen*, den Zoo zu besuchen.«
»Wir wollten ein weihnachtliches Spiel *vorfüren*.«
»Claudio wurde als Nikolaus *ausgewelt*.«
»Wir *erschinen* in der Küche.«
»Man muss auf der rechten *Fahrban* fahren.«

(Aus Diktaten eines 4. Schuljahres).

Das Lesen der mehrsilbigen Wörter, bei denen der Silbenschnitt nach dem Vokal erfolgt, kann den Kindern zeigen, dass die Wörter »eigentlich« so entsprechend den »Befehlen«, die die Schrift den Lesern geben will, korrekt geschrieben sind: Auf eine offene betonte Silbe mit Langvokal folgt keine Schärfung, also wird der Vokal lang gesprochen; »beschlißen«, »vorfüren«, »erschinen«. Eine Sammlung anderer »korrekt« geschriebener Wörter kann das bestätigen: *lesen, loben, suchen, rasen* usw. Auch »Fahrban« könnte wie *Kran* korrekt sein.

Die Untersuchung der einsilbigen Wörter mit zwei Konsonanten nach dem Vokal zeigt dann allerdings die Problematik auf: »bezalt« und »ausgewelt« bzw. »ausgewält« müssen eine Dehnungsmarkierung haben, weil sie sonst mit den zwei Konsonanten nach dem Vokal kurz gesprochen werden. Das lässt sich den Kindern wieder an lautlich ähnlichen Wörtern nachweisen:

»bezalt« wie halt,
»ausgewelt« wie Welt,
»Fahrban« → »banen« → »er bant« wie Band.

Hieraus können die Kinder den Schluss, der für den Kern der Schreibungen zutrifft, ziehen: »*Wenn ein Familienmitglied ein Zeichen braucht, um lang (»langsam«, »voll« usw.) gelesen zu werden, haben das die anderen Familienmitglieder auch.*« Natürlich ist es unumgänglich, den Kindern, falls es einige nicht bereits schon selber gemerkt haben, zu zeigen, dass die Regel der Dehnungsmarkierung im Gegensatz zu der der Schärfung nicht umfassend angewandt wird.

Hieran könnte sich ein »*Forschungsauftrag für Wortforscher*« anschließen, bei dem die Kinder die Schreibung zunächst *vermuten*, um ihre »These« dann mit Hilfe ihres Wörterbuchs *überprüfen* zu können. Die Ergebnisse können dann zum einen etwas über die Relation »regelmäßig/unregelmäßig« aussagen sowie zu einer *Liste der »unregelmäßigen Wörter mit langen Vokalen«* führen, die wieder in die Klasse gehängt wird. (Da alle Substantive »Abstammungen«

von Verben sind – oder umgekehrt –, reicht es aus, die Verben zu untersuchen.) Die *Ergebnisse der »Wortforscher«* werden in einer Tabelle eingetragen:

Wort mit der vermuteten Beschreibung	Begründung: Wort mit 1. Silbe	Wort nach dem Lexikon	regelmäßig?
fliegen	er fliegt	fliegen	X
sahgen	er sahgt	sagen	–
wohnen	er wohnt	wohnen	X
fehlen	er fehlt	fehlen	X
lehben	er lehbt	leben	–

»Präparierte« Abbildungen für das »Straßenspiel für langsame Wörter«

Nach einer längeren »Forschungsarbeit« werden die häufig anzutreffenden Verben, deren Schreibung nicht der Regel entspricht, alphabetisch zu der Liste zusammengetragen, die in der Klasse aufgehängt wird.

Ein »Zwischenspiel«: Ein Straßenplan für »langsame Wörter«

Vergleichbar dem Spiel zur Schärfung folgt jetzt ein »Straßenspiel für langsame Wörter« (oder welchen Titel die Kinder sonst wählen mögen). Es dient wieder der Automatisierung, ggf. der Kontrolle, wenn Unsicherheiten da sind

Dehnungs-Spiel

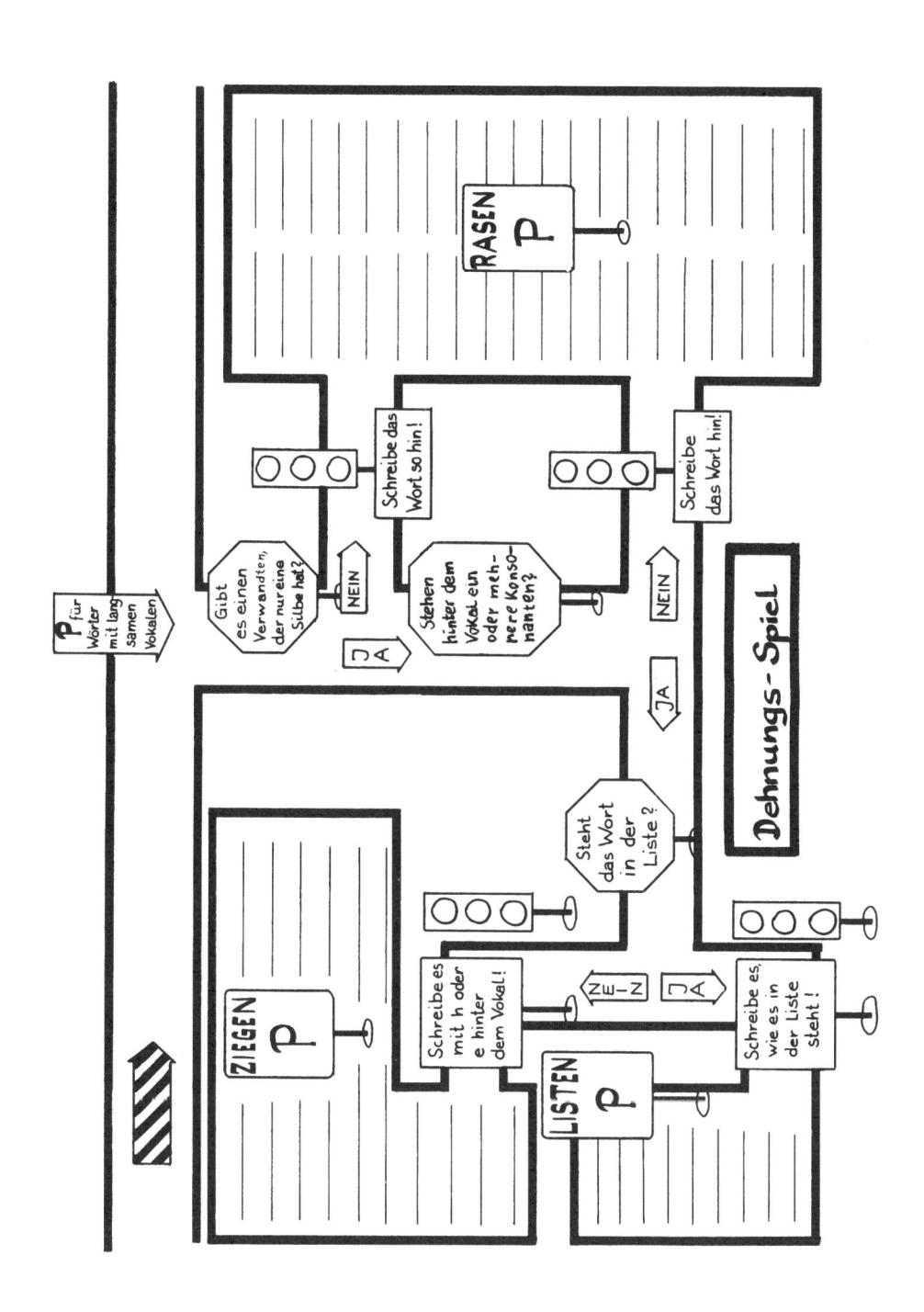

P für Wörter mit langsamen Vokalen

- **RASEN** P
- **ZIEGEN** P
- **LISTEN** P

Gibt es einen Verwandten, der nur eine Silbe hat?
- JA → Stehen hinter dem Vokal ein oder mehrere Konsonanten?
  - NEIN → Schreibe das Wort so hin!
- NEIN → Schreibe das Wort hin!

Steht das Wort in der Liste?
- NEIN → Schreibe es mit h oder e hinter dem Vokal!
- JA → Schreibe es, wie es in der Liste steht!

(»wenn es im Kopf geklingelt hat«). Den Ausgang nehmen erneut Bilder, die die Kinder aus einer von der Lehrerin zusammengestellten Kopiervorlage ausgeschnitten, auf Pappkärtchen geklebt und als Tätigkeiten definiert haben.

Als Gedächtnisstütze werden die Anfangsbuchstaben der Verben unter das Bild geschrieben (es wurden selbstredend natürlich nur Verben mit langem Vokal ausgewählt). Die Erarbeitung des Spiels mit den Kindern an der Tafel ist eine Wiederholung der Vorgehensweise und der Ergebnisse der »Wortforscherarbeit«.

Wenn den Kindern das Herumfahren auf den Straßen gefällt, können sie als Letztes ein Spiel herstellen oder bekommen, das ihnen Aufschluss sowohl über die Schärfung als auch über die Dehnung gibt: die Kombination beider Spiele (darum die Abbiegung auf dem 2. Spiel für die Dehnung).

Exkurs: Zur didaktischen Einschätzung dieser Arbeit

Kollegen und Kolleginnen, die wie ich in den vergangenen Jahren vorwiegend »kommunikativ« gearbeitet und dabei darauf gehofft haben, dass das häufige Schreiben der Texte zur Festigung von »Wortbildern« führt, wird die hier beschriebene Arbeit sehr fremd sein. Oft werden Zweifel daran geäußert, ob gerade die schwächeren Schüler, denen das Hauptgewicht der didaktischen und pädagogischen Aufmerksamkeit zukommen muss, zu den relativ anspruchsvollen kognitiven Anstrengungen in der Lage sind. Diesen Bedenken kann ich lediglich meine Erfahrungen (in mehreren 3. und 4. Schuljahren) entgegenhalten: Allein die Motivation dieser Kindergruppe an den Spielen könnte bereits als Zeichen dafür genommen werden, dass sie sich *nicht* überfordert fühlen, denn in aller Regel sinkt die Motivation bei Überforderung schnell (und für diejenigen, die weiterhin an »Wortbildarbeit« festhalten möchten: die geschieht hier allemal!).

Nun ist einzuwenden, dass die Begeisterung der Kinder ausschließlich in der Methode des Spiels begründet liegt: dem Herumfahren mit kleinen – in meiner Klasse von einigen Kindern nachmittags ohne Aufforderung selber gestalteten – Pappautos, der Selbstbestimmung in der Partnerwahl und dem Tempo usw. Diese Möglichkeiten bietet aber auch die Arbeit mit den »normalen« Arbeitsblättern für die so genannte Freiarbeit, auf die Kinder jedoch häufig schon bald recht lustlos reagieren. Daher vermute ich, dass es der Unterschied war, der in der gemeinsamen Vorbereitung und Entwicklung sowie in den Inhalten dieser Spiele gegeben ist, der die Kinder so lange konzentriert spielen ließ (nämlich bis *ich* die Arbeit beendete): Er lag in dem langsamen Entstehen der Spiele. Sie entstanden zwar in Frontalsituationen, die bekanntlich nie die gedankliche Teilnahme aller garantieren können. Ihre Ergebnisse waren in diesem Fall jedoch durch die Chance des Nachvollziehbaren und die

Schärfung und Dehnung

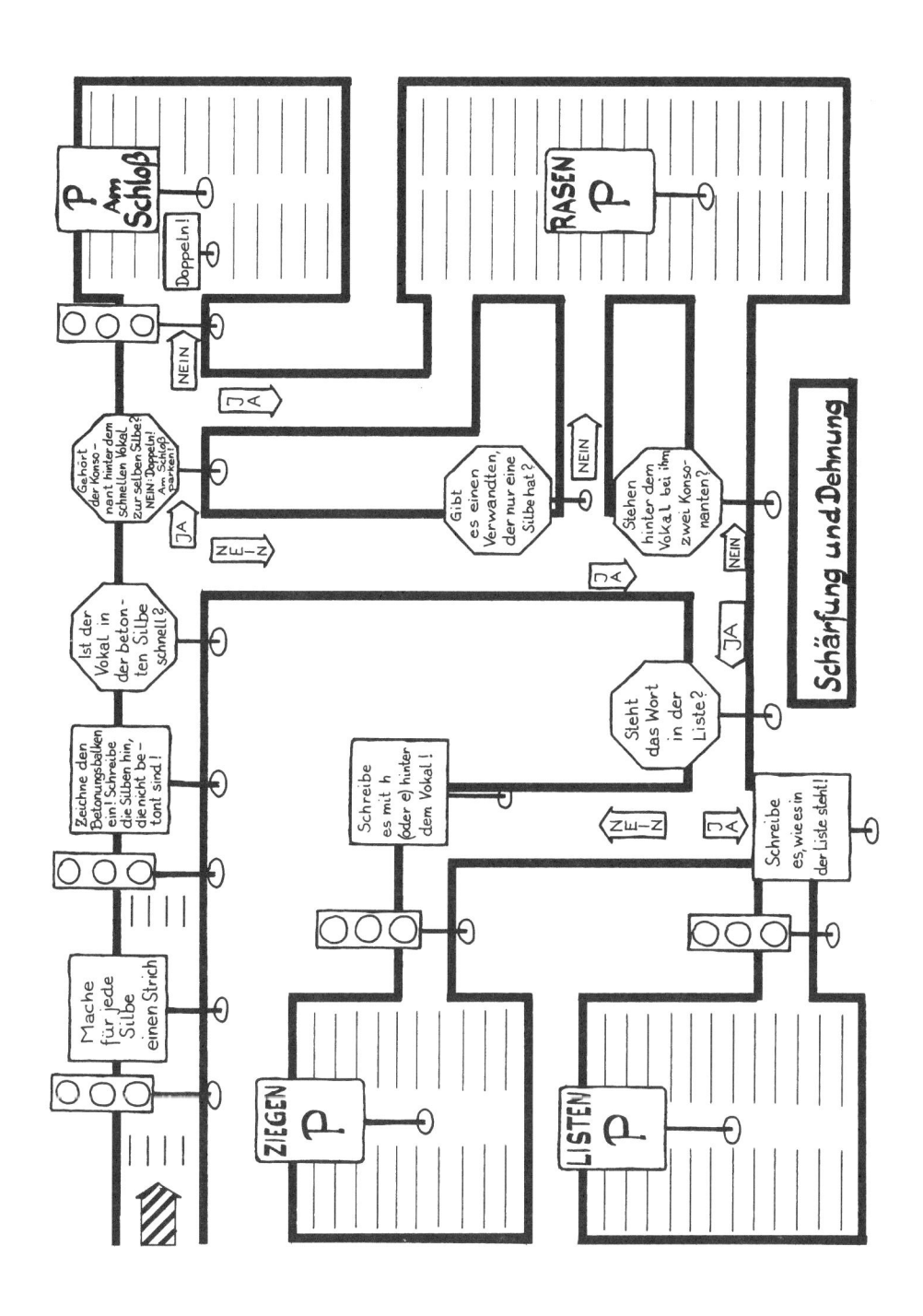

- **Am Schloß** (P)
  - Doppeln!
- **RASEN** (P)
- **ZIEGEN** (P)
- **LISTEN** (P)

Entscheidungen:
- Ist der Vokal in der betonten Silbe schnell?
  - JA → Gehört der Konsonant hinter dem schnellen Vokal zur selben Silbe? (Am Schloß parken)
    - JA → Doppeln! (Am Schloß)
    - NEIN → Am Schloß parken
  - NEIN → Gibt es einen Verwandten, der nur eine Silbe hat?
    - JA → Stehen hinter dem Vokal bei ihm zwei Konsonanten?
      - JA → Steht das Wort in der Liste?
        - JA → Schreibe es, wie es in der Liste steht!
        - NEIN → Schreibe es mit h (oder e) hinter dem Vokal!
      - NEIN → (RASEN)
    - NEIN → Steht das Wort in der Liste?

- Zeichne den Betonungsbalken ein! Schreibe die Silben hin, die nicht betont sind!
- Mache für jede Silbe einen Strich!

Authentizität des Selbstgemachten gekennzeichnet (»unser Spiel«). So wird die innere Logik für die Kinder erkennbar, die begründet, wo in aller Regel geglaubt und memoriert werden muss. Ihr häufiges Wiederholen der Spielbewegungen ohne meine Aufforderung, die Gespräche untereinander über die Wörter, das abwägende Sprechen beim Schreiben, die früheren oder späteren laut geäußerten »Aha-Erlebnisse« – alle diese Details aus der Arbeit der Kinder mit den Spielen lassen ihre kognitive Auseinandersetzung mit Sprache auf den je individuellen kognitiven Stufen deutlich werden, und jede Lehrerin, die sich Zeit nimmt zum Beobachten, kann an diesen Denkprozessen – oft staunend – Anteil nehmen.

Mein eigenes Problem lag lange Zeit weniger darin, dass ich den Kindern die kognitive Leistung nicht zutraute, sondern es lag vielmehr in meinem eigenen Unvermögen, die mir ungewohnten sprachwissenschaftlichen und -didaktischen Betrachtungen nachzuvollziehen, verbunden mit dem emotional schwierigen Eingeständnis des doch unzureichenden Wissens während der langen Tätigkeit als Lehrerin. Meine Vermutung, dass hier die Hauptwiderstände gegen die notwendigen Veränderungen in der Praxis zu suchen sind, wird häufig bei Lehrerfortbildungsmaßnahmen bestätigt, wenn Kolleginnen direkt oder indirekt Probleme mit dem Abschied von Bekanntem und zumindest häufig Bewährtem formulieren. Mein Hinweis an sie, selber mit neueren Formen im Förderunterricht – experimentierend – zu beginnen, in dem die geringe Anzahl der Schüler intensiveres Beobachten ermöglicht, wird von einigen gern angenommen.

Der Abschluss: die Integration ins Brettspiel

Als Abschluss der Beschäftigung mit der Dehnung sammeln die Kinder mit Hilfe ihrer Wörterbücher Wörter mit den seltenen Dehnungsgraphien Doppelvokal (aa, ee, oo) sowie ih und tragen sie wieder zu einer Liste zusammen, die auch in der Klasse aufgehängt wird.

Nachdem die Kinder sich längere Zeit mit den Dehnungsgraphien beschäftigt haben, können sie sie als weiteren Komplex zum Brettspiel hinzunehmen: zunächst alternierend markiert/unmarkiert regelmäßig, dann auf die Wörter aus den Listen ausweitend:

1. »Wie schreibst du *belohnen*? Warum?«
   »Wie schreibst du *reden*? Warum?«
2. »Wie schreibst du *schlafen*?«
   »Wie schreibst du *Saal*?«

Die Schreibung des s-Lautes

Neben der Groß- und Kleinschreibung stellt die Schreibung des s-Lautes (als s/ß/ss) eine der größten Fehlerquellen – nicht nur in der Grundschule – dar (vgl. Zabel 1991). Wenn sie überhaupt als Regel zu vermitteln versucht wird, ist fragwürdig, ob die sporadischen, zusammenhangslosen Übungen, die Sprachbücher hierzu anbieten, in diesem Bereich ausreichend sind.

So z.B. spricht sie das Westermann-Sprachbuch für die 4. Klasse, das Sprachlehre in thematisch gebundene Sachzusammenhänge »integriert«, an drei verschiedenen Stellen an: Nach einer Geschichte über Indianer sollen die Kinder »Wörter mit stimmlosen S-Lauten: ss« und »Wörter mit stimmhaften S-Lauten: s« differenzieren (S. 36–37), nach der Geschichte »Unverhoffter Besuch« ordnen die Kinder Reimwörter mit »ss nach kurzem Vokal« und »ß nach langem Vokal« (S. 38–39), und als Letztes (S. 60–61) erhalten sie die Regel »Nach kurzem Vokal ... wird der S-Laut in der Regel ss geschrieben. Am Wortende und vor t steht nie ss. Statt ss steht dort ß« und wenden sie bei 10 Lückenwörtern (wu?te, verga? usw.) an. Obwohl alle Details der Regularität zur S-Schreibung angesprochen sind, scheint es mir doch zweifelhaft, ob Kinder sie so in der lernpsychologisch notwendigen Weise automatisieren können, da das bekanntlich immer ein Zurückführenkönnen in Handlungs- und dadurch Begründungszusammenhänge zur Basis haben muss.

Die kausalen Bezüge der s-Schreibung, die hier als Grundlage der notwendigen kognitiven Arbeit wieder unterrichtlich herzustellen sind, sind im Prinzip regelmäßig, und ihre immanenten Operationen sind bekannt (vgl. Maas 1989, S. 303–306):

Zu den Veränderungen der Rechtschreibreform:
Trotz der bereits bestehenden Regelmäßigkeit sind die Veränderungen der Reform in diesem Bereich zu begrüßen: Sie vereinfachen die Komplexität des Regelpakets zur s-Schreibung um ein Element und bringen sie in die Nähe der üblichen Schärfungsschreibung: Nach Kurzvokal wird das Zeichen für den folgenden Konsonanten gedoppelt (allerdings wäre es hier als Zeichen für den stimmlosen s-Laut das ß, s. u.). Die bisherige Zusatzregel, dass nach Kurzvokal nicht *ss*, sondern *ß* zu schreiben wäre, fällt also weg. Im Einzelnen gilt also:

---

1. Die Schreibung des s-Lautes ist bestimmt durch die Differenzierung in stimmhaft und stimmlos:

Das stimmhafte s	steht immer am Silbenanfang	und wird immer als s verschriftet (*Sonne, blasen*)
Das stimmlose s	steht im Silbenendrand innerhalb eines Wortes/Stammes	und wird als s verschriftet (*Fest, Rast, Mas/ke, Fens/ter, Ves/per*)
	steht am Wortende/Stammende (bzw. vor der Flexionsendung)	und wird entsprechend der Auslautverhärtung entweder als s verschriftet (*Häuser, blasen*) oder nach Langvokal: als ß (*Fuß/Füße*); nach Kurzvokal: als Schärfung gedoppelt (*ßß*, die zu *ss* werden) (*Fluss/Flüsse/muss/musste*).

Am Anfang der zweiten (usw.) Silbe ist der Unterschied (allerdings nur für Norddeutsche) leicht hörbar und zusätzlich durch den Test für die körperliche Wahrnehmung (bei zugehaltenen Ohren die Wörter abwechselnd sprechen) zu erkennen:

Blase	Straße
Riese	Schlösser
Hose	Füße
reisen	reißen
lesen	fressen

(Süddeutsche, die den Unterschied zwischen dem stimmhaften und dem stimmlosen s-Laut weder hören noch sprechen, können die Schreibung mit *s* oder *ß* nach *Langvokal* nur über das Gedächtnis lernen – nach *Kurzvokal* steht immer ss.) Im Stamminnern wird der s-Laut immer als *s* verschriftet.

Kasper	Fest	Erbse
Weste	Rast	
Maske	Mist	

Am Silbenende/Wortende wird der s-Laut im Deutschen immer stimmlos gesprochen:

Haus	Gans
Fluss	fies

Seine Schreibung am Wortende als *s* oder *ß* hängt also nach den Regularitäten für die Auslautverhärtung von der »Familie« ab, die wieder durch Verlängerung in der mündlich hochsprachlich »fundierten« Bestimmung der Graphie sichtbar wird:

Haus	–	Häuser			
Schloß	–	Schlösser, jetzt:	Schloss	–	Schlösser

Fuß   –   Füße
Gas   –   Gase
sie beißt –   beißen
er liest   –   lesen
hilflos   –   hilflose

Wenn der stimmlose s-Laut am Silbenende also bei Verlängerung zu einem silbeneinleitenden stimmhaften s-Laut wird (*Haus – Häuser*), wird er als *s* verschriftet.

2. Die s-Schreibung folgt den Regeln für die Schärfung: Nach einem kurzen Vokal in der betonten, offenen Silbe wird der folgende Konsonant gedoppelt, und die Dopplung wird morphologisch beibehalten.

– Da nach kurzem Vokal immer das stimmlose *s* vorkommt, das als *ß* verschriftet wird (abgesehen von einigen norddeutschen umgangssprachlichen Wörtern wie *Dussel, quasseln*)
– und da *ß* in der deutschen Schrift als Doppelbuchstabe, – vergleichbar *ch* und *sch* – gesehen war (früher *sz* geschrieben), der nicht gedoppelt wurde, werden aus den notwendigen zwei *ß* bei zweisilbigen Wörtern zwei *s*:

»Schlö/ßßer« –   Schlö/sser
»Ri/ßße«   –   Ri/sse

3. In Anwendung der morphologischen Konstanz *wird das jeweilige s/ß der zweisilbigen Schreibweise bei* allen *Formen gewählt, auch wenn der s-Laut am Silbenende (plus Endungsmorphem) generell stimmlos ist:*

lies!   –   lesen
beiß!   –   beißen
er reist   –   reisen
er reißt   –   reißen

Eine Besonderheit bildet hier wieder die übliche Mitführung der Dopplung bei der Schärfung: Entsprechend der üblichen Schreibweise (*er kommt – kommen*) wäre folgende Schreibung zu erwarten (*ß* für den stimmlosen s-Laut)

»laßßen«   –   er »läßßt«
»müßßen«   –   er »mußß«
»haßßen«   –   er »haßßt«

Das Gebot, Doppelbuchstaben nicht noch einmal zu doppeln, hat bisher (im Gegensatz zu *ss* statt *ßß* bei den zweisilbigen Wörtern) zu dem Verzicht auf die Dopplung geführt:

»laßßen«   –   er läßt
»müßßen«   –   er muß
»haßßen«   –   sie haßt

Ein Hinweis auf die Graphiegeschichte des ß.
Man könnte annehmen, dass der Erstklässler Sebastian sie kennt. Wahrscheinlich aber ist ihm der Name des Buchstabens –»sz«– bekannt.

Die *Rechtschreibreform* hat in Angleichung an die übliche Schärfungsschreibung und ihre »Vererbung« zu der Veränderung geführt, dass jetzt statt des *ß* *ss* geschrieben wird:

»laßßen«	–	lassen	–	er lässt
»müßßen«	–	müssen	–	er muss
»haßßen«	–	hassen	–	sie hasst

In dieser Darstellung zeigt sich, dass auch die Schreibung des s-Lautes regelhaft, also systematisierbar, daher lehr- und lernbar ist.

Lediglich auf zwei periphere Ausnahmen ist hinzuweisen: 1. Ungewöhnlicherweise wird die Nachsilbe -nis (*Hindernis*), obwohl in der Verlängerung der s-Laut stimmlos bleibt (*Hindernisse* wie *Risse/Riß*), mit s geschrieben, und es findet bei der Pluralbildung eine Dopplung des s-Lautes statt, obwohl die Silbe immer unbetont ist. 2. Das Fremdwort *Bus* ließe auch ein ß erwarten wegen *Bu/sse*. Beide Ausnahmen sind von Kindern wieder »wortbildartig« über eine »Liste« zu lernen.

Völlig unverständlich ist die Regelung der *Rechtschreibreform*, die Konjugation *daß* mit *ss* zu schreiben, da es morphologisch keinerlei Ursache dafür gibt: weder gab es in der Vergangenheit noch gibt es gegenwärtig einen »Verwandten« mit einer zweisilbigen Form (»dasse, dassen«).

Spiele zum Erlernen der s-Schreibung

Aufgrund der internen Logik dieser Regel bietet es sich an, die Kinder wieder nach den bekannten Mustern ein »*Forscherspiel*« und/oder ein »*Straßenspiel*« anfertigen und durchführen zu lassen. Zunächst müssen jedoch die einzelnen Teilaspekte der Schreibung des s-Lautes erarbeitet werden. In einem 4. Schuljahr hat sich mein Unterricht zu dieser Thematik über mehrere Wochen in folgender Weise gegliedert:
1. Nachdem ich den Kindern das Ziel der Arbeit in der nächsten Zeit vorgestellt hatte, haben sie mir *die verschiedensten Wörter, in denen sie einen s-Laut hören und/oder schreiben,* diktiert und ich habe sie an die Tafel geschrieben (Wörter mit *z, sch, sp, st* hatte ich nicht beabsichtigt, sie wurden – richtigerweise – von den Kindern genannt, daher mit eingeordnet):

Sonne	beißen	Spaghetti
Klasse	Stern	schwarz
Besen	Kasper	Bluse
essen	Kasten	muss
Katze	Zunge	gestern
Haus	Schloss	rasen
Schlitz	Hose	Schürze
	Busch	waschen
	Nest	usw.

Für den nächsten Tag hatte ich die Wörter ebenso ungeordnet wie an der Tafel abgeschrieben, noch einige hinzugefügt, damit alle denkbaren Kategorien mehrfach vorhanden waren und für die Kinder kopiert. Sie erhielten allein, zu zweit oder in Gruppen – welche »Sozialform« sie auch immer wählen mochten – die Aufgabe, die Wörter auszuschneiden, den Silbenschnitt einzutragen und sie zu ordnen zu versuchen. Die Kriterien dafür mussten sie selber suchen.

Es fanden über fast 30 Minuten interessante Gespräche statt. Dann ließ ich mir von ihnen ihre Gruppierungen nennen und schrieb sie an die Tafel. Nach längeren Diskussionen ergaben sich folgende Einteilungen:

Sxxx	:	Sonne	xxxs/xxx	:	Kas/per –
Zxxx	:	Zunge	xxx/sxxx	:	Be/sen –
Schxxx	:	Schule	xxx/ssxxx	:	Kla/sse –
Stxxx	:	Stern	xxx/ßxxx	:	bei/ßen –
Spxxx	:	Spaghetti	xxxs/txxx	:	Kas/ten –
xxxs	:	Haus	xxx/schxxx	:	wa/schen –
xxxß	:	Schloss	xxx/tzxxx	:	Ka/tze –
xxxtz	:	Schlitz	xxx/zxxx	:	Schür/ze –
xxxsch	:	Busch	xxxßxxx	:	weißt –
xxxst	:	Nest	xxxss/xxx	:	muss/ten –
xxxz	:	schwarz	xxxsxxx	:	reist –

Danach wurde ein weiteres Mal gruppiert:

Wörter mit sch, sp, st am Silbenanfang:

Die Kinder wiederholten, was sie schon seit dem Anfangsunterricht wussten: dass der sch-Laut am Silbenanfang nur in Verbindung mit *p* und *t* als *s* verschriftet wird.

Wörter mit tz und z:

Auch hier wiederholen sie Bekanntes: dass das *z* wie *ts* klingt und das *tz* bei der Schärfung als zwei *z* fungiert.

Es blieben die *Wörter mit s/ß/ss* übrig. Hier stellten sie zunächst fest, dass am Wortanfang nur ein *s* stehen kann, innerhalb der Silbe *s* und *ß*, am Silbenende *s* und *ß* sowie am Beginn der zweiten Silbe *s*, *ß* und *ss* möglich sind. Hierfür versprach ich ihnen nun einen »Fahrplan«. (Entsprechend den Bestimmungen der *Rechtschreibreform* ist er im folgenden aktualisiert.)

Die schwierigen Fälle der s-Schreibung

2. Als nächstes sammelten wir *an der Tafel Wörter mit einem s-Laut am Ende: Moos, Schloss, Vers, Strauß, Gras, Haus* usw. Bei einem Vergleich der Aussprache mit der Schreibung stellten die Kinder fest, dass das Mündliche immer gleich, das Schriftliche unterschiedlich ist. Ich erinnerte sie daran, dass sie dieses Phänomen schon einmal kennengelernt hatten, und sie kamen auf die Wörter mit g/k, d/t und b/p am Ende sowie auf die *»Verlängerungsregel«* zu sprechen: Moos – Moose, Schloss – Schlösser. Sie erinnerten sich auch an die Unterscheidung stimmhaft/stimmlos und formulierten als Regel: *»Wenn bei der Verlängerung die zweite Silbe mit einem stimmhaften s beginnt, muss s geschrieben werden, bei einem stimmlosen s wird ß genommen.«*

3. Dann wurde untersucht, wann *s, ß oder ss zu Beginn der zweiten Silben* stehen müssen. Dafür hatte ich neben die Wörter an der Tafel deren Pluralformen geschrieben. Nachdem die Kinder die *Silbenschnitte* gemacht hatten, kamen sie sehr schnell auf die *Unterscheidung lang/kurz* und ich schrieb ihnen zur Verdeutlichung die »eigentliche« Schreibweise auf:

Schloß	–	»Schlößßer«	→	Schlösser – Schloss
Nuß	–	»Nüßße«	→	Nüsse – Nuss
Biß	–	»Bißße«	→	Bisse – Biss

Ich erklärte ihnen, dass *ß* (sz) als ursprünglicher Doppellaut nicht noch einmal gedoppelt wird (wie *ch* und *sch*), daher *ss* zu schreiben ist. Zum längerfristigen Umgang mit den zweisilbigen Schreibweisen stellten sie ein *Memory mit Einzahl/Mehrzahl-Paaren* her, das sie einige Tage spielten.

4. Als letztes musste noch die *Schreibweise der Flexionsformen von Verben* geklärt werden. Eindeutig im Sinne der Stammschreibweise sind die Verben *mit dem Langvokal*, die sie zuerst sammelten und konjugierten:

rei/sen	ich reise	du reist	er reist
ra/sen	ich rase	du rast	er rast
bei/ßen	ich beiße	du beißt	er beißt

Für die Verben mit kurzem Vokal im Stamm schrieb *ich* die Konjugationsformen hin, und sie erkannten sofort, dass wegen des stimmlosen *s* am Anfang der zweiten Silbe und dem Doppelungsgebot »eigentlich« wieder zwei *ß* (wie zwei *m* bei *kommt*) zu schreiben wären, stattdessen aber *ss* geschrieben wird.

	hassen	ich hasse	du hasst	er hasst
»eigentlich:«	»haßßen«	ich »haßße«	du »haßßt«	er »haßßt«
	lassen	ich lasse	du lässt	er lässt
»eigentlich:«	»laßßen«	ich »laßße«	du »läßßt«	er »läßßt«

Hiermit waren sämtliche Details der Schreibung des s-Lautes geklärt.

Aktivitäten zur Anwendung der Regularitäten

1. In der Folgezeit standen mehrere Aktivitäten zum Umgang mit diesen Ergebnissen an:
   Eine Gruppe gestaltete ein *»Sprachforscherauftragsblatt«*: Sie suchten aus ihrem Wörterbuch Verben mit einem innersilbischen s Laut (*fast*) und schrieben sie in die linke Spalte. Die nächste Spalte überschrieben sie: »muss *eigentlich* geschrieben werden:«, die dritte und die vierte erhielten ein »du«, »er« oder »sie« am linken Rand und ebenfalls die Überschrift »muss *eigentlich* geschrieben werden« bzw. »wird richtig geschrieben«. Die fertige Liste wurde kopiert, von allen bearbeitet und von der Gruppe kontrolliert.

2. Eine andere Gruppe sammelte aus ihrem Wörterbuch Verben, um mit ihnen ein Domino anzufertigen, bei dem die infinite Form (*verreisen*) an die finite in der 3. Person Singular (*er verreist*) angelegt werden muss. (Die »eigentliche«

Lotto zum Üben der s-Schreibung

Die »eigentliche« (»falsche«) Schreibung ist wegen des Verstehensprozesses mit aufgenommen worden. (Dass sich die »falsche« Schreibung einprägt, ist m. E. nicht zu befürchten. Vielmehr trägt der Umweg über das »Falsche« hier zum Verstehen – und Automatisieren – des schriftsprachlichen Phänomens bei.)

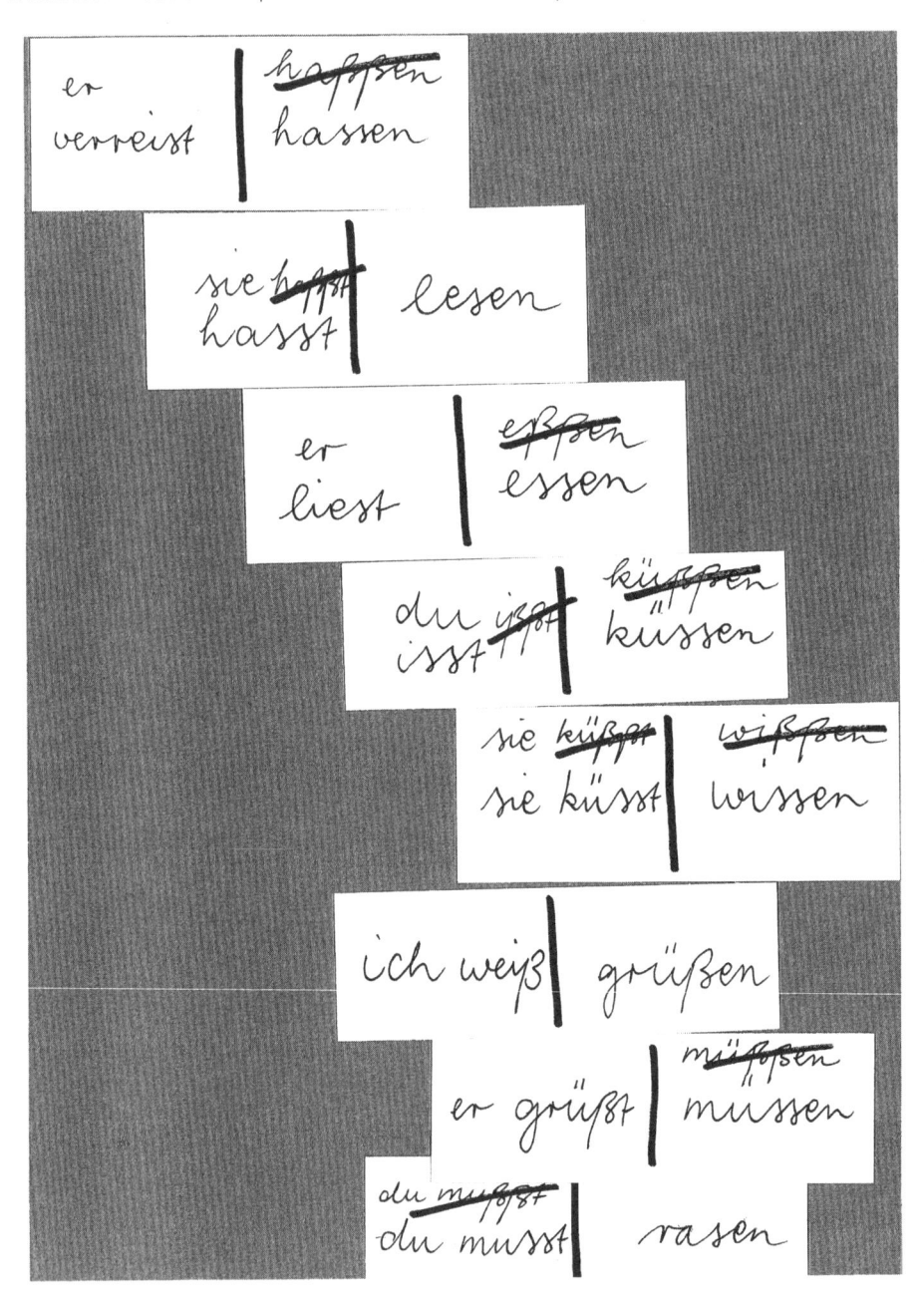

er verreist	~~haßen~~ hassen
sie ~~haßt~~ hasst	lesen
er liest	~~eßen~~ essen
du ~~ißt~~ isst	~~küßen~~ küssen
sie ~~küßt~~ sie küsst	~~wißen~~ wissen
ich weiß	grüßen
er grüßt	~~müßen~~ müssen
~~du mußt~~ du musst	rasen

Einzahl – Mehrzahl – Memory mit s-Wörtern, wieder mit der Aufnahme der »eigentlichen« Schreibung

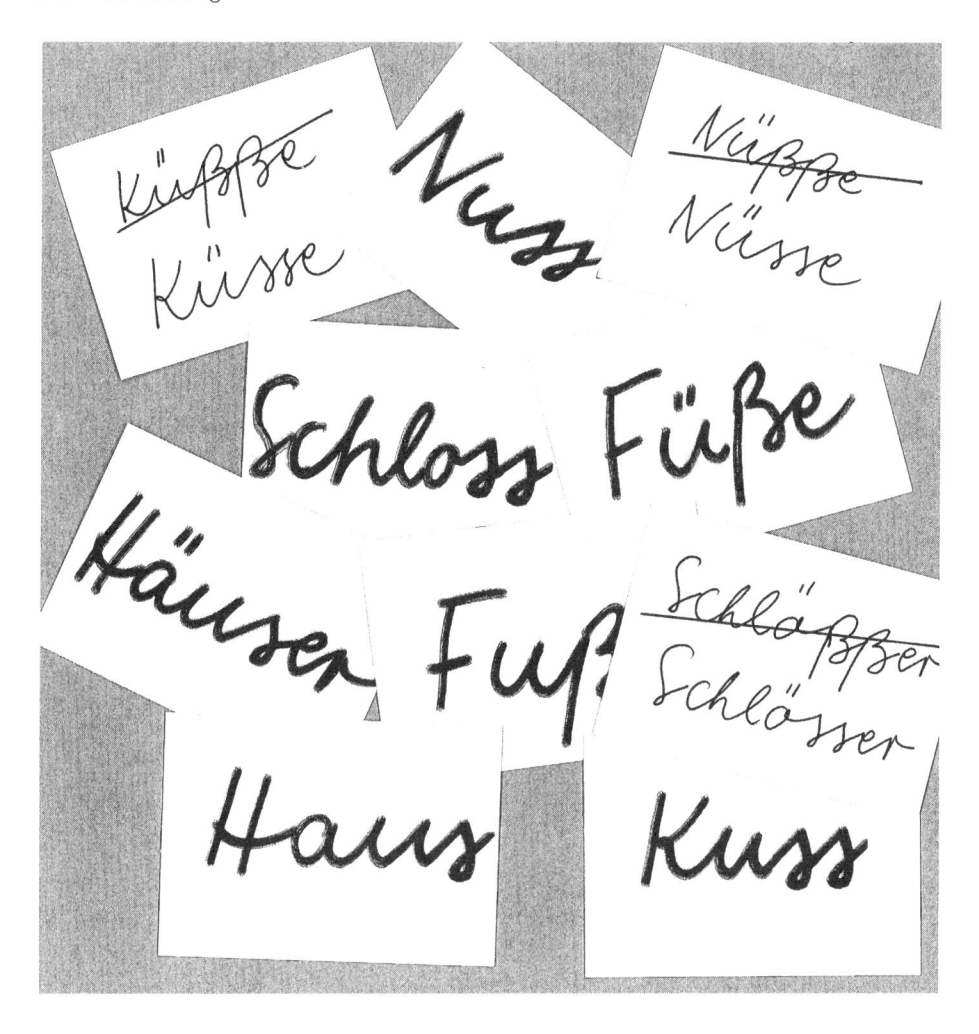

Schreibung wurde mit aufgenommen, damit die Kinder immer an die Logik der Entwicklung erinnert wurden.)

3. Eine dritte Gruppe stellte mit mir wieder ein »*Straßenspiel*« her. Hierbei wurden noch einmal die einzelnen Aspekte, die bei der Schreibung des s-Lautes zu bedenken sind, zusammengetragen und dank meiner intensiven Führung (die hier natürlich nötig war) war nach ca. 30 Minuten der Straßenplan fertig.

Alle drei Spiele spielten die Kinder nach den bekannten Mustern für eine längere Zeit. Der Effekt – wie gehabt: Natürlich war diese Fehlerquelle nicht

Auftrag für Sprachforscher

	muß eigentlich geschrieben werden:		wird geschrieben	
lassen	du	er		er
lesen	du	sie		sie
hassen	du	er		er
beißen	du	sie		sie
fassen	du	er		er
küssen	du	sie		sie
blasen	du	er		er
heißen	du	sie		sie
rasen	du	er		er
reisen	du	sie		sie
reißen	du	er		er
messen	du	sie		sie
essen	du	er		er
fresen	du	sie		sie
niesen	du	er		er
grüßen	du	sie		sie
grasen	du	er		er
fließen	du	sie		sie

völlig ausgeräumt, aber die Kinder hatten wieder Chancen, die Ursache ihres Fehlers selber zu entdecken – Denken anstelle von Glauben und Gehorchen in der Rechtschreibschulung!

Wer mag, kann nun auch diesen Bereich noch mit in das Würfelspiel aufnehmen:

1. »Wie schreibst du *Nuss*? Warum?«
   »Wie schreibst du *Maus*? Warum?«
2. »Wie schreibst du *Küsse*? Warum?«
   »Wie schreibst du *er döst*? Warum?«

Mit diesem letzten Beitrag ist der orthographische Themenkomplex »morphologische Konstanz« abgeschlossen, und im Zusammenhang mit der Groß- und Kleinschreibung haben die Kinder die allerwichtigsten Rechtschreibregularitäten kennengelernt. Für die Grundschularbeit bleiben daher nur noch kleinere periphere Bereiche, die im folgenden darzustellen sind.

4.3 Zusammen- und Getrenntschreibung

Sprachwissenschaftliche und didaktische Überlegungen

Gemessen an anderen orthographischen Phänomenen treten bei der Getrennt- und Zusammenschreibung zwar relativ wenige Fehler auf (vgl. Zabel 1991). Dennoch steht sie bei den unterschiedlichen Fehleranalysen, die zwischen 1970 und 1985 gemacht wurden, viermal an dritter, zweimal an vierter Stelle, und alle Lehrerinnen werden sich an zahlreiche Regelverstöße dieser Art in Schülertexten auch noch aus 4. Schuljahren erinnern.

»Der Krankemann ...«
»Er kletterte bis in die Baum krone.«

a) Ihre Thematisierung in Richtlinien und Sprachbüchern

Dementsprechend sehen die Richtlinien aller Bundesländer hier didaktische Schwerpunktsetzungen bereits ab Klasse 2 vor, und die Sprachbücher haben sie in der Folge dieser rechtlichen Bestimmungen in Übungen umzusetzen versucht:

»Lernziele/Lerninhalte: Einblicke in Möglichkeiten der Wortbildung; Wortschatzerweiterung – einfache Zusammensetzungen aus Namenwörtern./Empfehlungen zur Unterrichtsgestaltung; Finden treffender Bezeichnungen für bestimmte Gegenstände

s-Schreibung

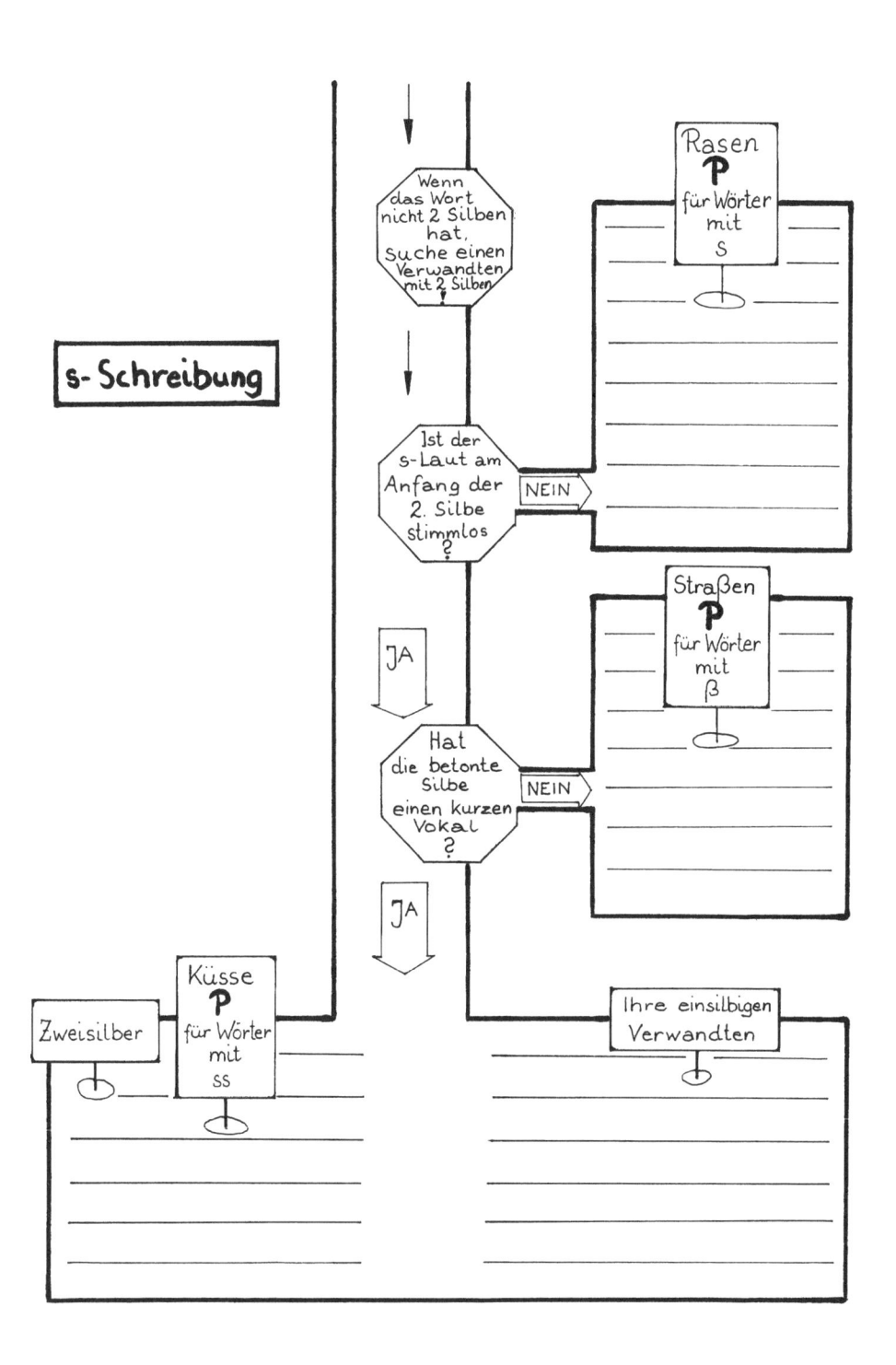

Wenn das Wort nicht 2 Silben hat, suche einen Verwandten mit 2 Silben

↓

Ist der s-Laut am Anfang der 2. Silbe stimmlos?

→ NEIN → **Rasen** P für Wörter mit s

↓ JA

Hat die betonte Silbe einen kurzen Vokal?

→ NEIN → **Straßen** P für Wörter mit ß

↓ JA

Küsse P für Wörter mit ss

Zweisilber

Ihre einsilbigen Verwandten

mit Hilfe zusammengesetzter Namenwörter; Zerlegen von zusammengesetzten Namenwörtern; Bilden von Wortketten ...; Ausdenken von Phantasienamen ...« (Bayerische Lehrpläne für die Grundschule 1982, S. 61).

Diese Empfehlungen für das 2. Schuljahr werden für das 3. und 4. in der Weise ausgeweitet, dass die Zusammensetzungen von Verben und Adjektiven und von diesen mit Substantiven sowie mit besonderen Vor- und Nachsilben hinzugenommen werden (S. 63 und 66).

Einige Sprachbücher wie z. B. König/Weyand, »Fehlerfrei 2. Rechtschreibtraining in 6 Spielrunden« aus dem Schwann-Verlag (1988) fassen das orthographische Phänomen abschließend mit folgendem »Merksatz« (»Das merk ich mir«) zusammen: »1. Wörter kann man neu zusammensetzen: der Räuber + der Hut → der Räuberhut, schmunzeln + das Buch → das Schmunzelbuch, irre + das Licht → das Irrlicht. 2. Zusammengesetzte Namenwörter bestehen aus zwei Teilen: dem Grundwort (zum Beispiel -hut), dem Bestimmungswort (zum Beispiel Räuber-). Der Räuberhut ist also der *Hut* des Räubers ...« (S. 19).

Während mit diesem Hinweis auf die Syntax versucht wird, eine (begrenzte) sprachanalytische Erklärung zu geben – wobei die Frage bleibt, ob die herkömmlichen Übungen auch dieses Sprachbuches für *alle* Kinder ausreichen –, bleibt es in den meisten anderen Büchern bei dem üblichen zusammenhanglosen Beschreiben seiner Existenz:

(»Trolli setzt zwei Wörter aus einem Wort zusammen: Haus + Katze – die?, Apfel + Baum – der? ...«, Plickat/Hartung, RS-Programm für Sonderschulen und Fördergruppen, Beltz-Verlag, 1981, S. 1).

Das Problem für die Kinder, die hier Fehler machen, liegt jedoch nicht in der Frage, *ob* Zusammenschreibung *möglich* ist, sondern *wann* sie angewandt wird.
    Die didaktischen Schwierigkeiten, hier generell Begründungen zu finden, und dann noch welche, die Kinder durch Handlungen und Operationen nachvollziehen und übernehmen können, scheinen wieder mit der Orientierung der Didaktiken an der Duden-Sprachlehre in Verbindung zu stehen. Denn für diese ist hier keine Systematik aufzeigbar: »Im Bereich der Zusammen- und Getrenntschreibung gibt es keine allgemeingültige Regel« (zitiert nach Maas 1989, S. 177). Dementsprechend werden sechs Einzelregeln mit Ausnahmen formuliert. »Genauso gut könnte man sich auf das Telefonbuchsystem beschränken und gleich nur nachschlagen lassen« (Maas 1989, S. 178).

b) Sprachwissenschaftliche Systematisierung
   der einzelnen Erscheinungsformen

In seinem Bemühen, auch für diesen Bereich eine Systematik darzustellen und sie zu begründen, ordnet U. Maas die deutsche Sprache typologisierend innerhalb der Skala der Sprachen von denen mit durchgängig »stabilen« Wörtern und denen mit äußerst flexiblen ein (vgl. zum folgenden Maas 1989, S. 177–200). Zur Veranschaulichung benutzt er wieder ein Bild, das thematisch durchaus in die Grundschule paßt: Während er die Wörter der Sprachen, die dem einen Extrem zuzuordnen sind, mit Zinnsoldaten, die auf der anderen Seite mit Playmobil-Figuren vergleicht, entspricht der Charakter der deutschen Wörter und ihrer Zusammensetzungen im Satz eher dem Typus der Lego-Männchen: Sie brechen manchmal an unerwarteten Stellen auseinander und dann ergeben sich Figuren, die durch die Bruchstellen seltsam zerstört aussehen, andererseits an Stellen zusammenhängen, die nicht unbedingt zu erwarten sind (S. 180).

Solch ein Lego-Schicksal des *Auseinander reißens* haben z. B. zusammengesetzte Verben:

Ich kann die Tür aufmachen.
Ich mache die Tür auf.
(Vgl.: Ich mache auf der Tür den Staub weg.)

Zusammengesetzte Substantive, Verben, Adjektive usw. ergeben diese »eigentlich« unerwarteten *Verbindungen*:

Ich habe den Knopf von meinem Hemd verloren.
Ich habe meinen Hemdknopf verloren.

Die orthographisch wirklich kniffligen, jedoch teilweise auch bei Grundschülern schon anzutreffenden Fälle sind die, für die U. Maas folgende Beispiele gibt:

1. Du wirst sitzen bleiben.
   Du wirst sitzenbleiben. (S. 179)
2. in heller Nacht
   in mondbeschienener Nacht
   in heller, mondbeschienener Nacht
   in hell vom Mond beschienener Nacht … (S. 184)
3. sonnenbeschienen
   sternenbeschienen
   …
   Glühlampen beschienen
   usw. (S. 186).

Die Lösung sowohl der hier gesammelten »schwierigen Fälle« als auch der eindeutigen Beispiele aus den Diktaten (s. o.) liegen wieder vorwiegend auf der grammatikalischen – syntaktischen, begrenzt auf der semantischen – Ebene, nicht, wie der Duden und in seiner Folge zahlreiche Sprachbücher vorgeben, in den Betonungsmodi begründet. Das Verhältnis zwischen dem Mündlichen und dem Schriftlichen ist auch hier wieder das der »Fundierung«: Die Betonung *kann* Aufschluss über die Getrennt- und Zusammenschreibung geben, muss es jedoch nicht und kann daher nicht zur Regelbildung herangezogen werden (S. 193).

Die Frage, um die es hier geht, lautet: *Sind zwischen den zwei (drei, usw.) Wörtern »Sollbruchstellen«, die mit Wortzwischenräumen (Spatien) zu markieren sind,* syntaktisch *feststellbar oder nicht?*

Welche syntaktischen Kriterien/Operationen geben nun Aufschluss bei diesem orthographischen Phänomen?

1. Die *Ersetzungsprobe* hilft hier, Sollbruchstellen zu finden:

meineschwiegermutterkautimmerkaugummi

meine	Schwiegermutter	kaut	immer	Kaugummi
die	Großmutter	lutscht	oft	Süßigkeiten
unsere	Oma	beißt	häufig	Hubba-Bubba

Durch die Möglichkeit der Ersetzung sind die Stellen, an denen ein Wort aufhört und ein anderes anfängt, gekennzeichnet. Genauer zu betrachten sind jedoch noch die beiden Wörter *Schwiegermutter* und *Kaugummi*, denn sie bestehen ja, semantisch betrachtet, aus zwei Wörtern, und viele Kinder schreiben sie – theoriegeleitet – anders:

»schwieger Mutter« wie *liebe Mutter*
»groß Mutter« statt *Großmutter*
»Kau Gummi« wie *Tafel Schokolade.*

Hier helfen weitere Hinweise, die natürlich, wie im Folgenden zu zeigen ist, für die Praxis durch handlungsbezogene Methoden umgesetzt werden müssen.

2. *Zwischen den beiden (drei, vier usw.) Teilen eines zusammengesetzten Wortes kann nichts mehr eingeschoben werden* (Einschubprobe als Mittel zur Abwägung).

Schwiegermutter, aber: *liebe dicke süße Mutter*
Kaugummi, aber: *Tafel leckerer Schokolade*
hauchdünn, aber: *wie ein Hauch so dünn*
Er will sich nicht dazwischensetzen, aber:
Oma und Opa sitzen auf dem Sofa. Er will das Kind dazwischen, nicht danebensetzen
Du kannst ruhig sitzen bleiben, das macht nichts, aber:
Du kannst ruhig sitzen, aber nicht liegen bleiben.

3. Für die Gruppe der Zusammensetzungen aus Verb (Partizip) oder Adjektiv plus Substantiv, die dadurch so fehlerträchtig ist, weil diese Kombination innerhalb von Nominalgruppen sehr häufig ist und dann, wenn Partizip/Adjektiv wie meistens als Attribut fungieren, getrennt geschrieben wird, gilt: *Partizip/Adjektiv als Attribute haben eine Deklinationsendung, Partizip/Adjektiv innerhalb der Zusammensetzung nicht.*

der grüne Fink – der Grünfink
die große Mutter – die Großmutter
das dampfende Ross – das Dampfross
das rennende Auto – das Rennauto

4. Die Gruppe der *Zusammensetzungen aus zwei Substantiven hat das Merkmal, dass sich der Artikel auf das letzte Wort bezieht* (was natürlich nur dann beim »Erforschen« hilft, wenn die Geschlechter der einzelnen Wörter unterschiedlich sind).

der Zug + *die* Brücke *die* Zugbrücke
das Leder + *der* Sattel *der* Ledersattel

Hiermit sind die Bereiche der Getrennt- und Zusammenschreibung, so wie sie in aller Regel noch begrenzt in Texten von Grundschülern anzutreffen sind, angesprochen. Die Regularitäten und die Operationen ihrer »Entdeckung«, die hier dargestellt sind, gelten jedoch auch für die Bereiche, die eher in Texten älterer Schüler oder Erwachsener anzutreffen sind. Die zitierte Zusammenstellung an Beispielen von U. Maas gehört in *diese* Gruppe. Zusätzlich zu ihnen gibt es in dieser orthographischen Kategorie noch Spitzfindigkeiten, die bisher als »Schikanen« (Maas) bezeichnet werden konnten. Die *Rechtschreibreform* hat diesen Bereich »bereinigt«, indem sie festgelegt hat, dass zwei Verben (*kennen lernen, sitzen bleiben*), Zusammensetzungen mit *viel* (*wie viele, so viel*) und mit langen selbstständigen Partikeln (*abhanden kommen, auswendig lernen*) immer auseinander geschrieben werden. Bei Verbindungen mit Substantiven wird dieses ebenfalls abgetrennt und zusätzlich noch groß geschrieben (*Eis laufen, Kopf stehen*). Durch diese rigorosen Bestimmungen werden sprachliche Differenzierungen, die bisher möglich waren, abgeschafft: *Eis laufen* vs. *Eis essen*.

c) Getrennt- und Zusammenschreibung als Thema im Unterricht

Wenn der Sprachunterricht der Kinder prinzipiell ähnlich aufgebaut und durchgeführt wird, wie es hier angeregt ist, haben die Kinder bereits vom ersten Schuljahr an vielfältige Möglichkeiten erhalten, Sätze in Wörter und Satzteile zu gliedern:

- wenn sie im 1. und 2. Schuljahr Wörter eines Textes separiert je auf einen Streifen geschrieben haben
- wenn sie im Anfangsunterricht Endungsmorpheme als Ergänzungen des Wortstammes kennen gelernt haben
- wenn sie zur Groß-/Kleinschreibung Nominalteile analysiert haben
- wenn sie in diesem Zusammenhang mit zusammengesetzten Verben gearbeitet haben.

Spielerische Operationen

Gezielte Übungen zur Getrennt- und Zusammenschreibung im 3., vor allem im 4. Schuljahr müssen die Aufgabe stellen, die Sollbruchstellen im Satz an uneindeutigen Stellen herauszufinden. Dafür entwickeln die Kinder wieder mit Hilfe ihres Wörterbuches (das natürlich diese Wörter enthalten muss) eine Liste mit ca. 20 zusammengesetzten Wörtern und bilden mit ihnen Sätze, die sie ohne Spatien aufschreiben:

beimschnellschwimmenkriegterimmerkopfschmerzen
meinhansiimvogelbauerhatbauchweh

Zunächst können einige dieser Sätze an der Tafel frontal analysiert werden. Bei der Betrachtung der isolierten Wörter können die Kinder, evtl. durch Hinweise der Lehrerin, die grammatikalischen Beobachtungen machen, die in diesem Zusammenhang relevant sind:

- *Verben (Partizipien) und Adjektive in Zusammensetzung mit Substantiven* haben keine Deklinationsendungen – im Gegensatz zu den attributiv gebrauchten Partizipien und Adjektiven (Schnellschwimmen – schnelles Schwimmen)
- bei *zusammengesetzten Substantiven* beziehen sich der Artikel und die Deklinationsendungen der Attribute immer auf das Letzte der zwei (drei usw.) Substantive (der Kopf – die Schmerzen, die Kopfschmerzen)

Anschließend sammelt die Lehrerin alle Sätze, die die Kinder ohne Spatien geschrieben haben, ein und klebt sie, mit dem Namen des Autors versehen, untereinander auf ein Blatt. Dabei ist darauf zu achten, dass alle zusammensetzbaren Wortarten dabei sein sollten, evtl. muss sie die Sätze der Kinder durch eigene noch ergänzen.

Paul: meinemamaißtamliebstenzuckersüßeschokoladentorte
Lisa: dirkhatmiraufdemfußballplatzgegenmeinlinkesschienbeingetreten
usw.

Jedes Kind erhält Kopien der Blätter mit allen Sätzen und beginnt dann mit der Arbeit:

1. Es gliedert einen Satz in die einzelnen Wörter auf, indem es ihn aus-, dann zerschneidet und mit sichtbaren Spatien aufklebt und die großen Anfangsbuchstaben einträgt.
2. Es macht die Ersetzungsprobe als Kontrolle seiner Segmentierung, indem es jedes Wort durch ein passendes Wort ersetzt, das es darunter schreibt:

| Meine | Mama | isst | am | liebsten | zuckersüße | Schokoladentorte. |
| Deine | Oma | trinkt | am | liebsten | leckeren | Tee. |

3. Es stellt sich eine Liste mit den Namen der Mitschüler her und kreuzt nach der Korrektur der Sätze durch die Lehrerin an, welche Sätze es richtig zergliedert hat.
4. Eine andere Aufgabe kann darin bestehen, dass die Kinder die Spatien so groß machen, dass sie Einschübe kontrollierend dazwischensetzen können:

	liebe	die	immer	aller- gleich kommt		die	weiche	
				wieder				
Meine ↓	Mama ↓	isst ↓	am ↓		liebs- ten ↓	zucker- süße ↓	Schoko- laden- torte

Das könnte ein zweites Kreuz hinter dem entsprechenden Namen bringen.

Auch bei diesem »Spiel« wird deutlich, dass der Unterricht bei weitem nicht auf einen orthographischen Schwerpunkt, hier: Getrennt-, Zusammenschreibung, allein konzentriert ist, sondern dass nahezu alle anderen Bereiche – wie immer, wenn Kinder eigene Texte verfassen – mit gefordert sind. Der Spielcharakter dank der manuellen Tätigkeiten und dank der Schaffung eines Anfangs und eines Endes durch die Namensliste unterscheidet es jedoch gänzlich von den herkömmlichen Formen des Übens und lässt vielfache Wiederholungen und neue Anwendungen zu – weitaus mehr, als Sprachbücher in der Regel für ein thematisches Gebiet vorsehen. Wenn es stimmt, dass automatisierendes Lernen neben der kognitiven Strukturierung mit der Häufigkeit der Anwendung im Zusammenhang steht, ist so ein hohes Maß an Lernerfolg zu erwarten.

4.4 Fremdwörterschreibung

Die Schreibung von Fremdwörtern ist insofern orthographiedidaktisch relevant, als diese entweder Laute enthalten, die die deutsche Sprache nicht enthält (Garage, Siñor) oder aber in diesen bekannte Laute regelabweichend verschriftet werden (T-Shirt, Jeans, Station, Billet).

Nur ganz wenige Richtlinien für die Grundschule haben die Fremdwörterschreibung als Rechtschreiblernziel aufgenommen (»... einige häufig vorkommende Fremdwörter richtig schreiben, z. B. Garage, Jeans, T-Shirt«, Niedersachsen, S. 35). Dementsprechend bieten auch nur die jeweiligen Landesausgaben der Sprachbücher Übungen zu diesem Gebiet an:

In der Ausgabe »Niedersachsen« des »Sprachbuchs Deutsch 4« aus dem Westermann-Verlag erhalten die Kinder die Aufgabe, aus einem Text Fremdwörter herauszufinden: »Auf den vergangenen Seiten sind dir einige Fremdwörter begegnet, welche sind es? Kennst Du noch mehr Fremdwörter?« (S. 68) Hierbei werden den Kindern (und Lehrerinnen) jedoch keine Kriterien für ihre Suche gegeben: Welche Wörter sie wohl nach welchen Merkmalen als Fremdwörter identifizieren? Ob sie wohl *Musik*, *Sport* und *Familie* in dem zu analysierenden Text auch als Fremdwörter wahrnehmen?

Die Schwierigkeit für die Schreiber liegt also darin, mündlich bekannte Wörter als Fremdwörter zu identifizieren und sie daher nicht regelkonform zu schreiben (z. B. »Stazjon«).

Ein Großteil der Wörter, die vor vielen Jahrhunderten als »Lehnwörter« in die deutsche Sprache aufgenommen wurden (Fenster, Mauer, Pfütze usw.), haben die gleichen Veränderungen in der Sprachentwicklung mitgemacht wie die ursprünglich deutschen Wörter. Veränderungen wie die Folgenden, die erst in diesem Jahrhundert stattgefunden haben, zeigen, dass die Entwicklungen – natürlich – weitergehen:

Circel – Zirkel
Doctor – Doktor
Friseur/Friseuse – Frisör/Frisörin
Strike – Streik
Militair – Militär

(Beispiele aus Maas 1989, S. 335)

Die Konsequenzen aus dieser sprachanalytischen Betrachtung sind:

1. Fremdwörter sind für Kinder (und viele Erwachsene) als diese nicht mehr erkennbar.
2. Daher lassen sich auch keine Regeln formulieren, die auf ihrem Erkennen basieren (wie z. B.: »Der i-Laut wird in Fremdwörtern meistens unmarkiert geschrieben.« – Welches Kind weiß denn, dass *Maschine* und *Apfelsine* Fremdwörter sind?).
3. Daher sollte auch die Fremdwortschreibung – wie einige andere bereits angesprochene Bereiche der Orthographie – für die Schreiber generell freigegeben, d. h. aus der Fehlersanktionierung herausgehalten werden.
4. Lediglich einige, phonetisch und graphisch gleichbleibende Bereiche können von Kindern zu Listen – als Ergänzung der übrigen Listen in der Klasse zusammengestellt werden:

[Handwritten examples:]

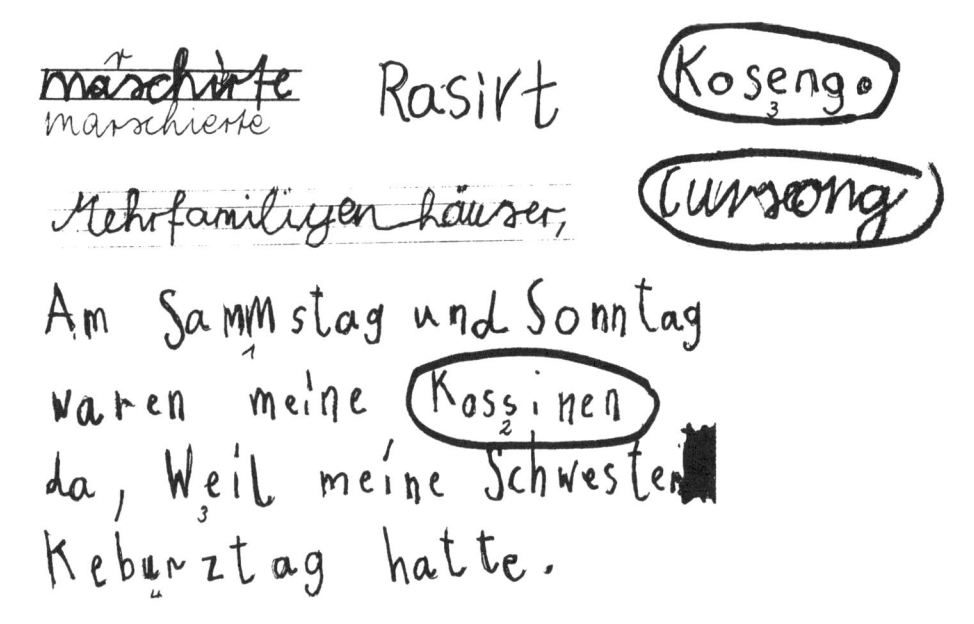

marschierte / *marschierte*
Rasirt
Kosengo
Mehrfamilienhäuser
Cursong

Am Sammstag und Sonntag waren meine Kossinen da, Weil meine Schwester Keburztag hatte.

– Wörter mit der Endung -ieren wie *marschieren, rasieren, spazieren* …
– Wörter mit der Endsilbe -tion wie *Station, Ration, Gratulation* …
– Wörter mit -ine wie *Maschine, Gardine, Apfelsine* …

»Die Konsequenzen für die Unterrichtspraxis sind einmal mehr, die Orthographieregeln im Kernbereich zu erarbeiten, der dann auch die Voraussetzung dazu bietet, gegebenenfalls Fremdwörter nach Regeln einzudeutschen. Darüber hinaus aber braucht es keine normative Fixierung der Andersschreibungen, die ja in der Regel auch für das Lesen ein geringes Problem darstellen (der Schreiber kann sich ja nach seinen eigenen Regeln richten)« (Maas 1989, S. 336).

4.5 Zeichensetzung

Zeichensetzung als Thema der Grundschul-Spracharbeit

Satzzeichen als didaktische Aufgabe treten in Grundschulrichtlinien in aller Regel zweimal auf:

– als Satzschlusszeichen zur graphischen Differenzierung verschiedener Satzarten: der Punkt am Ende des Aussagesatzes, das Ausrufezeichen am Ende des Befehlssatzes, das Fragezeichen am Ende des Fragesatzes
– als graphische Merkmale der wörtlichen Rede.

Lediglich Schleswig-Holstein hat den Gebrauch von Kommata in seine (noch) geltenden Richtlinien (von 1978!) für das 4. Schuljahr aufgenommen: »Attribute durch einen Attributsatz ersetzen / Peter besitzt einen *englisch-sprechenden* Papagei. → Peter besitzt einen Papagei, *der Englisch spricht.* – Angaben durch einen Angabesatz ersetzen / Ursula fährt *zu Ferienbeginn* nach Düsseldorf. → *Sobald die Ferien beginnen*, fährt Ursula nach Düsseldorf. – Haupt- und Gliedsatz an der Verbstellung unterscheiden / Ich *ging* nicht nach Hause, weil es in Strömen *regnete*« (1978, S. 46).

Texte von Grundschülern zeigen, dass nur wenige Kinder bereits im 4. Schuljahr beginnen, Kommata zu benutzen. Dieses Satzzeichen scheint bei den allermeisten wohl noch nicht in ihren »orthographischen Horizont« zu passen.

Zeichensetzung als Merkmal einer ontogenetischen Entwicklung

Anders ist es jedoch bei den Satzschlusszeichen und den Zeichen der wörtlichen Rede. Diese können sehr viele Kinder bereits am Ende der 4. Klasse relativ selbstständig regelgerecht gebrauchen. Darum fällt es immer wieder um so mehr auf, wenn einige Kinder dieser Klassenstufe ihre Texte nahezu ohne Satzzeichen verfassen. Dieses Phänomen wird allerdings verständlich, wenn die Strukturierung von Texten ebenso wie die von Wörtern in einer ontogenetischen Entwicklung gesehen wird (vgl. zum Folgenden Maas 1989, S. 53–76): Bei der Betrachtung von Texten von Grundschülern verschiedenster Entwicklungsalter wird deutlich, dass auch hier eine Stufung stattfindet, eben vergleichbar der Ontogenese bei der Wörterschreibung.

Auf der *ersten Stufe* gliedern die Kinder ihre Texte durch bestimmte graphische Arrangements auf dem Blatt, in aller Regel fangen sie bei jedem neuen Gedanken/evtl. Satz eine neue Zeile an. Satzzeichen sind hier zum Verständnis beim Lesen auch nicht nötig, denn die Sätze enthalten mehrheitlich – häufig in Abweichung vom mündlichen Sprachgebrauch der Kinder – das einfache Schema Subjekt, Prädikat, Ergänzung. Hin und wieder sind einzelne Gedanken/Sätze bereits in einem Abschnitt zusammengefasst, häufig jedoch noch nach dem einfachsten Schema aufgebaut und daher auch ohne Satzzeichen.

Auf der *zweiten Stufe* werden dann an den entsprechenden textlichen »Sollbruchstellen« die notwendigen Markierungen vorgenommen: Punkte (und Großbuchstaben am Satzanfang) oder an ihrer Stelle satzeinleitende Konjunktionen wie *und, und da* usw. Diese Entwicklung findet in aller Regel nicht vor dem 3. Schuljahr statt. Basis der hier vorgenommenen Gliederung ist wieder die mündliche Sprache: Vergleichbar den anfänglichen Versuchen in Bezug auf die Wörterschreibung, »lautgetreu« zu verschriften, entlehnen sie auch hier phonographisch die Merkmale für die Gliederung aus der mündlichen Sprache. So kann es in dieser Phase passieren, dass sie durchaus einige Punkte zuviel oder – bei Satzreihungen mit *und* – zu wenig setzen (wie Erwachsene,

Dieser Zweitklässler gliedert (im November) seinen Text durch die Anordnung auf dem Blatt.

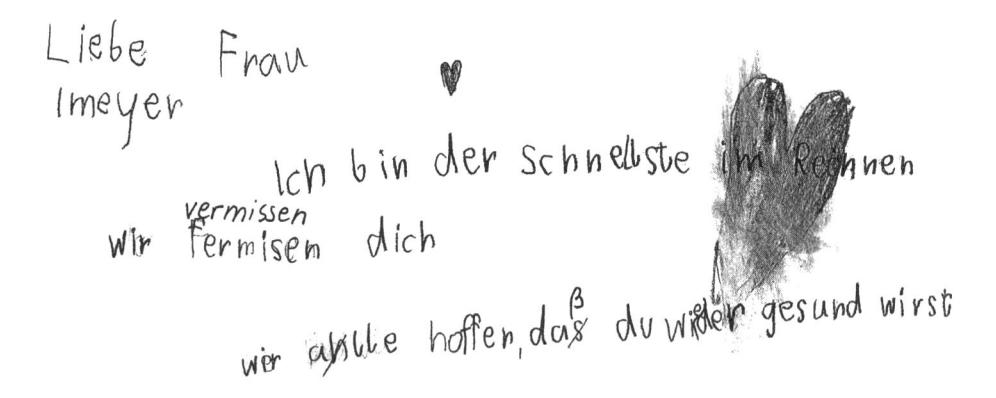

Liebe Frau Imeyer ♥
Ich bin der Schnellste im Rechnen
Wir vermissen dich
wir alle hoffen, daß du wieder gesund wirst

Dieser Erstklässler hat (im Februar) von unten nach oben geschrieben.

SULEEICHKME
RUFT
STEINBREDE
HERR

Dieser Zweitklässler probiert (im Februar) aus, wie er durch Satzzeichen gliedern kann – und hat dabei schon ziemlich viel Erfolg.

DIe Katze

Die Katze sietst auf der Treppe. Und Miaut, da kommt ein kind, das sagt was hast den du? die kazte sagt nichs. Sie miaut, nur das kind sagt jenstweis ich was du wilst milch die, kazte sagt nichs sie Miaut nur. Das Kind gimt der katze Milch. die katze schnurt es gefelt ir. Das kind sagt gutenapetit, las es dir schmecken und dan get das kind. Und die katze, tringt noch und dan get die katze auch.

die »noch« dieser Phase verhaftet sind, häufig zu viele oder zu wenig Kommata einfügen).

Der Übergang zur *3. Phase*, dem grammatikalisch kontrollierten Gebrauch der Zeichensetzung, erfolgt in aller Regel dann, wenn die Satzzeichen zur Interpretation der Texte unumgänglich sind. Sie setzen also komplexere Sätze voraus. Häufig enthalten die Texte von Kindern am Ende der Grundschulzeit auch wörtliche Rede. Daher ist es kein Zufall, dass diese Zeichensetzung vor der der Kommata auftritt.

Interessanterweise ist auch hier wieder die Parallelität der ontogenischen und der soziogenetischen Entwicklung erkennbar. So wie sich die individuelle Entwicklung von dem ursprünglichen Ignorieren von Gliederungen durch Satzzeichen über die Stufe der Phonographie zur grammatikalisch geregelten vollzieht, lassen sich in der Schriftgeschichte über 4 bis 5 Jahrhunderte die verschiedenen Gliederungsmittel und ihre Anwendungen nachzeichnen. Sie führten infolge des ursprünglichen Kopierens lateinischer Schriftmuster nur allmählich von phonographischen Kriterien zu generalisierbaren, nämlich grammatikalisch geregelten Gliederungen als Hilfen für Leser.

Sprachwissenschaftliche Analyse

Sachanalytisch ist nun erst einmal zu bestimmen, was ein Satz (in schriftlichen/ »literaten« Texten) ist. U. Maas definiert ihn relativ vage: »Auf der grundsätzlichen Ebene ... ist nur festzustellen, dass komplexe Texte aus Sätzen bestehen *können*, dass ihre Teilsequenzen aber keine Sätze sein *müssen* ... Für die syntaktische Analyse gilt, dass ein Text literat ist, der ohne Rest in Sätze zerlegt werden kann« (Maas 1989, S. 376 und 377, vgl. zum Folgenden S. 370–385). Die Analyse der Sequenzen/Sätze zeigt dann, dass sie *durch das Prädikat/finite Verb konstituiert* sind: Das Prädikat ist der Kern, der unverzichtbar ist, alle übrigen Teile sind Ergänzungen, die zu streichen und/oder ersetzbar sind.

*Didaktische Überlegungen und ihre Umsetzung
in spielerische Operationen*

Um Kinder in der bewährten didaktischen Weise an die Regularitäten der Zeichensetzung, hier: der Schlusspunkte und der Zeichen für die wörtliche Rede, heranzuführen, ist es natürlich *unumgänglich, ihnen die Notwendigkeit der Zeichensetzung zum Lesen (und Verstehen) von Texten erkennbar zu machen.* Hierzu bedarf es eben Texte, deren Sätze so strukturiert sind, dass sie nicht allein aufgrund der schematischen Gleichheit mühelos beim Lesen abtrennbar sind.

Sequenzen wie die folgenden können Kindern das verdeutlichen:

1. in der Tür steht Michael Jackson mit seinem schwarzen Hut fuchtelt er durch die Luft wie ein Wilder setzt er zum Sprung an aber er rutscht aus und er fällt auf den Po
2. Mogli liegt auf Balous Bauch weich und gemütlich jetzt sagt sich Shirkan mit einem lauten Schrei reißt er Mogli hoch schnell verschwindet er mit ihm im Urwald
3. mein Vater saß auf dem Pferd mit seinem Hut winkte er heftig zu mir auf die andere Seite rief er aber ich verstand ihn nicht der wilde Bulle hätte mich fast erwischt am Abend zitterten mir noch meine Knie

Der didaktische Trick bei diesen Texten, der Kindern das Segmentieren schwierig macht (und machen soll!), liegt eben darin: Einige Sätze können mit Ergänzungen/Konjunktionen beginnen, die grammatikalisch auch zu den vorhergehenden gehören könnten. (Wenn sie zum ersten Satz zählen, steht im Folgesatz das Verb am Satzanfang und es entstehen Fragesätze.) Dadurch kommen die Verstehensschwierigkeiten beim Lesen zustande, die es nicht gäbe, wenn die Sätze durch Punkte abgetrennt wären.

Für die Analyse der Texte, die am besten mit relativ großen Zeilenabständen zur Erleichterung der manuellen Verarbeitung für die Kinder aufgeschrieben sein sollten, ist es zunächst wichtig, die finiten Verben herauszusuchen (»was tut er/was tun sie?«) (1.). Da es bei Kindern im Grundschulalter bekanntlich wirkungsvoll ist, geistige Handlung durch manuelle zu unterstützen, schneiden die Kinder zunächst die finiten Verben/Prädikate aus (2.) und kleben sie auf ein Blatt (3.), das im Querformat mit Querstrichen in so viele Teile aufgeteilt worden ist, wie der Text Sätze hat (beim ersten Beispiel 5, beim zweiten 4, beim dritten 6). Das Prädikat kommt in die Mitte eines Abschnitts. Bei der syntaktischen Arbeit zum Groß-/Kleinschreiben hatten die Kinder erkennen können, dass in Aussagesätzen das Verb in aller Regel an zweiter Stelle, in Fragesätzen an erster Stelle steht. Dementsprechend ordnen sie hier die übrigen Satzteile dem Verb zu, so dass die Sollbruchstellen zwischen den Sätzen deutlich werden (4.).

Dabei gibt es an einigen Stellen zwei Möglichkeiten, die beide grammatikalisch korrekt und inhaltlich sinnvoll, daher zuzulassen sind:

In der Tür steht Michael Jackson./	In der Tür steht Michael Jackson mit seinem schwarzen Hut./
Mit seinem schwarzen Hut fuchtelt er durch die Luft./	Fuchtelt er durch die Luft wie ein Wilder?/
Wie ein Wilder setzt er zum Sprung an./	Setzt er zum Sprung an?/
Aber er rutscht aus,/	Aber er rutscht aus,
und er fliegt auf den Po.	und er fliegt auf den Po.

Sobald ein Satz ein Verb der Äußerung enthält (sagen, rufen, fragen, antworten, flüstern usw.), müssen die Kinder herausfinden, ob ein/welcher Satzteil

> In der Tür (steht) Michael Jackson.
>
> Mit seinem schwarzen Hut (fuchtelt) er durch die Luft.
>
> Wie ein Wilder (setzt) er zum Sprung an.
>
> Aber er (rutscht) aus.
>
> Und er (fällt) auf den Po.

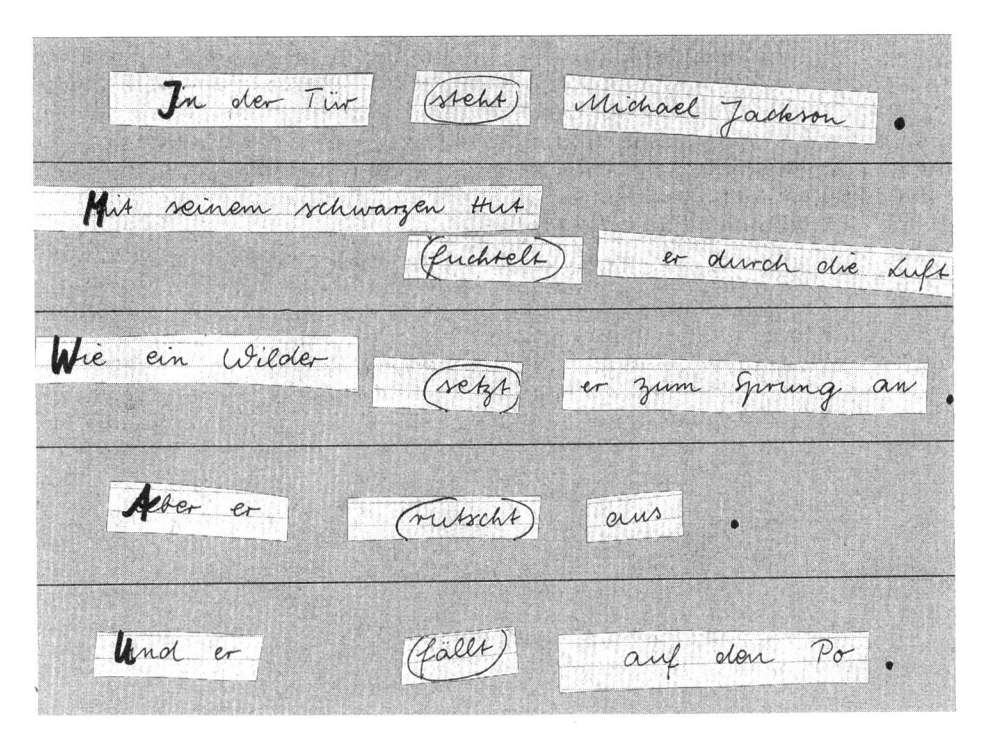

die wörtliche Rede ausmacht (»was sagt, ruft, fragt usw. er/sie?«). Diese Wortfolge kreisen sie farbig ein und markieren sie mit den entsprechenden Satzzeichen (die sie vorher allerdings bereits gelernt haben müssen). Abschließend werden alle übrigen Satzzeichen und die folgenden großen Anfangsbuchstaben eingetragen (5.).

Nachdem einige Texte dieser Art an der Tafel und/oder auf größeren Papierbögen mit großer Schrift im Stuhlkreis gemeinsam »behandelt« wurden, erhalten die Kinder zur eigenen Erarbeitung einige kurze Texte mit drei bis sechs Sätzen von der Lehrerin.

Je nach Bedarf und Interesse in der jeweiligen Klasse kann auch diese grammatikalische Aufgabe wieder zu der herkömmlichen »Spiel«-form ausgeweitet werden: Die Kinder analysieren die Texte auf ihre syntaktischen Spezifika hin (Problem der Zugehörigkeit der Ergänzung zum 1. oder 2. Satz) mit dem Ziel, eigene Texte entsprechend zu gestalten. Danach schreibt jeder seine Sätze ohne Satzzeichen auf, und wenn sie korrigiert sind, segmentiert erneut jedes Kind den Text jedes Mitschülers und kreuzt wieder die Namen auf einer Liste als »geschafft« an.

Auch für diesen orthographischen Bereich gilt wie für einige andere hier angesprochene: Nur ein Teil der Kinder wird das hier Angebotene selbständig und relativ schnell in seinen Lernhorizont integrieren können. Für einige ist (oder scheint) es vielleicht noch verfrüht. Diese Kinder haben die Möglichkeit, im Laufe der längerfristigen Arbeit den Inhalt auszuprobieren, zu entdecken, neu auszuprobieren, anzuwenden usw., ihnen muss aber auch Gelegenheit gegeben werden sich zu verweigern – indem sie erklären, dass sie zu der Aufgabe »keine Lust« haben, oder indem sie sich häufig ablenken und sehr langsam arbeiten. Einigen dieser Kinder hilft es sehr, wenn sich die Lehrerin zu ihnen allein setzt oder sie mit einigen anderen zu einer kleinen Gruppe zusammenfasst, wenn sie ihnen die meiste Zeit nur zuschaut, hin und wieder aber auch nachfragt und/oder schon frühzeitig falsche Bahnen korrigiert, bevor es zum »Frust« kommt. Es wird wieder deutlich: *Die sachlogische Durchdringung der stofflichen Strukturen und ihre angemessene Zubereitung für die jeweilige Klasse sind das eine, die generelle »Atmosphäre« in der Klasse, der Umgang der Lehrerin und jedes einzelnen Kindes mit der Heterogenität in der Gruppe sind das andere. Alles zusammen bildet die Grundlage für optimale Lernmöglichkeiten.*

Sie in ihrer Komplexität darzustellen, habe ich mit diesem Buch versucht. Ob es mir gelang, müssen diejenigen entscheiden, an die ich mich mit ihm wende: Lehrerinnen, die eine Aufgabe darin sehen, ihren schulischen Alltag immer wieder zugunsten der Kinder zu verändern, und die neugierig das betrachten, was ihnen hierzu von den verschiedensten Seiten angeboten wird – wie z. B. in diesem Buch.

Literaturverzeichnis

Abels, Kurt, Methoden des Grammatikunterrichts in Geschichte und Gegenwart, in: Osnabrücker Beiträge zur Sprachtheorie (OBST), Heft 40/1989, 9–23

Aebli, Hans, Zwölf Grundformen des Lehrens, Stuttgart (Klett-Cotta) ^{4}1989

Andresen, Helga, Das Wort – ein Kinderspiel?, in: Heiko Balhorn/Hans Brügelmann 1987, 83–90

Augst, Gerhard, (Psycho)linguistische Grundlagen der (Ortho)graphie und des Orthographieunterrichts, in: Muttersprache, Bd. 100/1990, 317–330

Balhorn, Heiko, Rechtschreibtraining mit wortlisten, Grundschule, Heft 6/1974, 330–333

Balhorn, Heiko, Rechtschreiblernen als regelbildung. Wie machen sich schreiber ihr orthographisches wissen bewußt?, in: Diskussion Deutsch, Heft 74/1983, 581–595

Balhorn, Heiko/Ulrich Vieluf, Fehleranalysen, ortografisch. Belege für den eigenaktiven regelbildungsprozeß von lernern, in: Diskussion Deutsch, Heft 81/1985, 52–68

Balhorn, Heiko, »Jetzt schreib' ich die wörtersprache«, in: Hans Brügelmann 1986, 112–123

Balhorn, Heiko/Hans Brügelmann (Hrsg.), Welten der Schrift in der Erfahrung der Kinder, Konstanz (Faude) 1987

Balhorn, Heiko/Hans Brügelmann (Hrsg.), Jeder spricht anders. Normen und Vielfalt in Sprache und Schrift, Konstanz (Faude), 1989

Balhorn, Heiko, Rechtschreibreform und rechtschreiblernen in: Heiko Balhorn/Hans Brügelmann 1989 (a), 26–30

Balhorn, Heiko, Rechtschreibung: Lernen – Wissen – Intuition, in: Heiko Balhorn/ Hans Brügelmann 1989 (b), 58–65

Bartnitzky, Horst, Sprachunterricht heute, Frankfurt (Scriptor) 1987

Benner, Dietrich/Jörg Ramseger, Wenn die Schule sich öffnet. Erfahrungen aus dem Grundschulprojekt Gievenbeck, München (Juventa) 1981

Benner, Dietrich, Auf dem Weg zur Öffnung von Unterricht und Schule. Theoretische Grundlagen zur Weiterentwicklung der Schulpädagogik, in: Die Grundschulzeitschrift, Heft 27/1989, 46–55

Bergk, Marion, Rechtschreibfälle als Rechtschreibfalle und mögliche Auswege, in: Diskussion Deutsch, Heft 74/1983, 610–629

Bergk, Marion/Kurt Meiers, Schulanfang ohne Fibeltrott. Überlegungen und Praxisvorschläge zur schülerbezogenen Arbeit mit ersten Texten, Bad Heilbrunn (Klinkhardt) 1985 (a)

Bergk, Marion, Texte verfassen und dabei richtig schreiben. Vorschläge für einen ungeteilten Deutschunterricht, in: Diskussion Deutsch, Heft 81/1985 (b), 69–81

Bergk, Marion, Mit Wörtern spielen, in: Praxis Grundschule, Heft 4/1986 (a), 2

Bergk, Marion, u. a., Unterrichten ohne Fehlerängste, in: Hans Brügelmann 1986 (b), 158–169

Bergk, Marion, Rechtschreibenlernen von Anfang an, Frankfurt (Diesterweg) ^{2}1990

Bergk, Marion/Lilo Pfeistlinger, Vorschläge für kommunikatives Schreiben von Anfang an, in: Renate Valtin/Ingrid Naegele 1991, 142–157

Bethlehem, Gerhard, Praxis des Lesenlernens, Düsseldorf (Schwann) 1984

Blumenstock, Leonhard, Brauchen wir einen Fibel-Lehrgang zum Schriftsprach-Erwerb?, in: Heiko Balhorn/Hans Brügelmann 1987, 207–213

Blumenstock, Leonhard, Handbuch der Leseübungen. Vorschläge und Materialien zur Gestaltung des Erstleseunterrichts mit Schwerpunkt im sprachlich-akustischen Bereich, Weinheim und Basel (Beltz) ²1989

Blumenstock, Leonhard/Erich Renner (Hrsg.), Freies und angeleitetes Arbeiten. Beispiele aus dem Vor- und Grundschulalter, Weinheim und Basel (Beltz) 1990

Bosch, Bernhard, Grundlagen des Erstleseunterrichts, Frankfurt (reprint der 1. Auflage 1937 durch den Arbeitskreis Grundschule) 1984

Breuninger, Helga/Dieter Betz, Jedes Kind kann schreiben lernen. Ein Ratgeber für Lese-Rechtschreib-Schwäche, Weinheim und Basel (Beltz) ⁴1991

Brügelmann, Hans, Kinder auf dem Weg zur Schrift, Konstanz (Faude) 1983

Brügelmann, Hans (Hrsg.), ABC und Schriftsprache: Rätsel für Kinder, Lehrer und Forscher, Konstanz (Faude) 1986

Brügelmann, Hans, Fehler: »Defekte« im Leistungssystem oder individuelle Annäherungsversuche an einen schwierigen Gegenstand, in: Hans Brügelmann 1986, 22–31

Brügelmann, Hans, Gezinktes Memory: Lese- und Schreibaufgaben für Schulanfänger – eine Beobachtungshilfe für Lehrerinnen, in: Klaus-B. Günther 1989, 124–134

Brügelmann, Hans, Die Öffnung des Unterrichts muß radikaler gedacht, aber auch klarer strukturiert werden, in: Heiko Balhorn/Heide Niemann, Sprachen werden Schrift, Freiburg (Libelle) 1996, 43–62

Brügelmann, Hans/Heiko Balhorn (Hrsg.), Das Gehirn, sein Alfabet und andere Geschichten, Konstanz (Faude) 1990

Brunner, Gisela, Der Rechtschreibgrundwortschatz und seine theoretische Basis, in: Muttersprache, Bd. 100/1990, 342–343

Cimilli, Nühket/Klaus Liebe-Harkort, Sprachvergleich Türkisch-Deutsch, Düsseldorf (Schwann) 1976

Dehn, Mechthild, Phonologie und Erstleseunterricht, in: Grundschule, Heft 9/1977, 282–285

Dehn, Mechthild/Karl-Heinz Castrup, Lesen- und Schreibenlernen in der Schule. Lehrerhandbuch zu »Leseanfang-Schreibanfang«, Frankfurt (Hirschgraben) ⁴1983

Dehn, Mechthild, Über die sprachanalytische Tätigkeit des Kindes beim Schreibenlernen, in: Diskussion Deutsch, Heft 81/1985, 25–51

Dehn, Mechthild, Über die Aneignung des phonematischen Prinzips der Orthographie beim Schriftspracherwerb, in: Hans Brügelmann 1986, 97–111

Dehn, Mechthild, Zeit für die Schrift, Bochum (Kamp) 1988

Dehn, Mechthild, Die Lernbeobachtung in Klasse 1, in: Heiko Balhorn/Hans Brügelmann 1989, 52–57

Dehn, Mechthild, Christina und die Rätselrunde – Schule als sozialer Raum für Schrift, in: Hans Brügelmann/Heiko Balhorn 1990 (a), 112–124

Dehn, Mechthild, Die Zugriffsweisen »fortgeschrittener« und »langsamer« Lese- und Schreibanfänger: Kritik am Konzept der Entwicklungsstufen?, in: Muttersprache, Bd. 100/1990 (b), 305–316

Drodowski, Günther, Informationen zur neuen deutschen Rechtschreibung, Mannheim (Duden-Verlag) 1994

Dräger, Monika (Hrsg.), Am Anfang steht der eigene Text. Lesenlernen ohne Fibel, Heinsberg (Dieck) 1989

Eichler, Wolfgang, Kreative Schreibirrtümer. Zur Auseinandersetzung des Schülers mit dem Verhältnis Laut-Schrift und mit den Rechtschreibregeln, in: Diskussion Deutsch, Heft 74/1983, 629–640

Eichler, Wolfgang, Benutzerfreundliche Orthographie: für einen sensiblen Umgang mit Regeln und »Ausnahmen«, in: Deutsche Gesellschaft für Lesen und Schreiben (Hrsg.), Grammatik, Beiträge 1989/90, Hamburg, 1–15

Eichler, Wolfgang/Heiko Balhorn, Fibel ade? pro/contra Fibeldiskussion in 11 Thesen, in: Deutsche Gesellschaft für Lesen und Schreiben (Hrsg.), Fibel ade?, Beiträge 1991/92, Hamburg, 14–21

Eisenberg, Peter, Zum Verhältnis von Sprachwissenschaft und Orthographie, in: Heiko Balhorn/Hans Brügelmann 1989, 41–45

Eisenberg, Peter, Das Wort, in: Duden – Die Grammatik, Mannheim (Duden-Verlag) 1995, 21–84

Eisenberg, Peter, Die neue Rechtschreibung, Hannover (Schroedel) 1996

Erichson, Christa, Aus Fehlern soll man klug werden, in: Heiko Balhorn/Hans Brügelmann 1987, 148–157

Erichson, Christa, Rechtschreiben: Der Klotz am Bein des Pegasus? Plädoyer für eine Integration von spontanem Schreiben und Rechtschreiben lernen, in: Renate Valtin/Ingrid Naegele 1991, 3–20

Findeisen, Uwe/Gisela Melenk/Hedi Schillo, Lesen lernen durch lauttreue Leseübungen, Bochum (Winkler) ²1989

Frank, Horst Joachim, Geschichte des Deutschunterrichts. Von den Anfängen bis 1945, München (Hanser) 1973

Friedrich, Bodo, Rechtschreibreform – Wem soll eigentlich geholfen werden?, in: Osnabrücker Beiträge zur Sprachtheorie (OBST), Heft 44/1991, 81–95

Gallin, Peter/Urs Ruf/Horst Sitta, Verbindung von Deutsch und Mathematik – ein Angebot für entdeckendes Lernen, in: Praxis Deutsch, Heft 70/1985, 17–27

Gallmann, Peter/Horst Sitta, Wohin steuert die deutsche Rechtschreibung? Zum aktuellen Stand der Reformbemühungen, in: Praxis Deutsch, Heft 87/1988, 7–11

Giese, Heinz W., Hat Lesen und Schreiben etwas mit Hören und Sprechen zu tun? in: Hans Brügelmann 1986, 193–199

Giese, Heinz W., Warum wird der Analphabetismus gerade heute zu einem Problem? in: Heiko Balhorn/Hans Brügelmann 1987, 260–266

Günther, Hartmut, Neueres zum Schriftspracherwerb, in: Muttersprache, Bd. 100/ 1990, 290–304

Günther, Klaus B., Ein Stufenmodell der Entwicklung kindlicher Lese- und Schreibstrategien, in: Hans Brügelmann 1986, 32–54

Günther, Klaus B., Schriftspracherwerb: Modellhafte und individuelle Entwicklung, in: Heiko Balhorn/Hans Brügelmann 1987, 103–109

Günther, Klaus B. (Hrsg.), Ontogenese. Entwicklungsprozeß und Störungen beim Schriftspracherwerb, Heidelberg (Schindele) 1989

Günther, Klaus B., Vokale und Silben als Bausteine. Lernhilfen für das Erfassen der Buchstabe-Lautbeziehung, in: Deutsche Gesellschaft für Lesen und Schreiben (Hrsg.), Grammatik, Beiträge 1990/91, Hamburg, 26–45

Graves, Donald H., Kinder als Autoren: Die Schreibkonferenz, in: Hans Brügelmann 1986, 135–157

Heckel, Brigitte, Ausgewählte Fragen des Orthographieerwerbs 6- bis 10jähriger Kinder, in: Osnabrücker Beiträge zur Sprachtheorie (OBST), Heft 40/1991, 130–145

Heckel, Brigitte, Rechtschreiberwerb – Schülerstrategien – was leistet (k)eine Fibel?, in: Deutsche Gesellschaft für Lesen und Schreiben (Hrsg.), Fibel ade?, Beiträge 1991/92, Hamburg, 37–45

Heyer, Peter/Renate Valtin (Hrsg.), Die sechsjährige Grundschule in Berlin, Frankfurt (Arbeitskreis Grundschule) 1991

Holly, Werner/Michael Schwander, Spielen im Deutschunterricht II. Sprachliches Handeln und Kommunizieren, Heinsberg (Dieck) 1987

Kleinschmidt, Gert, Zwischen Überforderung und Verfrühung. Zur Situation des gegenwärtigen Deutschunterrichts, in: Praxis Deutsch, Heft 19/1976, 2–8

Kluge, Wolfhard, Kann man die Großschreibung auf intuitivem Wege lernen?, in: Osnabrücker Beiträge zur Sprachtheorie (OBST), Heft 40/1989, 87–95

Kluge, Wolfhard, Abschied vom Grammatik-Tort, in: Hans Brügelmann/Heiko Balhorn 1990, 158–165

Kochan, Barbara, Kann Alex aus seinen Rechtschreibfehlern lernen?, in: Heiko Balhorn/Hans Brügelmann 1987, 136–146

Kochan, Barbara, Fehler als Lernhilfe im Rechtschreibunterricht, in: Renate Valtin/Ingrid Naegele 1991, 111–128

Krichbaum, Gabriele (Hrsg.), Schrift gestalten – Gestalten mit Schrift, Frankfurt (Arbeitskreis Grundschule) 1987

Lohmann, Helga, Beobachtungen zur Effektivität didaktisch-methodischer Arbeit im Erstlese- und Rechtschreibunterricht, in: Brügelmann 1986, 171–185

Maas, Utz, Schrift – Schreiben – Rechtschreiben, in Diskussion Deutsch, Heft 81/1985, 4–25

Maas, Utz, Grundzüge der deutschen Orthographie, Osnabrück (Autonomie-Buchladen) ^{2}1989 (vergriffen; ^{3}1992 Tübingen (Niemeyer))

Maas, Utz, Die Rechtschreibung entdecken – am Beispiel von Dehnung und Schärfung, in: Praxis Deutsch, Heft 101/1990, 9–12

Maas, Utz, Rechtschreiben als Strukturierungshilfe für Leser, in: Deutsche Gesellschaft für Lesen und Schreiben (Hrsg.), Grammatik, Beiträge 1991/92, Hamburg, 80–93

Maas, Utz, Die Rechtschreibung als wissensbasiertes System, in: Osnabrücker Beiträge zur Sprachtheorie (OBST), Heft 44/1991, 13–39

Mann, Christine, Selbstbestimmtes Rechtschreiblernen. Rechtschreibunterricht als Strategievermittlung, Weinheim und Basel (Beltz) 1991

May, Peter, Lesenlernen als Problemlösen, in: Heiko Balhorn/Hans Brügelmann 1987, 92–102

May, Peter, Kinder lernen rechtschreiben: Gemeinsamkeiten und Unterschiede guter und schwacher Lerner, in: Hans Brügelmann/Heiko Balhorn 1990, 245–257

Menzel, Wolfgang, Grundwortschätze auf »Sprechblasen-Niveau«?, in: Praxis Deutsch, Heft 56/1982, 9–11

Menzel, Wolfgang, Lesen lernen – schreiben lernen, Braunschweig (Westermann) 1990

Messelken, Hans, Rechtschreibübung und -kontrolle, in: Grundschule, Heft 2/1970, 15–27

Milhoffer, Petra (Hrsg.), Grundschule und Bibliothek – eine vernachlässigte Beziehung?, Frankfurt (Arbeitskreis Grundschule) 1991

Naegele, Ingrid/Rosemarie Portmann (Hrsg.), Lese- und Rechtschreibschwierigkeiten in der Sekundarstufe I. Orientierungen und Hilfen für den Unterricht, Weinheim und Basel (Beltz) 1983

Naegele, Ingrid/Renate Valtin (Hrsg.), LRS in den Klassen 1–10. Handbuch der Lese- und Rechtschreibschwierigkeiten, Weinheim und Basel (Beltz) 1989

Naumann, Carl Ludwig, Rechtschreibwörter und Rechtschreibregelungen, hrsg. vom Landesinstitut für Schule und Weiterbildung, Soest (Soester Verlagskontor) ³1990

Naumann, Carl Ludwig, Die phonologischen Grundlagen der Orthographie, in: Osnabrücker Beiträge zur Sprachtheorie (OBST), Heft 40/1991, 96–129

Neuland, Eva, Schriftspracherwerb. Ein Diskussionsbeitrag zu Struktur- und Prozeßvorstellungen, in: Muttersprache, Bd. 100/1990, 331–341

Ossner, Jakob, Editorial: Zur Funktionalität und Pragmatik der Orthographie, in: Osnabrücker Beiträge zur Sprachtheorie (OBST), Heft 44/1991, 5–12

Plickat, Hans-Heinrich, Lehrprogramme als Mittel der Differenzierung im Rechtschreibunterricht der Grundschule?, in: Grundschule, Heft 2/1970, 28–36

Pregel, Dietrich, Fibel-Dadaismus oder: Die verkrümmte Sprache in Leselernmaterialien, in: Deutsche Gesellschaft für Lesen und Schreiben (Hrsg.), Fibel ade?, Beiträge 1991/92, Hamburg, 71–82

Ramseger, Jörg, Neun Argumente für die Öffnung der Grundschule, in: Die Grundschulzeitschrift, Heft 1/1987, 6–7

Reichen, Jürgen, Lesen durch Schreiben. Wie Kinder selbstgesteuert lesen lernen, Heft 1, Zürich (Sabe) ³1988

Richter, Erika, Nun sind sie da, die neuen Unterrichtsmaterialien für Klasse 1, in: Unterstufe, Heft 37/1990, 105–108

Röber-Siekmeyer, Christa, Der Plätzchenladen. Differenziertes Üben im Anfangsunterricht, in: Grundschule, Heft 12/1987, 58–59

Röber-Siekmeyer, Christa, Ausländische Kinder – funktionale AnalphabetInnen der Zukunft?, in: Das Bundesministerium für Bildung und Wissenschaft (Hrsg.), Menschen ohne Schrift – was tun?, Marl (Adolf-Grimme-Institut) 1990 (a), 120–126

Röber-Siekmeyer, Christa, Unsere Namen können wir schon ..., in: Grundschule, Heft 10/1990 (b), 16–20

Röber-Siekmeyer, Christa, Von den Lieblingswörtern zum »Wörterbuch«, in: Grundschule, Heft 1/1991 (a), 31–33

Röber-Siekmeyer, Christa, Diktate: Endlich wieder ein Thema der Grundschulpädagogik?, in: Grundschule, Heft 11/1991 (b), 22–23

Röber-Siekmeyer, Christa, Mütterrätselbücher. Kinder schaffen Lernzusammenhänge, in: Die Grundschulzeitschrift, Heft 48/1991 (c), 14–16

Röber-Siekmeyer, Christa, Was leisten Kinder beim Schriftspracherwerb, und wie können Lehrerinnen ihnen dabei besser helfen als Fibeln?, in: Deutsche Gesellschaft für Lesen und Schreiben (Hrsg.), Fibel ade? Beiträge 1991/92, Hamburg, 83–93

Scheerer-Neumann, Gerheid, Wortspezifisch: JA – Wortbild: NEIN, in: Hans Brügelmann, 1986, 171–185

Scheerer-Neumann, Gerheid, Wortspezifisch: Ja – Wortbild: Nein. Ein letztes Lebewohl an die Wortbildtheorie, in: Heiko Balhorn/Hans Brügelmann (Hrsg.) 1987, 219–242

Scheerer-Neumann, Gerheid, Rechtschreibschwäche im Kontext der Entwicklung, in: Ingrid Naegele/Renate Valtin 1989 (a), 25–35

Scheerer-Neumann, Gerheid, Experimentelle Leseforschung: Was gibt's Neues?, in: Heiko Balhorn/Hans Brügelmann 1989 (b), 220–228

Scheerer-Neumann, Gerheid, »Das Monster will Emil ...«. Über den Einfluß syntaktischer Strukturen beim Lesen und Lesenlernen, in: Die Grundschulzeitschrift, Heft 32/1990 (a), 5–7

Scheerer-Neumann, Gerheid, Sa: Sa:tä:l Sattel: Leseprotokolle unter der Lupe, in: Hans Brügelmann/Heiko Balhorn 1990 (b), 258–266

Schmitt, Lothar, Die Bedeutung von Segmentierungsstrategien im Leselernprozess bei Schülern der Schule für Lernbehinderte, in: Klaus B. Günther 1989, 186–204

Schneider, Wolfgang/Hans Brügelmann/Barbara Kochan, Lesen- und Schreibenlernen in neuer Sicht, in: Hans Brügelmann/Heiko Balhorn 1990, 220–235

Schwander, Michael, Spielen im Deutschunterricht I. Richtig Lesen und Schreiben, Heinsberg (Dieck) 1984

Schwander Michael, Schriftspracherwerb aus schulpädagogischer Sicht. Grundschuldidaktische Tendenzen, Versäumnisse, Perspektiven, Heinsberg (Dieck) 1989

Sennlaub, Gerhard, Heimliches Hauptfach Rechtschreiben. Drei Lehrer stellen ihren Unterricht vor, Heinsberg (Dieck) 1984

Sennlaub, Gerhard, So wird's gemacht. Grundwortschatz, Auswahl und Arbeit, Heinsberg (Dieck) ³1987

Sieber, Peter/Horst Sitta, Neun Thesen zum Umgang mit Mundart und Hochdeutsch, in: Heiko Balhorn/Hans Brügelmann 1989, 103–105

Spitta, Gudrun, Rechtschreibreform – ja? – nein? – jein?, in: Praxis Deutsch, 1979, 3–4

Spitta, Gudrun, Kinder schreiben eigene Texte: Klasse 1 und 2. Lesen und Schreiben im Zusammenhang, spontanes Schreiben, Schreibprojekte. Bielefeld (CVK) ²1985

Spitta, Gudrun, Von der Druckschrift zur Schreibschrift, Frankfurt (Scriptor) 1988

Spitta, Gudrun, Grammatik – nein danke?, in: Die Grundschulzeitschrift, Heft 32/1990, 2–4

Spitta, Gudrun, Kinder entdecken die Schriftsprache – Lehrer bzw. Lehrerinnen beobachten die Sprachlernprozesse, in: Renate Valtin/Ingrid Naegele 1991, 67–83

Süselbeck, Gisela, Das Diktat wird abgeschafft, was nun?, in: Grundschule, Heft 7/8/1991, 62–64, Heft 10/1991, 66–67

Süselbeck, Gisela, Rechtschreiben lernen ohne Diktate? Eine provokative Frage und einige produktive Antworten, in: Grundschule, Heft 12/1991, 45–46

Switalla, Bernd, Schritte und Stufen der Bildung und Anwendung grammatischen Wissens, in: Praxis Grundschule, Heft 3/1988, 2–3

Valtin, Renate, Kurze Darstellung und Kritik der bisherigen Legasthenieforschung, in: Ingrid Naegele/Rosemarie Portmann 1983, 13–19

Valtin, Renate, Erstunterricht mit Großbuchstaben, in: Grundschule, Heft 3/1990, 44–46; Heft 6/1990, 46–47; Heft 7 + 8/1990, 80–81

Valtin, Renate/Ingrid Naegele (Hrsg.), »Schreiben ist wichtig!«. Grundlage und Beispiele für kommunikatives Schreiben(lernen), Frankfurt (Arbeitskreis Grundschule) ²1991

Wängler, Hans H., Grundriß einer Phonetik des Deutschen, Marburg (Elwert) ⁴1983

Wallrabenstein, Wulf, Offene Schule – Offener Unterricht. Ratgeber für Eltern und Lehrer, Hamburg (rororo-Sachbuch) 1991

Warwel, Kurt, Strukturierung als methodisches Prinzip in einem elementaren Leselehrgang, in: Grundschule, Heft 9/1980, 402–405

Weisgerber, Bernhard, Zehn Thesen zum Rechtschreibunterricht in der Grundschule, in: Grundschule, Heft 2/1970, 7–14

Weiden, Hildegard, Sicher lesen und rechtschreiben, Braunschweig (Westermann) 1989

Wendelmuth, Edmund, Lesenlernen mit der neuen Fibel, in: Unterstufe, 1990, Heft 6, 109–112, Heft 7/8, 144–145, Heft 11, 225–226

Wünnenberg, Hans H., Boff – Kinder schreiben sich frei, Heinsberg (Dieck) 1989

Zabel, Hermann, Zur Diskussion gestellt: Qualifizierte Großschreibung, in: Grundschule, Heft 11/1991, 24–27

ERSTLESEUNTERRICHT

Leonhard Blumenstock
Handbuch der Leseübungen
Vorschläge und Materialien zur
Gestaltung des Erstleseunterrichts
mit Schwerpunkt im
sprachlich-akustischen Bereich.
6., neu ausgest. Aufl. 1997.
159 Seiten mit zahlr. Zeichnungen.
Broschiert.
ISBN 3-407-62357-7

Der grundlegende Leseunterricht besitzt für die schulische Laufbahn eines Kindes große Bedeutung. Vor allem Lese-Rechtschreibschwächen können durch einen ungenügend durchdachten und nicht auf wesentliche Fähigkeiten ausgerichteten Erstleseunterricht begünstigt werden. Im vorliegenden Übungs- und Materialangebot wurden Bereiche besonders herausgestellt, die sich in den Forschungen zur Lese-Rechtschreib-Schwäche der letzten Jahre als besonders wichtig herausgestellt haben und die zentral für den Erwerb der Lesefähigkeit sein dürften: Einsicht in das phonematische Grundprinzip der Schriftsprache gewinnen; Beziehungen zwischen Lautsprache und Schriftsprache herstellen; Sprache akustisch-sprachlich durchschauen und differenzieren; Einblick in die Wortstruktur gewinnen.

Es besteht Einigkeit darüber, dass dem Erstleseunterricht eine wichtige Funktion bei der Vermeidung von Lese-Rechtschreib-Schwäche zufällt. Dem sprachlich-akustischen Bereich wird dabei besonderes Gewicht beigemessen. Das Handbuch bietet Übungen zu verschiedenen Phasen und Schwerpunkten des Erstleseunterrichts, wobei an vielen Stellen die Verbindung zum Schreib- und Rechtschreibunterricht hergestellt wird. Durch sein umfassendes Materialangebot macht dieses Handbuch vom starren Verlauf eines Leselehrgangs unabhängig und gibt konkrete Hilfen zu ergänzenden und differenzierenden Maßnahmen im Erstleseunterricht.

BELTZ

Beltz Verlag · Postfach 100154 · 69441 Weinheim

RECHTSCHREIBUNTERRICHT

Christine Mann
Selbstbestimmtes Rechtschreiblernen

Rechtschreibunterricht
als Strategievermittlung.
4., überarb.u.erg. Auflage 1997.
VIII, 77 Seiten. Broschiert.
ISBN 3-407-62361-5

In diesem Buch werden Vorschläge für einen systematischen Aufbau des Rechtschreibunterrichts gemacht. Ausgegangen wird von der Grundstrategie der lautgetreuen Schreibung, die wissenschaftlich definiert wird. Es werden konkret Methoden aufgezeigt, wie man diese Strategie den Kindern bewusst vermitteln kann. So wird dargestellt, wie man, zunächst propädeutisch, anhand eines Grundwortschatzes die Kinder in übergeordnete Rechtschreibstrategien einführen, und wie man diese Strategien dann auch wortschatz- übergreifend üben kann. Und schließlich wird eine Methode zur Leistungsdifferenzierung und differenzierten Diktatbewertung zumindest in der Grundschule dargestellt, die es ermöglicht, allen Kindern, unabhängig von ihrer Rechtschreibkompetenz, den Erfolg ihres Arbeitseinsatzes im Rechtschreiben aufzuzeigen und damit ihre Motivation zum Rechtschreiblernen zu erhalten. Dabei soll nicht nur das Rechtschreiben, sondern auch die Lernmethode zum Unterrichtgegenstand gemacht werden, so daß sich die Kinder und Jugendliche jederzeit, besonders aber auch nach Ende des Rechtschreibunterrichts, ihnen wichtige Wörter effektiv rechtschriftlich einprägen können. Die neue Rechtschreibung wird berücksichtigt.

BELTZ

Beltz Verlag · Postfach 100154 · 69441 Weinheim

LESE-RECHTSCHREIB-FÖRDERUNG

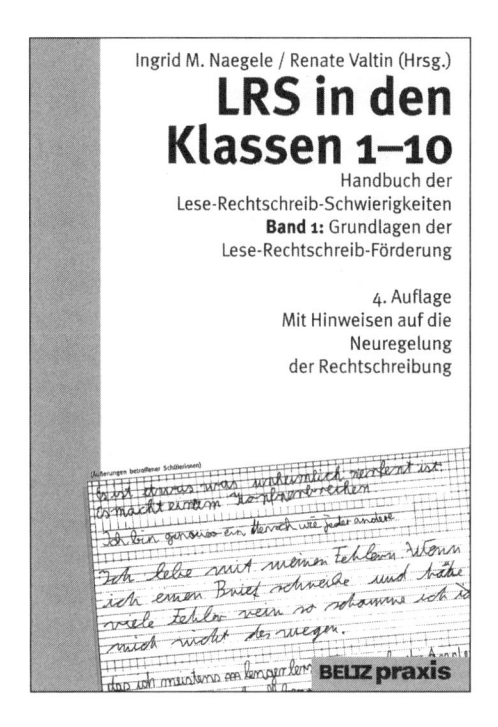

Ein praxisbewährtes Lehrerhandbuch zur Vorbeugung, (Früh-)Erkennung und Behandlung von besonderen Schwierigkeiten beim Lesen, Schreiben und Rechtschreiben (»Legasthenie«).

In diesem Band informieren Fachleute aus Hochschule, Schulpraxis und Therapie über die aktuellen Forschungsergebnisse und ihre persönlichen Praxiserfahrungen – auch im Hinblick auf die neuen Rechtschreibregeln. Lehrerinnen und Lehrer können so Schwierigkeiten beim Schriftspracherwerb, mit denen immer mehr Kinder zu kämpfen haben, in ihrer individuellen Besonderheit deutlicher erkennen und wirksamer zu überwinden helfen.

Ingrid M. Naegele / Renate Valtin (Hrsg.)
LRS in den Klassen 1–10
Handbuch der Lese-Rechtschreib-Schwierigkeiten.
Band 1: Grundlagen und Grundsätze der Lese-Rechtschreib-Förderung.
4., überarbeitete Auflage 1997.
Mit Hinweisen auf die Neuregelung der Rechtschreibung.
268 Seiten. Broschiert.
ISBN 3-407-62366-6

Aus dem Inhalt:
– Erlasse und Richtlinien;
– Grundlagen;
– Schulpraxis;
– Hilfen für Eltern;
– Computer;
– Materialien und Arbeitshilfen.

BELTZ

Beltz Verlag · Postfach 100154 · 69441 Weinheim